行·业·会·计·财·税·丛·书

一般纳税人
全流程财税处理
（会计核算＋政策解析＋税务处理）

会计真账实操训练营◎编著

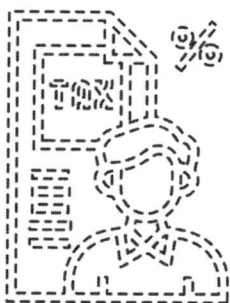

中国铁道出版社有限公司

CHINA RAILWAY PUBLISHING HOUSE CO., LTD.

北京

图书在版编目(CIP)数据

一般纳税人全流程财税处理:会计核算＋政策解析＋
税务处理/会计真账实操训练营编著 . —北京:中国铁道
出版社有限公司,2024.6
（行业会计财税丛书）
ISBN 978-7-113-31127-8

Ⅰ.①一… Ⅱ.①会… Ⅲ.①税收会计 Ⅳ.①F810.42

中国国家版本馆 CIP 数据核字(2024)第 070663 号

书　　名：**一般纳税人全流程财税处理（会计核算＋政策解析＋税务处理）**
YIBAN NASHUIREN QUANLIUCHENG CAISHUI CHULI(KUAIJI HESUAN＋ZHENGCE JIEXI＋
SHUIWU CHULI)

作　　者：会计真账实操训练营

责任编辑：王淑艳　　编辑部电话：(010)51873022　　电子邮箱：554890432@qq.com
封面设计：末末美书
责任校对：刘　畅
责任印制：赵星辰

出版发行：中国铁道出版社有限公司（100054，北京市西城区右安门西街 8 号）
网　　址：http://www.tdpress.com
印　　刷：三河市宏盛印务有限公司
版　　次：2024 年 6 月第 1 版　2024 年 6 月第 1 次印刷
开　　本：710 mm×1 000 mm 1/16　印张：18.75　字数：302 千
书　　号：ISBN 978-7-113-31127-8
定　　价：88.00 元

前　言

一般来说，大部分小微企业会计岗位只设置两人，负责整个会计、报税业务的核算工作，不会专门设置税务会计岗位。大中型企业因业务较多，会计岗位通常会设置总账会计、税务会计、成本会计、往来会计、内部审计、出纳等。这些岗位的核心就是会计核算。会计核算是一项基础工作，涉及款项和有价证券的收付，财物的收发、增减和使用，债权债务的发生和结算，资本、基金的增减，收入、支出、费用、成本的计算，财务成果的计算和处理，以及需要办理会计手续、进行会计核算的其他事项。根据《会计基础工作规范》（2019 年修订）第三十六条规定，"各单位应当按照《中华人民共和国会计法》和国家统一会计制度的规定建立会计账册，进行会计核算，及时提供合法、真实、准确、完整的会计信息。"

一般纳税人的日常业务处理并不算复杂：主要包括资金的核算、固定资产的核算、往来账款的核算、纳税核算与申报、报表与税表的填报等。本书依据《中华人民共和国会计法》《企业会计准则》编写，突出一般纳税人业务特点，注重账务处理。除了会计核算外，对税法及最新税收政策也进行了介绍，包括增值税、城市维护建设税、教育费附加、土地增值税、房产税、城镇土地使用税、耕地占用税、车辆购置税、印花税、企业所得税、个人所得税等法律与暂行条例等，目的是增强会计人员法律常识，避免财务风险；同时，将相关法律法规与案例结合编写，方便读者理解与运用。

结构安排

本书共 13 章，第 1 章一般纳税人的认定，第 2 章企业资金的核算，第 3 章企业收入的确认与计量，第 4 章企业应收及预付款项的核算，第 5 章企业存货的核算，第 6 章企业固定资产的核算，第 7 章企业无形资产的核算，第 8 章企业应付及预收款项的核算，第 9 章企业借款业务的核算，第 10 章一般纳税人应交税费的核算，第 11 章期间费用的核算，第 12 章所有者权益的核算，第 13 章企业财务报告的编制。

编写特色

◆ 突出流程。根据一般纳税人会计核算特点编写，详解会计与税务的处理。

◆ 实操性强。针对具体业务进行账务处理，根据日常业务逐笔编制会计分录。

◆ 图文并茂。本书以大量的案例解析企业经营业务，尽量用图、表形式呈现，适合零基础的读者，实现从"0"到"1"的飞跃。

读者对象

本书既可作为会计初学者入门图书，也可作为财税专业教材，以及财务从业人员岗位培训教材。

书中公司均为虚构，请勿对号入座。虽然我们力求完美，但由于时间有限，编写过程中难免存在不足与遗憾，希望读者多提宝贵意见，在此表示感谢。电子邮箱 wcj19761010@126.com，欢迎来信交流与指正。

编　者

目　录

第3章 企业收入的确认与计量

第6章　企业固定资产的核算

第7章　企业无形资产的核算

第 11 章　期间费用的核算

第 12 章　所有者权益的核算

第 13 章　企业财务报告的编制

第 1 章
一般纳税人的认定

一般纳税人是指年应征增值税销售额（以下简称"年应税销售额"，包括一个公历年度内的全部应税销售额）超过中华人民共和国财政部（以下简称"财政部"）规定的小规模纳税人标准的企业和企业性单位。一般纳税人的特点是增值税进项税额可以抵扣销项税额。

1.1 纳税人的界定

我国现行增值税对纳税人实行分类管理的模式，以发生应税行为的年销售额为标准，将纳税人分为一般纳税人和小规模纳税人，二者在计税方法、适用税率（征收率）、凭证管理等方面都不相同。

1.1.1 如何区分一般纳税人和小规模纳税人

1. 一般纳税人识别依据

财政部、国家税务总局（以下简称"税务总局"）颁布《关于统一增值税小规模纳税人标准的通知》（财税〔2018〕33号）第一条规定，"增值税小规模纳税人标准为年应征增值税销售额500万元及以下。"根据上述规定，年销售额超过500万元的企业必须登记成为一般纳税人；而年销售额低于500万元的企业，包括新成立的企业，认定为小规模纳税人，但如果这些企业有较高的会计核算水平，也是可以申请成为一般纳税人的。年销售额500万元，是按连续12个月（或连续四个季度）的销售总额流动计算的。

2. 小规模纳税人识别依据

小规模纳税人是指年销售额在财政部规定标准以下，并且会计核算不健全，不能按规定报送有关税务资料的增值税纳税人。所谓会计核算不健全是指不能正确核算增值税的销项税额、进项税额和应纳税额。

3. 小规模纳税人的认定条件

根据《关于统一增值税小规模纳税人标准的通知》（财税〔2018〕33号）和《关于统一小规模纳税人标准等若干增值税问题的公告》（国家税务总局公告2018年第18号），将小规模纳税人的标准统一提高到500万元。

一般纳税人和小规模纳税人除了年销售额外，还存在以下方面的区别，见表1-1。

表1-1 一般纳税人和小规模纳税人的区别

不同点	一般纳税人	小规模纳税人
计税方法	增值税一般计税方法：应纳税额＝当期销项税额－当期进项税额	简易计税方法：应纳税额＝当期销售额×增值税征收率
税率与征收率	13%，9%，6%，5%（征收率）	3%（征收率）
纳税申报周期	按月申报	按季度申报

1.1.2 一般纳税人管理办法

根据《增值税一般纳税人登记管理办法》（国家税务总局令第43号）第二条规定："增值税纳税人（以下简称'纳税人'），年应税销售额超过财政部、国家税务总局规定的小规模纳税人标准（以下简称'规定标准'）的，……应当向主管税务机关办理一般纳税人登记。"第三条规定："年应税销售额未超过规定标准的纳税人，会计核算健全，能够提供准确税务资料的，可以向主管税务机关办理一般纳税人登记。"

下列纳税人不办理一般纳税人登记：

（1）按照政策规定，选择按照小规模纳税人纳税的；

（2）年应税销售额超过规定标准的其他个人。

纳税人登记为一般纳税人后，不得转为小规模纳税人，国家税务总局另有规定的除外。

增值税一般纳税人登记表（仅供参考），见表1-2。

表1-2 增值税一般纳税人登记表

纳税人名称			社会信用代码 （纳税人识别号）	
法定代表人 （负责人、业主）		证件名称及号码		联系电话
财务负责人		证件名称及号码		联系电话
办税人员		证件名称及号码		联系电话
税务登记日期				
生产经营地址				
注册地址				
纳税人类别：企业□ 非企业性单位□ 个体工商户□ 其他□				
主营业务类别：工业□ 商业□ 服务业□ 其他□				
会计核算健全：是□				
一般纳税人生效之日：当月1日□ 次月1日□				
纳税人（代理人）承诺： 　　会计核算健全，能够提供准确税务资料，上述各项内容真实、可靠、完整。如有虚假，愿意承担相关法律责任。 　　经办人：　　　　法定代表人：　　　　代理人：　　　　（签章） 　　　　　　　　　　　　　　　　　　　　　　　　年　月　日				
以下由税务机关填写				
税务机关 受理情况	受理人：　　　　　　　　　　　　　　受理税务机关（章） 　　　　　　　　　　　　　　　　　　年　月　日			

1.1.3 一般纳税人辅导期管理

1. 一般纳税人辅导期管理

一般纳税人的纳税辅导期一般应不少于6个月。在辅导期内，主管税务机关应积极做好增值税税收政策和征管制度的宣传辅导工作，同时按以下办法对其进行增值税征收管理。

（1）对小型商贸企业，主管税务机关应根据约谈和实地核查的情况对其限量限额发售专用发票，其增值税防伪税控开票系统最高开票限额不得超过1万元。专用发票的领购实行按次限量控制，主管税务机关可根据企业的实际年销售额和经营情况确定每次的专用发票供应数量，但每次发售专用发票数量不得超过25份。

（2）对商贸零售企业和大中型商贸企业，主管税务机关也应根据企业实际经营情况对其限量限额发售专用发票，其增值税防伪税控开票系统最高开票限额由相关税务机关按照现行规定审批。专用发票的领购也实行按次限量控制，主管税务机关可根据企业的实际经营情况确定每次的供应数量，但每次发售专用发票数量不得超过25份。

（3）企业按次领购数量不能满足当月经营需要的，可以再次领购，但每次增购前必须依据上一次已领购并开具的专用发票销售额的3%向主管税务机关预缴增值税，未预缴增值税税款的企业，主管税务机关不得向其增售专用发票。

预缴的增值税可在本期增值税应纳税额中抵减，抵减后预缴增值税仍有余额的，应于下期增购专用发票时，按次抵减。

①纳税人发生预缴税款抵减的，应自行计算需抵减的税款并向主管税务机关提出抵减申请。

②主管税务机关接到申请后，经审核，纳税人缴税和专用发票发售情况无误，且纳税人预缴增值税金额大于本次预缴增值税的，不再预缴税款可直接发售专用发票；纳税人本次预缴增值税大于预缴增值税余额的，应按差额部分预缴后再发售专用发票。

③主管税务机关应在纳税人辅导期结束后的第一个月内，一次性退还纳税人因增购专用发票发生的预缴增值税余额。

（4）对每月第一次领购的专用发票在月末尚未使用的，主管税务机关在次月发售专用发票时，应当按照上月未使用专用发票份数相应核减其次月专用发票供应数量。

（5）对每月最后一次领购的专用发票在月末尚未使用的，主管税务机关在次月首次发售专用发票时，应当按照每次核定的数量与上月未使用专用发票份数相减后发售差额部分。

（6）在辅导期内，商贸企业取得的专用发票抵扣联、海关进口增值税专用缴款书和废旧物资普通发票（现已不包括废旧物资普通发票）以及货物运输发票要在交叉稽核比对无误后，方可予以抵扣。

（7）企业在次月进行纳税申报时，按照一般纳税人计算应纳税额方法计算申报增值税。如预缴增值税税额超过应纳税额的，经主管税务机关评估核实无误，多缴税款可在下期应纳税额中抵减。

由于全面数字化的电子发票（以下简称全电发票）已在全国推广，部分省市对辅导期一般纳税人增值专用发票也作出规定。以上海为例，《关于〈国家税务总局上海市税务局关于进一步开展全面数字化的电子发票试点工作的公告〉的解读》规定：

"二十四、辅导期一般纳税人申请人工调整开具金额总额度或领用增值税专用发票时，是否需要预缴增值税？

答：试点纳税人是辅导期一般纳税人的，当月首次申请人工调整开具金额总额度或者当月第二次领用增值税专用发票（包括纸质专票和电子专票，下同）时，应当按照当月已开具带有'增值税专用发票'字样的全电发票和已领用并开具的增值税专用发票销售额的3%预缴增值税；多次申请人工调整开具金额总额度或者多次领用增值税专用发票时，应当自本月上次申请人工调整开具金额总额度或者上次领用增值税专用发票起，按照已开具带有'增值税专用发票'字样的全电发票和已领用并开具的增值税专用发票销售额的3%预缴增值税。

例13：2022年10月新设立登记的试点纳税人T公司为辅导期一般纳税人，2022年11月月初开具金额总额度为750万元。

情形一：T公司仅通过电子发票服务平台开具全电发票。

2022年11月1日—20日，T公司开具带有'增值税专用发票'字样的全电发票金额300万元。

因开具金额总额度不能满足其经营需要，T公司于2022年11月21日向主管税务机关申请人工调整开具金额总额度至900万元。在申请人工调整前，

T公司应根据2022年11月1日—20日开具的带有'增值税专用发票'字样的全电发票销售额，按照3%预缴增值税9万元（300万元×3%＝9万元）。

情形二：T公司通过电子发票服务平台同时开具全电发票、纸质专票和纸质普票。

2022年11月1日—20日，T公司开具带有'增值税专用发票'字样的全电发票金额300万元；一次性领用单份最高开票限额十万元纸质专票25份，期间开具17份，合计金额160万元。

因开具金额总额度不能满足其经营需要，T公司于2022年11月21日向主管税务机关申请人工调整开具金额总额度至900万元。在申请人工调整前，T公司应根据2022年11月1日—20日期间开具的带有'增值税专用发票'字样的全电发票和已领用并开具增值税专用发票的销售额，按照3%预缴增值税13.8万元（300万元×3%＋160万元×3%＝13.8万元）。

2022年11月21日—25日，T公司开具带有'增值税专用发票'字样的全电发票金额50万元，开具8份纸质专票（本月领用且未开具），金额70万元。

2022年11月26日，T公司再次领用纸质专票前，应当根据2022年11月21日—25日期间开具的带有'增值税专用发票'字样的全电发票和已领用并开具增值税专用发票的销售额，按照3%预缴增值税3.6万元（50万元×3%＋70万元×3%＝3.6万元）。

情形三：T公司通过电子发票服务平台开具全电发票，同时使用增值税发票管理系统开具纸质专票、纸质普票和电子专票。

2022年11月1日—20日，T公司开具带有'增值税专用发票'字样的全电发票销售额200万元，一次性领用单份最高开票限额十万元纸质专票15份和电子专票10份（此时从开具金额总额度中扣除250万元，不参与预缴增值税税额计算），期间开具纸质专票15份、电子专票10份，合计金额240万元（不再从开具金额总额度重复扣除，参与预缴增值税税额计算）。

2022年11月21日，T公司再次领用单份最高开票限额十万元25份纸质专票前，根据11月1日—20日期间已开具带有'增值税专用发票'字样的全电发票和已领用并开具增值税专用发票的销售额，按照3%预缴增值税13.2万元（200万元×3%＋240万元×3%＝13.2万元）。

2022年11月21日—25日，T公司开具带有'增值税专用发票"字样的全电发票金额30万元，并开具纸质专票10份，金额80万元。

因开具金额总额度不能满足其经营需要，T公司于2022年11月26日向主管税务机关申请人工调整开具金额总额度至 900 万元。在申请人工调整前，T 公司应当根据 2022 年 11 月 21 日—25 日期间开具的带有'增值税专用发票'字样的全电发票和已领用并开具增值税专用发票合计销售额，按 3‰ 预缴增值税 3.3 万元（30 万元×3‰＋80 万元×3‰＝3.3 万元）。"

2. 转为正常一般纳税人的审批及管理

纳税辅导期达到 6 个月后，主管税务机关应对企业进行全面审查，对同时符合以下条件的，可认定为正式一般纳税人。

（1）纳税评估的结论正常。

（2）约谈、实地查验的结果正常。

（3）企业申报、缴纳税款正常。

（4）企业能够准确核算进项税额、销项税额，并正确取得和开具专用发票和其他合法的进项税额抵扣凭证。

凡不符合上述条件之一的商贸企业，税务机关可延长其纳税辅导期或者取消其一般纳税人资格。

3. 纳税辅导期的账务处理

辅导期一般纳税人应在"应交税费"科目下增设"待抵扣进项税额"明细科目，该明细科目用于核算辅导期一般纳税人取得尚未进行交叉稽核比对的已认证专用发票抵扣联、海关进口增值税专用缴款书，以及货物运输发票进项税额。纳税辅导期的账务处理如图 1-1 所示。

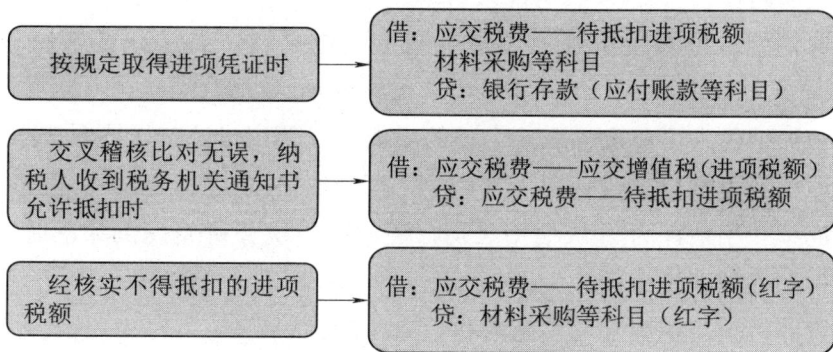

按规定取得进项凭证时	→	借：应交税费——待抵扣进项税额 材料采购等科目 贷：银行存款（应付账款等科目）
交叉稽核比对无误，纳税人收到税务机关通知书允许抵扣时	→	借：应交税费——应交增值税(进项税额) 贷：应交税费——待抵扣进项税额
经核实不得抵扣的进项税额	→	借：应交税费——待抵扣进项税额（红字） 贷：材料采购等科目（红字）

图 1-1　纳税辅导期的账务处理

1.1.4　企业纳税信用管理

纳税信用管理，是指税务机关对纳税人的纳税信用信息开展的采集、评价、确定、发布和应用等活动。纳税信用管理适用范围包括已办理税务登记（含"三证合一、一照一码"、临时登记），从事生产、经营的独立核算企业，或适用于个人所得税征收方式为查账征收的个人独资企业和个人合伙企业。

1. 信用等级

国家税务总局将企业纳税信用级别将由原来的 A、B、C、D 四级变更为 A、B、M、C、D 五级，如图 1-2 所示。

A级	B级	M级	C级	D级
·年度评价指标得分90分以上的纳税人	·年度评价指标得分70分以上不满90分的纳税人	·新设立企业（从首次在税务机关办理涉税事宜之日起时间不满一个评价年度的企业） ·评价年度内无生产经营业务收入且年度评价指标得分70分以上的企业	·年度评价指标得分40分以上不满70分的纳税人	·年度评价指标得分不满40分的纳税人或者直接判级确定的

图 1-2　纳税信用等级

（1）对 A 级企业激励措施如下：

①主动向社会公告 A 级纳税人名单；

②取消增值税发票认证（可通过网上勾选平台，勾选认证增值税专用发票）；

③一般纳税人可单次领取 3 个月的增值税发票用量；普通发票按需领用；

④可评定为出口企业管理一类企业，享受出口退（免）税便利措施；

⑤连续 3 年被评为 A 级信用级别，还可以由税务机关提供绿色通道或专门人员帮助办理涉税事项；

⑥税务机关与相关部门实施的联合激励措施等。

（2）对 B 级纳税人的激励措施如下：

①可一次领取不超过 2 个月的增值税发票用量；

②取消增值税发票认证（可通过网上勾选平台，勾选认证增值税专用发票）；

③税务机关与相关部门实施的联合激励措施等。

（3）对 M 级纳税人的激励措施如下：

①取消增值税专用发票认证（可通过网上勾选平台，勾选认证增值税专用发票）；

②税务机关适时进行税收政策和管理规定的辅导。

（4）对 C 级纳税人的激励措施如下：

取消增值税发票认证（可通过网上勾选平台，勾选认证增值税专用发票）。

（5）对 D 级纳税人的惩戒措施如下：

①公开 D 级纳税人及其直接责任人员名单，对直接责任人员注册登记或者负责经营的其他纳税人纳税信用直接判为 D 级；

②增值税专用发票领用按辅导期一般纳税人政策办理，普通发票的领用实行交（验）旧供新、严格限量供应；

③出口企业管理类别评定为四类，加强出口退税审核；

④加强纳税评估，严格审核其报送的各种资料；

⑤列入重点监控对象，提高监督检查频次，发现税收违法违规行为的，不得适用规定处罚幅度内的最低标准；

⑥将纳税信用评价结果通报相关部门，建议在经营、投融资、取得政府供应土地、进出口、出入境、注册新公司、工程招投标、政府采购、获得荣誉、安全许可、生产许可、从业任职资格、资质审核等方面予以限制或禁止；

⑦D 级评价保留 2 年，第三年纳税信用不得评价为 A 级；

⑧税务机关与相关部门实施的联合惩戒措施，以及结合实际情况依法采取他严格管理措施。

2. 与信用修复相关的政策

实际上，税务机关希望企业保持良好的信用，给予了一定的信用修复的机会，并出台政策文件鼓励企业及时改正错误。

根据《国家税务总局关于纳税信用评价与修复有关事项的公告》（国家税务总局公告 2021 年第 31 号）规定：

"一、符合下列条件之一的纳税人，可向主管税务机关申请纳税信用修复：

（一）破产企业或其管理人在重整或和解程序中，已依法缴纳税款、滞纳金、罚款，并纠正相关纳税信用失信行为的。

（二）因确定为重大税收违法失信主体，纳税信用直接判为 D 级的纳税人，失信主体信息已按照国家税务总局相关规定不予公布或停止公布，申请前连续12个月没有新增纳税信用失信行为记录的。

（三）由纳税信用D级纳税人的直接责任人员注册登记或者负责经营，纳税信用关联评价为D级的纳税人，申请前连续6个月没有新增纳税信用失信行为记录的。

（四）因其他失信行为纳税信用直接判为D级的纳税人，已纠正纳税信用失信行为、履行税收法律责任，申请前连续12个月没有新增纳税信用失信行为记录的。

（五）因上一年度纳税信用直接判为D级，本年度纳税信用保留为D级的纳税人，已纠正纳税信用失信行为、履行税收法律责任或失信主体信息已按照国家税务总局相关规定不予公布或停止公布，申请前连续12个月没有新增纳税信用失信行为记录的。"

纳税信用修复范围及标准见表1-3。

表1-3　纳税信用修复范围及标准

序号	指标名称	指标代码	扣分分值	修复加分分值		
				30日内纠正	30日后本年纠正	30日后次年纠正
1	未按规定期限纳税申报※	010101	5分	涉及税款1 000元以下的加5分，其他的加4分	2分	1分
2	未按规定期限代扣代缴※	010102	5分	涉及税款1 000元以下的加5分，其他的加4分	2分	1分
3	未按规定期限填报财务报表※	010103	3分	2.4分	1.2分	0.6分
4	从事进料加工业务的生产企业，未按规定期限办理进料加工登记、申报、核销手续的※	010304	3分	2.4分	1.2分	0.6分
5	未按规定时限报送财务会计制度或财务处理办法※	010501	3分	2.4分	1.2分	0.6分
6	使用计算机记账，未在使用前将会计电算化系统的会计核算软件、使用说明书及有关资料报送主管税务机关备案的※	010502	3分	2.4分	1.2分	0.6分

序号	指标名称	指标代码	扣分分值	修复加分分值		
				30 日内纠正	30 日后本年纠正	30 日后次年纠正
7	纳税人与其关联企业之间的业务往来应向税务机关提供有关价格、费用标准信息而未提供的※	010503	3分	2.4分	1.2分	0.6分
8	未按规定（期限）提供其他涉税资料的※	010504	3分	2.4分	1.2分	0.6分
9	未在规定时限内向主管税务机关报告开立（变更）账号的※	010505	5分	4分	2分	1分
10	未按规定期限缴纳已申报或批准延期申报的应纳税（费）款※	020101	5分	涉及税款1 000元以下的加5分，其他的加4分	2分	1分
11	至评定期末，已办理纳税申报后纳税人未在税款缴纳期限内缴纳税款或经批准延期缴纳的税款期限已满，纳税人未在税款缴纳期限内缴纳的税款在5万元以上（含5万元）的※	020201	11分	8.8分	4.4分	2.2分
12	至评定期末，已办理纳税申报后纳税人未在税款缴纳期限内缴纳税款或经批准延期缴纳的税款期限已满，纳税人未在税款缴纳期限内缴纳的税款在5万元以下的※	020202	3分	涉及税款1 000元以下的加3分，其他的加2.4分	1.2分	0.6分
13	已代扣代收税款，未按规定解缴的※	020301	11分	涉及税款1 000元以下的加11分，其他的加8.8分	4.4分	2.2分
14	未履行扣缴义务，应扣未扣，应收不收税款※	020302	3分	涉及税款1 000元以下的加3分，其他的加2.4分	1.2分	0.6分
15	银行账户设置数大于纳税人向税务机关提供数※	—	11分	8.8分	4.4分	2.2分

序号	指标名称	指标代码	扣分分值	修复标准
16	有非正常户记录的纳税人※	040103	直接判D	履行相应法律义务并由税务机关依法解除非正常户状态,在被直接判为D级的次年年底前提出修复申请的,税务机关依据纳税人申请重新评价纳税信用级别,但不得评价为A级
				履行相应法律义务并由税务机关依法解除非正常户状态,在被直接判为D级的次年年底之后提出修复申请且申请前连续12个月没有新增纳税信用失信行为记录的,税务机关依据纳税人申请重新评价纳税信用级别,但不得评价为A级
17	非正常户直接责任人员注册登记或负责经营的其他纳税户	040104	直接判D	非正常户纳税人修复后纳税信用级别不为D级的,税务机关依据纳税人申请重新评价纳税信用级别
18	D级纳税人的直接责任人员注册登记或负责经营的其他纳税户	040105	直接判D	D级纳税人修复后纳税信用级别不为D级的,税务机关依据纳税人申请重新评价纳税信用级别
				D级纳税人未申请修复或修复后纳税信用级别仍为D级,被关联纳税人申请前连续6个月没有新增纳税信用失信行为记录的,税务机关依据纳税人申请重新评价纳税信用级别
19	在规定期限内未补交或足额补缴税款、滞纳金和罚款※	050107	直接判D	在税务机关处理结论明确的期限期满后60日内足额补缴(构成犯罪的除外),在被直接判为D级的次年年底之前提出修复申请的,税务机关依据纳税人申请重新评价纳税信用级别,但不得评价为A级
				在税务机关处理结论明确的期限期满后60日内足额补缴(构成犯罪的除外),在被直接判为D级的次年年底之后提出修复申请且申请前连续12个月没有新增纳税信用失信行为记录的,税务机关依据纳税人申请重新评价纳税信用级别,但不得评价为A级

序号	指标名称	指标代码	扣分分值	修复标准
19	在规定期限内未补交或足额补缴税款、滞纳金和罚款※	050107	直接判D	在税务机关处理结论明确的期限期满60日后足额补缴（构成犯罪的除外），申请前连续12个月没有新增纳税信用失信行为记录的，税务机关依据纳税人申请重新评价纳税信用级别，但不得评价为A级
20	确定为重大税收违法失信主体※	—	直接判D	重大税收违法失信主体信息已不予公布或停止公布，申请前连续12个月没有新增纳税信用失信行为记录的，税务机关依据纳税人申请重新评价纳税信用级别，但不得评价为A级
21	其他严重失信行为※	010401至010413	直接判D	已纠正纳税信用失信行为、履行税收法律责任，申请前连续12个月没有新增纳税信用失信行为记录的，税务机关依据纳税人申请重新评价纳税信用级别，但不得评价为A级
		030110至030115	直接判D	
		060101 060102 060103 060201 060202	直接判D	
22	因上一年度纳税信用直接判为D级，本年度纳税信用保留为D级※	—	直接判D	已纠正纳税信用失信行为、履行税收法律责任或重大税收违法失信主体信息已不予公布或停止公布，申请前连续12个月没有新增纳税信用失信行为记录的，税务机关依据纳税人申请重新评价纳税信用级别，但不得评价为A级

注：带※内容，是指符合修复条件的破产重整企业或其管理人申请纳税信用修复时，扣分指标修复标准视同30日内纠正，直接判D指标修复标准不受申请前连续12个月没有新增纳税信用失信行为记录的条件限制。

1.2 增值税发票的管理

发票，是指在购销商品、提供或者接受服务及从事其他经营活动中，开具、收取的收付款凭证，是会计核算的原始凭证和税务机关执法检查的重要依据，是经济活动中重要的商事凭证和记录生产经营的书面证明。

1.2.1 全电发票

全电发票是与纸质发票具有同等法律效力的全新发票，不以纸质形式存在、不用介质支撑、无须申请领用、发票验旧及申请增版增量。纸质发票的票面信息全面数字化，将多个票种集成归并为电子发票单一票种，全电发票实行全国统一赋码、自动流转交付。

根据《关于进一步深化税收征管改革的意见》规定："（五）稳步实施发票电子化改革。2021年建成全国统一的电子发票服务平台，24小时在线免费为纳税人提供电子发票申领、开具、交付、查验等服务。制定出台电子发票国家标准，有序推进铁路、民航等领域发票电子化，2025年基本实现发票全领域、全环节、全要素电子化，着力降低制度性交易成本。"为落实《关于进一步深化税收征管改革的意见》要求，各省市分别出台相关政策，北京、上海等税务局发布了相关公告，开展全电发票试点工作。

2023年3月，《电子发票全流程电子化管理指南》的发布，让企事业单位在电子发票开具、接收、报销、入账、归档等全流程过程中提供参考。

1. 全电发票的票面信息

全电发票的票面信息包括基本内容和特定内容。

为了符合纳税人开具发票的习惯，全电发票的基本内容在现行增值税发票基础上进行了优化，主要包括：发票号码、开票日期、购买方信息、销售方信息、项目名称、规格型号、单位、数量、单价、金额、税率/征收率、税额、合计、价税合计（大写、小写）、备注、开票人等，如图1-3所示。

为了满足从事特定行业、发生特定应税行为及特定应用场景业务（以下简称"特定业务"）的试点纳税人开具发票的个性化需求，税务机关根据现行发票开具的有关规定和特定业务的开票场景，在全电发票中设计了相应的特定内容。特定业务包括但不限于稀土、建筑服务、旅客运输服务、货物运输服务、不动产销售、不动产经营租赁服务、农产品收购、光伏收购、代收车船税、自产农产品销售、差额征税等。试点纳税人在开具全电发票时，可以按照实际业务开展情况，选择特定业务，将按规定应填写在发票备注等栏次的信息，填写在特定内容栏次，进一步规范发票票面内容，便利纳税人使用。特定业务的全电发票票面按照特定内容展示相应信息，同时票面左上角展示该业务类型的字样。

动 态 二维码	标 签	电子发票（增值税专用发票） （全国统一发票监制章 深圳市税务局）		发票号码： 开票日期：
购买方信息	名称： 统一社会信用代码/纳税人识别号：		销售方信息	名称： 统一社会信用代码/纳税人识别号：
项目名称： 规格型号： 单位： 数量： 单价： 金额： 税率/征收率 税额				
价款合计（大写）		(小写)		
备注	销售方开户银行：		银行账号：	

图 1-3　全电发票票样

2. 全电发票开具、保管方式

全电发票开具、保管方式如下：

（1）开具全电发票，纳税人无须使用税控专用设备、发票票种核定、领用发票，登录电子税务局直接开票，流程参考如下。

登录电子税务局→我要办税→开票业务→蓝字发票开具→立即开票→选择票类→电子专票（普通发票）→填入信息→发票开具→下载。

（2）全电发票交付方式有以下几种：一是通过电子发票服务平台税务数

字账户自动交付；二是通过电子邮件、二维码等方式自行交付。而交付样式（xml 格式或 pdf、ofd 版式文件格式）可根据需要由交付方自行选择；销售方开具发票后，系统默认将全电发票文件及数据自动交付至购买方的税务数字账户，购买方可在税务数字账户中下载所需要的全电发票文件。

（3）纳税人下载全电发票时，应对全电发票文件规范命名，便于后续处理。例如：以"dzfp_全电发票号码_下载时间"命名，如 dzfp_22442000000922030206_20221104153434.pdf 等。

（4）全电发票报销方式有两种：一是线上报销；二是线下报销。已建设业务系统和报销系统的单位可通过在线方式完成。对于没有应用报销系统，或是报销系统尚不具备报销审批功能的单位，全电发票的报销审批、归集、登记等流程一般通过纸质报销单采用线下方式进行。

（5）全电发票保管人员或负责报销的会计人员，应建立全电发票归集文件夹，文件夹以"年份＋月份"命名，妥善保管集中归集的全电发票，并建立接收的全电发票台账。

3. 全电发票进项税额如何抵扣

以天津为例，根据《国家税务总局天津市税务局关于开展全面数字化的电子发票试点工作的公告 2023 年第 1 号》（以下简称天津市税务局公告 2023 年第 1 号）第十一条第二款规定："试点纳税人取得带有'增值税专用发票'字样的全电发票、带有'普通发票'字样的全电发票、纸质专票和纸质普票等符合规定的增值税扣税凭证，如需用于申报抵扣增值税进项税额或申请出口退税、代办退税的，应当通过电子发票服务平台税务数字账户确认用途。非试点纳税人继续通过增值税发票综合服务平台使用相关增值税扣税凭证功能。纳税人确认用途有误的，可向主管税务机关申请更正。"

第十二条规定："试点纳税人可以通过电子发票服务平台税务数字账户对符合规定的农产品增值税扣税凭证进行用途确认，计算用于抵扣的进项税额。其中，试点纳税人购进用于生产或者委托加工 13％税率货物的农产品，可以由主管税务机关开通加计扣除农产品进项税额确认功能，在生产领用当期计算加计扣除农产品进项税额。"

4. 如何开具红字发票

根据天津市税务局公告 2023 年第 1 号第十四条规定：

"试点纳税人发生开票有误、销货退回、服务中止、销售折让等情形，需要通过电子发票服务平台开具红字全电发票或红字纸质发票的，按以下规定执行：

（一）受票方未做用途确认及入账确认的，开票方填开《红字发票信息确认单》（以下简称《确认单》）后全额开具红字全电发票或红字纸质发票，无需受票方确认。"

············

需要注意的是，受票方已进行用途确认或入账确认的，受票方为试点纳税人，开票方或受票方均可在电子发票服务平台填开并上传《确认单》，经对方在电子发票服务平台确认后，开票方全额或部分开具红字全电发票或红字纸质发票；受票方为非试点纳税人，由开票方在电子发票服务平台或由受票方在增值税发票综合服务平台填开并上传《确认单》，经对方确认后，开票方全额或部分开具红字全电发票或红字纸质发票。其中，《确认单》需要与对应的蓝字发票信息相符。

受票方已将发票用于增值税申报抵扣的，应当暂依《确认单》所列增值税税额从当期进项税额中转出，待取得开票方开具的红字发票后，与《确认单》一并作为记账凭证。

1.2.2　电子发票

电子发票，是指在经营活动中开具或收取的、数据电文形式的收付款凭证，即电子形式的发票。电子发票，采用税务局统一发放的形式给商家使用，其法律效力、基本用途、基本使用规定等，与税务机关监制的增值税发票相同。

《关于在新办纳税人中实行增值税专用发票电子化有关事项的公告》（国家税务总局公告 2020 年第 22 号）规定：

"············

二、电子专票由各省税务局监制，采用电子签名代替发票专用章，属于增值税专用发票，其法律效力、基本用途、基本使用规定等与增值税纸质专用发票（以下简称'纸质专票'）相同。

三、电子专票的发票代码为 12 位，编码规则：第 1 位为 0，第 2-5 位代表省、自治区、直辖市和计划单列市，第 6-7 位代表年度，第 8-10 位代表批次，第 11-12 位为 13。发票号码为 8 位，按年度、分批次编制。

四、自各地专票电子化实行之日起，本地区需要开具增值税纸质普通发票、增值税电子普通发票（以下简称'电子普票'）、纸质专票、电子专票、纸质机动车销售统一发票和纸质二手车销售统一发票的新办纳税人，统一领取税务 UKey 开具发票。税务机关向新办纳税人免费发放税务 UKey，并依托增值税电子发票公共服务平台，为纳税人提供免费的电子专票开具服务。

五、税务机关按照电子专票和纸质专票的合计数，为纳税人核定增值税专用发票领用数量。电子专票和纸质专票的增值税专用发票（增值税税控系统）最高开票限额应当相同。

六、纳税人开具增值税专用发票时，既可以开具电子专票，也可以开具纸质专票。受票方索取纸质专票的，开票方应当开具纸质专票。

七、纳税人开具电子专票后，发生销货退回、开票有误、应税服务中止、销售折让等情形，需要开具红字电子专票的，按照以下规定执行：

（一）购买方已将电子专票用于申报抵扣的，由购买方在增值税发票管理系统（以下简称'发票管理系统'）中填开并上传《开具红字增值税专用发票信息表》（以下简称《信息表》），填开《信息表》时不填写相对应的蓝字电子专票信息。

购买方未将电子专票用于申报抵扣的，由销售方在发票管理系统中填开并上传《信息表》，填开《信息表》时应填写相对应的蓝字电子专票信息。

（二）税务机关通过网络接收纳税人上传的《信息表》，系统自动校验通过后，生成带有'红字发票信息表编号'的《信息表》，并将信息同步至纳税人端系统中。

（三）销售方凭税务机关系统校验通过的《信息表》开具红字电子专票，在发票管理系统中以销项负数开具。红字电子专票应与《信息表》一一对应。

（四）购买方已将电子专票用于申报抵扣的，应当暂依《信息表》所列增值税税额从当期进项税额中转出，待取得销售方开具的红字电子专票后，与《信息表》一并作为记账凭证。"

增值税电子专用发票票样如图 1-4 所示。

增值税普通电子发票票样如图 1-5 所示。

根据《网络发票管理办法》第七条规定："单位和个人取得网络发票时，应及时查询验证网络发票信息的真实性、完整性，对不符合规定的发票，不得作为财务报销凭证，任何单位和个人有权拒收。"

国统一发票监制章
国家税务总局监制

××增值税电子**专用**发票 发票代码：
发票号码：
开票日期：
校 验 码：

机器编码：

购买方	名　　　　　　称： 纳 税 人 识 别 号： 地　址　、　电　话： 开 户 行 及 账 号：	密码区	略				

项目名称	规格型号	单位	数量	单价	金额	税率（％）	税额
合计							

价税合计（大写）		（小写）

销售方	名　　　　　　称： 纳 税 人 识 别 号： 地　址　、　电　话： 开 户 行 及 账 号：	备注

收款人： 复核： 开票人： 销售方：（章）

图 1-4 增值税电子专用发票（票样）

北京××增值税普通发票 发票代码：
发票号码：
开票日期：
校 验 码：

机器编码 发票联

购买方	名　　　　　　称： 统一社会信用代码： 地　址　、　电　话： 开 户 行 及 账 号：	密码区					

货物或应税劳务、服务名称	规格型号	单位	数量	单价	金额	税率	税额
合计							

价税合计（大写）		（小写）

销售方	名　　　　　　称： 统一社会信用代码： 地　址　、　电　话： 开 户 行 及 账 号：	备注

收款人： 复核： 开票人： 销售单位：（章）

图 1-5 增值税普通电子发票票样

3. 如何填写增值税及附加税费申报表

以上海为例，根据《关于〈国家税务总局上海市税务局关于进一步开展全面数字化的电子发票试点工作的公告〉的解读》规定：

"二十、纳税人通过电子发票服务平台开具或取得发票后，如何填写增值税及附加税费申报表？

（一）一般纳税人通过电子发票服务平台开具带有'增值税专用发票'或'普通发票'字样的全电发票、纸质专票、纸质普票，其金额及税额应分别填入《增值税及附加税费申报表附列资料（一）》（本期销售情况明细）'开具增值税专用发票'或'开具其他发票'相关栏次。

一般纳税人取得通过电子发票服务平台开具的全电发票、纸质专票、纸质普票，勾选用于进项抵扣时，其份数、金额及税额填列在《增值税及附加税费申报表附列资料（二）》（本期进项税额明细）相关栏次。

一般纳税人取得通过电子发票服务平台开具的带有'增值税专用发票'字样的全电发票、纸质专票，已用于增值税申报抵扣的，对应的《确认单》所列增值税税额填列在《增值税及附加税费申报表附列资料（二）》（本期进项税额明细）第20栏'红字专用发票信息表注明的进项税额'。

一般纳税人取得通过电子发票服务平台开具的带有'增值税普通发票'字样的全电发票、纸质普票，已用于增值税申报抵扣或加计扣除农产品进项税额的，对应的《确认单》所列增值税税额填列在《增值税及附加税费申报表附列资料（二）》（本期进项税额明细）第23b栏'其他应作进项税额转出的情形'。

（二）小规模纳税人通过电子发票服务平台开具的带有'增值税专用发票'或'普通发票'字样的全电发票、纸质专票、纸质普票，其金额及税额应填入《增值税及附加税费申报表（小规模纳税人适用）》'增值税专用发票不含税销售额'或'其他增值税发票不含税销售额'相关栏次。其中，适用增值税免税政策的，按规定填入'免税销售额'相关栏次。"

1.3　会计科目及会计信息要求

会计科目的设置和维护应符合国家相关法律法规的要求，以及《企业会计准则》和业务核算的需要，根据资产、负债、成本、所有者权益、费用、收入等要素选择适合本企业的会计科目，会计科目应在不同会计期间内保持一致性。

1.3.1 会计科目的设置

在一个会计年度内，对已经存在发生额的科目，一般情况下不允许再增加明细科目。

一级科目（总账科目、总分类科目）一般由财政部统一制定，二级科目（明细科目、明细分类科目），以及明细科目的设置应当符合企业适用的会计准则规定。会计信息系统中的会计科目编码位数设置为12位，比如，一级科目"1122应收账款"，二级科目"1122-01应收账款－商品款"，三级科目"1122-01-01应收账款－商品款－甲商品"，四级科目"1122-01-01-01应收账款－商品款－甲商品款－折扣"，其中二级科目可以设置到99，如"1122-99应收账款－其他"。

执行《企业会计准则》的一般纳税人企业可参考表1-4设置会计科目。

表1-4　企业会计科目明细账户设置

科目代码	一级科目	二级科目	三级科目	明细科目设置原则
1001	库存现金	—	—	涉及外币核算的，在"科目设置"中选择"外币核算"选项
1002	银行存款	—	—	涉及外币核算的，在"科目设置"中选择"外币核算"选项
100201	银行存款	人民币	—	
100202	银行存款	外币	—	
1012	其他货币资金	—	—	—
1012-01	其他货币资金	外埠存款	—	—
1012-02	其他货币资金	银行汇票	—	—
1012-03	其他货币资金	银行本票	—	—
1012-04	其他货币资金	信用卡	—	—
1012-05	其他货币资金	存出投资款	—	—
1012-06	其他货币资金	保证金	—	—
1012-07	其他货币资金	微信	—	—
1012-08	其他货币资金	支付宝	—	—
1101	交易性金融资产	—	—	按"成本""公允价值变动"设置明细科目
1101-01	交易性金融资产	成本	—	—

科目代码	一级科目	二级科目	三级科目	明细科目设置原则
1101-02	交易性金融资产	公允价值变动	—	—
1121	应收票据	—	—	按票据类型设置明细
1121-01	应收票据	银行承兑汇票	—	—
1121-01-01	应收票据	银行承兑汇票	已背书未到期票据	—
1121-01-02	应收票据	银行承兑汇票	已贴现未到期票据	—
1121-02	应收票据	商业承兑汇票	—	—
1121-02-01	应收票据	商业承兑汇票	已背书未到期票据	—
1121-02-02	应收票据	商业承兑汇票	已贴现未到期票据	—
1122	应收账款	—	—	按应收账款性质设置二级明细
1122-01	应收账款	商品款	—	按不同客户设置三级明细
1122-02	应收账款	材料款	—	
1122-03	应收账款	其他	—	
1122-03	应收账款	劳务款	—	
1123	预付账款	—	—	—
***	合同资产	—	—	
***-01	合同资产	商品款	—	
***-02	合同资产	材料款	—	
***-03	合同资产	其他	材料款	
1131	应收股利	—	—	—
1132	应收利息	—	—	根据金融工具的类别设置二级明细
1221	其他应收款	—	—	按照往来款的性质设置二级明细
1221-01	其他应收款	备用金	—	—
1221-02	其他应收款	保证金	—	—
1221-03	其他应收款	其他	—	—

科目代码	一级科目	二级科目	三级科目	明细科目设置原则
1231	坏账准备	—	—	—
1231-01	坏账准备	应收账款	—	—
1231-02	坏账准备	其他应收款	—	—
1231-03	坏账准备	预付款项	—	—
1231-04	坏账准备	长期应收款	—	—
1231-05	坏账准备	应收股利	—	—
1231-06	坏账准备	应收利息	—	—
1401	材料采购	—	—	可按照材料类别设置二级明细
1402	在途物资	—	—	可按照材料类别设置二级明细
1403	原材料	—	—	可按照材料类别设置二级明细
1403-01	原材料	主要材料	—	—
1403-02	原材料	辅助材料	—	—
1403-03	原材料	外购半成品	—	—
1403-04	原材料	修理用备件	—	—
1403-05	原材料	包装材料	—	—
1403-06	原材料	其他	—	—
1404	材料成本差异	—	—	可按材料、产品的类别或品种设置二级明细
1411	周转材料	—	—	按照"在库""在用""摊销"设置二级明细
1411-01	周转材料	在库	—	—
1411-02	周转材料	在用	—	—
1411-03	周转材料	摊销	—	—
1471	存货跌价准备	—	—	根据存货性质设置二级明细
1471-01	存货跌价准备	原材料	—	—
1471-01-01	存货跌价准备	原材料	主要材料	—

科目代码	一级科目	二级科目	三级科目	明细科目设置原则
1471-01-02	存货跌价准备	原材料	辅助材料	—
1471-01-03	存货跌价准备	原材料	外购半成品	—
1471-01-04	存货跌价准备	原材料	包装材料	—
1471-01-05	存货跌价准备	原材料	燃料	—
1471-01-06	存货跌价准备	原材料	其他	—
***	合同资产减值准备	—	—	—
1501	债权投资	—	—	按照"成本""应计利息""利息调整"设置二级明细
1501-01	债权投资	成本	—	—
1501-02	债权投资	应计利息	—	—
1501-03	债权投资	利息调整	—	—
1502	债权投资减值准备	—	—	—
1503	其他债权投资	—	—	按照"成本""应计利息""利息调整""公允价值变动"设置二级明细
1503-01	其他债权投资	成本	—	—
1503-02	其他债权投资	应计利息	—	—
1503-03	其他债权投资	利息调整	—	—
1503-04	其他债权投资	公允价值变动	—	—
1504	其他债权投资减值准备	—	—	—
1511	长期股权投资	—	—	按照"成本法""权益法"设置二级明细
1511-01	长期股权投资	对子公司投资	—	—
1511-02	长期股权投资	对联营企业投资	—	—
1511-02-01	长期股权投资	对联营企业投资	成本	—
1511-02-02	长期股权投资	对联营企业投资	损益调整	—
1511-02-03	长期股权投资	对联营企业投资	其他权益变动	—

科目代码	一级科目	二级科目	三级科目	明细科目设置原则
1511-03	长期股权投资	对合营企业投资	—	—
1511-03-01	长期股权投资	对合营企业投资	成本	—
1511-03-02	长期股权投资	对合营企业投资	损益调整	—
1511-03-03	长期股权投资	对合营企业投资	其他权益变动	—
1512	长期股权投资减值准备	—	—	—
151201	长期股权投资减值准备	子公司	—	—
151202	长期股权投资减值准备	联营企业	—	—
151203	长期股权投资减值准备	合营企业	—	—
1531	长期应收款	—	—	按照应收款性质设置二级明细
1532	未实现融资收益	—	—	按照不同性质设置二级明细
1601	固定资产	—	—	按照固定资产类别设置二级明细
1601-01	固定资产	房屋及建筑物	—	—
1601-02	固定资产	机器设备	—	—
1601-03	固定资产	运输设备	—	—
1601-04	固定资产	办公设备	—	—
1601-05	固定资产	其他	—	—
1602	累计折旧	—	—	按照固定资产类别设置二级明细
1602-01	累计折旧	房屋及建筑物	—	—
1602-02	累计折旧	机器设备	—	—
1602-03	累计折旧	运输设备	—	—
1602-04	累计折旧	办公设备	—	—
1602-05	累计折旧	其他	—	—
1603	固定资产减值准备	—	—	按照固定资产类别设置二级明细

科目代码	一级科目	二级科目	三级科目	明细科目设置原则
1603-01	固定资产 减值准备	房屋及建筑物	—	—
1603-02	固定资产 减值准备	机器设备	—	—
1603-03	固定资产 减值准备	运输设备	—	—
1603-04	固定资产 减值准备	办公设备	—	—
1603-05	固定资产 减值准备	其他	—	—
1604	在建工程	—	—	—
***	使用权资产	—	—	—
***	使用权资产 累计折旧	—	—	—
1606	固定资产清理	—	—	—
1701	无形资产	—	—	—
1701-01	无形资产	专利权	—	—
1701-02	无形资产	土地使用权	—	—
1701-03	无形资产	其他	—	—
1702	累计摊销	—	—	—
1702-01	累计摊销	专利权	—	—
1702-02	累计摊销	土地使用权	—	—
1702-03	累计摊销	其他	—	—
1703	无形资产 减值准备	—	—	—
1711	商誉	—	—	—
1712	商誉减值准备	—	—	—
1801	长期待摊费用	—	—	—
1811	递延所得税资产	—	—	—

科目代码	一级科目	二级科目	三级科目	明细科目设置原则
1811-01	递延所得税资产	可抵扣亏损	—	—
1811-02	递延所得税资产	固定资产折旧	—	—
1811-03	递延所得税资产	子公司投资收益	—	—
1811-04	递延所得税资产	其他	—	—
1901	待处理财产损溢	—	—	—
1901-01	待处理财产损溢	待处理流动资产损溢	—	—
1901-02	待处理财产损溢	待处理非流动资产损溢	—	—
2001	短期借款	—	—	按照短期借款性质设置二级明细
2001-01	短期借款	信用借款	—	—
2001-02	短期借款	抵押贷款	—	—
2001-03	短期借款	质押贷款	—	—
2001-03-01	短期借款	质押贷款	票据贴现	—
2001-03-02	短期借款	质押贷款	应收账款保理	—
2001-03-03	短期借款	质押贷款	其他	—
2101	交易性金融负债	—	—	按照"本金""公允价值变动"设置二级明细
2201	应付票据	—	—	按照应付票据设置二级明细
2201-01	应付票据	银行承兑汇票	—	—
2201-02	应付票据	商业承兑汇票	—	—
2202	应付账款	—	—	按照应付账款性质设置二级明细
2202-01	应付账款	应付商品款	—	—
2202-02	应付账款	应付材料	—	—
2202-03	应付账款	其他	原值	—
2203	预收账款	—	—	—
***	合同负债	—	—	—

科目代码	一级科目	二级科目	三级科目	明细科目设置原则
2211	应付职工薪酬	—	—	—
2211-01	应付职工薪酬	工资、奖金、津贴和补贴	—	—
2211-02	应付职工薪酬	福利费用	—	—
2211-02-01	应付职工薪酬	福利费用	货币性福利	—
2211-02-02	应付职工薪酬	福利费用	非货币性福利	—
2211-03	应付职工薪酬	社会保险	—	—
2211-03-01	应付职工薪酬	社会保险	基本养老保险	—
2211-03-02	应付职工薪酬	社会保险	补充养老保险	—
2211-03-03	应付职工薪酬	社会保险	基本医疗保险	—
2211-03-04	应付职工薪酬	社会保险	补充医疗保险	—
2211-03-05	应付职工薪酬	社会保险	失业保险	—
2211-03-06	应付职工薪酬	社会保险	工伤保险	—
2211-03-07	应付职工薪酬	社会保险	生育保险	—
2211-04	应付职工薪酬	商业保险	—	—
2211-05	应付职工薪酬	住房公积金	—	—
2211-06	应付职工薪酬	工会经费	—	—
2211-07	应付职工薪酬	辞退福利	—	—
2211-08	应付职工薪酬	职工教育经费	—	—
2211-09	应付职工薪酬	劳务派遣费	—	—
2211-10	应付职工薪酬	其他	—	—
2221	应交税费	—	—	按照应交增值税性质设置二级明细
2221-01	应交税费	应交增值税	—	按照应交增值税性质设置三级明细
2221-01-01	应交税费	应交增值税	进项税额	—
2221-01-02	应交税费	应交增值税	已交税金	—
2221-01-03	应交税费	应交增值税	转出未交增值税	—
2221-01-04	应交税费	应交增值税	转出多交增值税	—
2221-01-05	应交税费	应交增值税	销项税额抵减	—

科目代码	一级科目	二级科目	三级科目	明细科目设置原则
2221-01-06	应交税费	应交增值税	减免税款	—
2221-01-07	应交税费	应交增值税	销项税额	—
2221-01-08	应交税费	应交增值税	出口退税	—
2221-01-09	应交税费	应交增值税	进项税额转出	—
2221-02	应交税费	未交增值税	—	—
2221-03	应交税费	预交增值税	—	—
2221-04	应交税费	待抵扣进项税额	—	—
2221-05	应交税费	待认证进项税额	—	—
2221-06	应交税费	待转销项税额	—	—
2221-07	应交税费	增值税留抵税额	—	—
2221-08	应交税费	简易计税	—	—
2221-08-01	应交税费	简易计税	计税抵减	—
2221-08-02	应交税费	简易计税	预交简易计税	—
2221-08-03	应交税费	简易计税	计提	—
2221-08-04	应交税费	简易计税	未交简易计税	—
2221-08-05	应交税费	简易计税	待转简易计税	—
2221-09	应交税费	转让金融商品应交增值税	—	—
2221-10	应交税费	代扣代交增值税	—	—
2221-11	应交税费	应交消费税	—	—
2221-12	应交税费	应交出口关税	—	—
2221-13	应交税费	应交进口关税	—	—
2221-14	应交税费	应交资源税	—	—
2221-15	应交税费	应交企业所得税	—	—
2221-16	应交税费	应交个人所得税	—	—
2221-17	应交税费	应交土地增值税	—	—
2221-18	应交税费	应交房产税	—	—
2221-19	应交税费	应交土地使用税	—	—
2221-20	应交税费	应交车船使用税	—	—

科目代码	一级科目	二级科目	三级科目	明细科目设置原则
2221-21	应交税费	应交城市 维护建设税	—	—
2221-22	应交税费	应交教育费附加	—	—
2221-23	应交税费	应交地方 教育附加	—	—
2221-24	应交税费	应交地方 各项基金	—	—
2221-25	应交税费	印花税	—	—
2231	应付利息	—	—	—
2232	应付股利	—	—	可按支付股利的对象或 类型设置二级明细
2241	其他应付款	—	—	按照应付款性质设置二 级明细
2241-01	其他应付款	保证金	—	—
2241-02	其他应付款	代扣个人社保费	—	—
2241-02-01	其他应付款	代扣个人社保费	基本养老保险	—
2241-02-02	其他应付款	代扣个人社保费	补充养老保险	—
2241-02-03	其他应付款	代扣个人社保费	补充医疗保险	—
2241-02-04	其他应付款	代扣个人社保费	失业保险	—
＊＊＊	租赁负债	—	—	—
2401	递延收益	—	—	—
2401-01	递延收益	国家拨入 专门用途款项	—	—
2401-01-01	递延收益	国家拨入专门 用途款项	搬迁补偿	—
2401-01-02	递延收益	国家拨入专门 用途款项	其他	—
2501	长期借款	—	—	按照"本金""利息调 整"设置二级明细
2501-01	长期借款	本金	—	—

科目代码	一级科目	二级科目	三级科目	明细科目设置原则
2501-02	长期借款	利息调整	—	
2502	应付债券	—	—	按照"面值""利息调整"设置二级明细
2701	长期应付款	—	—	按照应付款性质设置二级明细
2702	未确认融资费用	—	—	—
2711	专项应付款	—	—	按照款项用途设置二级明细
2801	预计负债	—	—	按预计负债事项设置二级明细
2801-01	预计负债	对外提供担保	—	—
2801-02	预计负债	未决诉讼	—	—
2801-03	预计负债	亏损合同	—	—
2801-04	预计负债	产品质量保证	—	—
2801-05	预计负债	弃置费用	—	—
2901	递延所得税负债	—	—	—
2901-01	递延所得税负债	固定资产折旧	—	—
2901-02	递延所得税负债	资产评估增值	—	—
4001	实收资本（股本）	—	—	按照实收资本或股本来源设置二级明细
4002	资本公积	—	—	
4002-01	资本公积	资本（或股本）溢价	—	—
4002-02	资本公积	其他资本公积	—	—
4004	其他综合收益	—	—	根据性质设置二级明细
4101	盈余公积	—	—	按照盈余公积设置二级明细
4101-01	盈余公积	法定盈余公积	—	—
4101-02	盈余公积	任意盈余公积	—	—

科目代码	一级科目	二级科目	三级科目	明细科目设置原则
4103	本年利润	—	—	
4104	利润分配	—	—	按照利润分配性质设置二级明细
4104-01	利润分配	提取法定盈余公积	—	
4104-02	利润分配	提取任意盈余公积	—	
4104-03	利润分配	应付利润或股利	—	
4104-04	利润分配	提取储备金	—	
4104-05	利润分配	其他	—	
4301	专项储备	—	—	
5301	研发支出	—	—	按照研发支出性质设置二级明细
＊＊＊	合同履约成本	—	—	
＊＊＊-01	合同履约成本	合同成本	—	
＊＊＊-01-01	合同履约成本	合同成本	人工费	
＊＊＊-01-02	合同履约成本	合同成本	材料费	
＊＊＊-01-03	合同履约成本	合同成本	机械使用费	
5403	机械作业	—	—	按照机械化施工、运输作业设置二级明细
5403-01	机械作业	机械化施工	—	
5403-01-01	机械作业	机械化施工	人工费	
5403-01-02	机械作业	机械化施工	折旧费用	
5403-01-03	机械作业	机械化施工	修理费	
5403-01-04	机械作业	机械化施工	机械租赁费	
5403-01-05	机械作业	机械化施工	其他	
5403-02	机械作业	运输作业	—	
5403-02-01	机械作业	运输作业	人工费	
5403-02-02	机械作业	运输作业	折旧费用	

科目代码	一级科目	二级科目	三级科目	明细科目设置原则
5403-02-03	机械作业	运输作业	修理费	—
5403-02-04	机械作业	运输作业	机械租赁费	—
5403-02-05	机械作业	运输作业	其他	—
***	合同取得成本	—	—	—
***	合同结算	—	—	—
***-01	合同结算	合同结算——价款结算	—	—
***-02	合同结算	合同结算——收入结转	—	—
6001	主营业务收入	—	—	—
6051	其他业务收入	—	—	—
6101	公允价值变动损益	—	—	—
6111	投资收益	—	—	按照投资收益性质设置二级科目
6211	其他收益	—	—	—
6301	营业外收入	—	—	按照收入项目设置二级明细
6301-01	营业外收入	非流动资产处置利得	—	—
6301-01-01	营业外收入	非流动资产处置利得	固定资产处置利得	—
6301-01-02	营业外收入	非流动资产处置利得	无形资产处理利得	—
6301-02	营业外收入	税费返还	—	—
6301-03	营业外收入	违约金收入	—	—
6301-04	营业外收入	负商誉	—	—
6301-05	营业外收入	其他	—	—
6401	主营业务成本	—	—	—
6402	其他业务成本	—	—	—

科目代码	一级科目	二级科目	三级科目	明细科目设置原则
6403	税金及附加	—	—	—
6403-01	税金及附加	消费税	—	—
6403-02	税金及附加	城市维护建设税	—	—
6403-03	税金及附加	资源税	—	—
6403-04	税金及附加	教育附加费	—	—
6403-05	税金及附加	房产税	—	—
6403-06	税金及附加	土地使用税	—	—
6403-07	税金及附加	车船使用税	—	—
6403-08	税金及附加	印花税	—	—
6403-09	税金及附加	土地使用税	—	—
6601	销售费用	—	—	按照费用性质设置二级明细
6601-01	销售费用	职工薪酬	—	—
6601-01-01	销售费用	职工薪酬	工资	—
6601-01-02	销售费用	职工薪酬	福利费	—
6601-01-03	销售费用	职工薪酬	其他	—
6601-02	销售费用	劳动保护费	—	—
6601-03	销售费用	运输费	—	—
6601-04	销售费用	广告费	—	—
6601-05	销售费用	招投标费	—	—
6601-06	销售费用	办公费	—	—
6601-07	销售费用	水电费	—	—
6601-08	销售费用	业务招待费	—	—
6601-09	销售费用	其他	—	—
6602	管理费用	—	—	按照费用性质设置二级明细
6602-01	管理费用	工资	—	—
6602-01-01	管理费用	工资	社会保险	—
6602-01-02	管理费用	工资	住房公积金	—

科目代码	一级科目	二级科目	三级科目	明细科目设置原则
6602-01-03	管理费用	工资	工会经费	—
6602-01-04	管理费用	工资	职工教育经费	—
6602-01-05	管理费用	工资	职工福利	—
6602-01-06	管理费用	工资	辞退福利	—
6602-02	管理费用	折旧费	—	—
6602-03	管理费用	摊销费	—	—
6602-04	管理费用	业务招待费	—	—
6602-05	管理费用	差旅交通费	—	—
6602-06	管理费用	会议费	—	—
6602-07	管理费用	办公费	—	—
6602-08	管理费用	党建工作经费	—	—
6602-09	管理费用	其他	—	—
6603	财务费用	—	—	按照费用性质设置二级明细
6603-01	财务费用	利息支出	—	—
6603-01-01	财务费用	利息支出	借款利息支出	—
6603-01-02	财务费用	利息支出	应付质保金折现利息	—
6603-01-03	财务费用	利息支出	短期融资券利息费用	—
6603-01-04	财务费用	利息支出	票据贴现利息	—
6603-01-05	财务费用	利息支出	履约保证金折现费用	—
6603-01-06	财务费用	利息支出	其他	—
6603-02	财务费用	利息收入	—	—
6603-02-01	财务费用	利息收入	存款利息收入	—
6603-02-02	财务费用	利息收入	应收质保折现的利息收入	—
6603-03	财务费用	汇兑损益	—	—
6603-04	财务费用	票据贴现	—	—

科目代码	一级科目	二级科目	三级科目	明细科目设置原则
6603-05	财务费用	现金折扣	—	—
6603-06	财务费用	其他	—	—
6606	资产处置损益	—	—	按照性质设置二级明细
6701	资产减值损失	—	—	按照性质设置二级明细
6711	营业外支出	—	—	按照性质设置二级明细
6711-01	营业外支出	非流动资产处置损失	—	—
6711-02	营业外支出	债务重组损失	—	—
6711-03	营业外支出	罚没支出	—	—
6711-04	营业外支出	捐赠支出	—	—
6711-05	营业外支出	固定资产盘亏	—	—
6711-06	营业外支出	赔偿金	—	—
6711-07	营业外支出	违约金	—	—
6801	所得税费用	—	—	按照性质设置二级明细
6801-01	所得税费用	当期所得税费用	—	—
6801-01-01	所得税费用	当期所得税费用	当期	—
6801-01-02	所得税费用	当期所得税费用	以前年度所得税调整	—
6801-02	所得税费用	递延所得税费用	—	—
6901	以前年度损益调整	—	—	按照性质设置二级明细
6901-01	以前年度损益调整	一般调整事项	—	—
6901-02	以前年度损益调整	重大会计差错	—	—

注***：财政部会计司编写的《企业会计准则第14号——收入（应用指南2018）》，增加一些会计科目，如"合同履约成本""合同履约成本减值准备""合同取得成本""合同取得成本减值准备""应收退货成本""合同资产""合同资产减值准备""合同负债"等，但没有给出相应的科目代码，企业可根据自身情况编写代码。

1.3.2　企业会计信息质量要求

会计信息质量要求主要包括可靠性、相关性、可理解性、可比性、实质重于形式、重要性、谨慎性和及时性。

1. 可靠性

（1）以实际发生的交易或者事项为依据进行确认、计量，将符合会计要素定义及其确认条件的资产、负债、所有者权益、收入、费用和利润等如实反映在财务报表中，不得根据虚构的、没有发生的或者尚未发生的交易或者事项进行确认、计量和报告。

（2）在符合重要性和成本效益原则的前提下，保证会计信息的完整性，其中包括应当编报的报表及其附注内容等应当保持完整，不能随意遗漏或者减少应予披露的信息，与使用者决策相关的有用信息都应当充分披露。

（3）在财务报告中的会计信息应当是中立的、无偏的。如果企业在财务报告中为了达到事先设定的结果或效果，通过选择或列示有关会计信息以影响决策和判断的。这样的财务报告信息就不是中立的。

2. 相关性

（1）预测价值。

如果一项信息能帮助决策者对过去、现在和未来事项的可能结果进行预测，则该项信息具有预测价值。

（2）反馈价值。

一项信息如果能有助于决策者验证或修正过去的决策和实施方案，即具有反馈价值。将过去决策所产生的实际结果反馈给决策者，使其与当初的预期结果相比较，验证过去的决策是否正确，总结经验以防止今后再犯同样的错误。反馈价值有助于未来决策。

3. 可理解性

可理解性（清晰性）要求企业提供的会计信息应当清晰明了，便于投资者等财务报告使用者理解和使用。

4. 可比性

（1）同一企业不同时期可比（纵向可比）。

会计信息质量的可比性要求同一企业不同时期发生的相同或者相似的交

易或者事项，应当采用一致的会计政策，不得随意变更。

（2）不同企业相同会计期间可比（横向可比）。

会计信息质量的可比性要求不同企业同一会计期间发生的相同或者相似的交易或者事项，应当采用规定的会计政策，确保会计信息口径一致、相互可比，以使不同企业按照一致的确认、计量和报告要求提供有关会计信息。

5. 实质重于形式

如果企业的会计核算仅按照交易或事项的法律形式进行，而这些形式又没有反映其经济实质和经济现实，那么，其最终结果将不仅不会有利于会计信息使用者的决策，反而会误导会计信息使用者的决策。

6. 重要性

在实务中，如果会计信息的省略或者错报会影响投资者等财务报告使用者据此做出决策的，该信息就具有重要性。重要性的应用需要依赖职业判断，企业应当根据其所处环境和实际情况，从项目的性质和金额大小两方面加以判断。

7. 谨慎性

谨慎性要求企业对交易或者事项进行会计确认、计量和报告应当保持应有的谨慎，不应高估资产或者收益、低估负债或者费用。

8. 及时性

在实务中，为了及时提供会计信息，可能需要在有关交易或者事项的信息全部获得之前即进行会计处理，这样就满足了会计信息的及时性要求，但可能会影响会计信息的可靠性；反之，如果企业等到与交易或者事项有关的全部信息获得之后再进行会计处理，这样的信息披露可能会由于时效性问题，对于投资者等财务报告使用者决策的有用性将大大降低。

第 2 章
企业资金的核算

货币资金是指企业生产经营过程中处于货币形态的流动资产。货币资金按其分布与管理方式，主要包括库存现金、银行存款和其他货币资金等。本章详细介绍库存现金、银行存款、其他货币资金的科目设置及相关账务处理。

2.1　库存现金

库存现金是指企业持有可随时用于支付的现金限额，由出纳人员经管，包括人民币现金和外币现金。

2.1.1 企业现金管理制度

1. 现金使用范围

（1）职工工资、津贴。

（2）个人劳务报酬：根据国家规定颁发给个人的科学技术、文化艺术、体育等各种奖金。

（3）各种劳保、福利费用及国家规定的对个人的其他支出。

（4）向个人收购农副产品和其他物资的价款。

（5）出差人员必须随身携带的差旅费。

（6）结算起点以下的零星支出。

（7）中国人民银行确定需要支付现金的其他支出（如抢险救灾）。

前款结算起点定为 1 000 元。结算起点的调整，由中国人民银行确定，报国务院备案。

2. 现金的限额

一般按照单位 3～5 天日常零星开支所需确定。

3. 现金收支

（1）现金收入应于当日送存银行，如当日送存银行确有困难，由银行确定送存时间。

（2）企业可以在现金使用范围内支付现金或从银行提取现金。

（3）企业从银行提取现金时，应当注明具体用途，并由财会部门负责签字盖章后，交开户银行审核后方可支取。

（4）企业不得坐支现金。

2.1.2 库存现金的账务处理

库存现金的科目编码为 1001，如果企业有外币业务，可设置二级科目或明细科目，二级科目代码长度一般分两级、三级、四级直到十级，每一级都增设两位数字即可。企业可根据实际需要，设计级数，见表 2-1。

表 2-1　库存现金会计科目编码的设置

科目代码	总分类科目 （一级科目）	明细分类科目	
		二级明细科目	三级明细科目
1001	库存现金	—	—
100101	库存现金	人民币	—
100102	库存现金	外币	—
10010201	库存现金	外币	美元
10010202	库存现金	外币	日元

库存现金的账务处理，如图 2-1 所示。

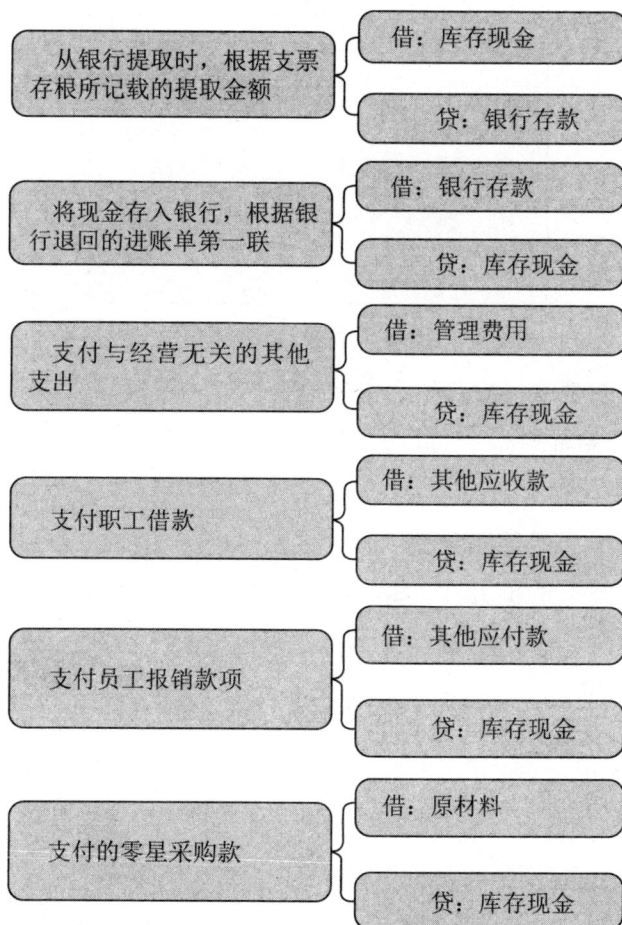

图 2-1　库存现金的账务处理

1. 企业日常提取现金账务处理

【例2-1】2024年1月5日，维达制药有限公司签发支票从银行提取现金140 000元，如图2-2所示。账务处理如下。

借：库存现金 140 000

　　贷：银行存款 140 000

```
中国工商银行
现金支票存根（深）
IV 000011

科　　目：_____
对方科目：_____
出票日期：2024 年 1 月 5 日

收款人：本公司

金　额：140 000 元

用　途：工资

单位主管　兰洁　　会计　孙非
```

图 2-2 现金支票存根

1月5日，用现金138 000元支付工资。

借：应付职工薪酬 138 000

　　贷：库存现金 138 000

2. 库存现金收入的账务处理

【例2-2】2024年1月10日，维达制药有限公司收到乙公司零售货款1 450元，送存银行，账务处理如下。

借：库存现金 1 450

　　贷：应收账款——乙公司 1 450

借：银行存款 1 450

　　贷：库存现金 1 450

3. 库存现金支出账务处理

库存现金支出是指企业在其生产经营和非生产经营业务中向外支付的库存现金。库存现金支出的核算以库存现金支出原始凭证为依据，分为外来原始凭证和自制原始凭证两部分。常见的库存现金支出原始凭证包括借据、工资结算单、报销单、差旅费报销单、领款收据等。

【例2-3】维达制药有限公司2024年1月现金支出情况如下。

（1）1月10日，职工李元出差预借差旅费3 000元，以库存现金支付，如图2-3所示。

  借：其他应收款——李元   3 000

    贷：库存现金   3 000

借款单		
资金性质：现金		
借款单位（人）：李元		
借款理由：出差		
借款数额：人民币（大写）叁仟元整 ¥3 000.00		
本单位领导人意见：蒋欣		
主管领导意见：陈宇	会计主管人员核批：曲漫	付款记录：

图2-3 借款单

（2）1月20日，以现金支付职工培训费1 000元。根据上述经济业务，账务处理如下。

  借：管理费用   1 000

    贷：库存现金   1 000

（3）1月25日，用库存现金1 000元购买办公用品。

  借：管理费用   1 000

    贷：库存现金   1 000

（4）1月31日，收取职工张亮因过失造成的损失赔偿金850元。根据上述经济业务，账务处理如下。

  借：库存现金   850

    贷：其他应收款——张亮   850

4. 期末，登记现金日记账

期末，登记现金日记账，如图2-4所示。

现 金 日 记 账

2024年 月	日	凭证科目代码	摘要	对方科目	借方	贷方	余额
1	1		期初余额				3 0 0 0 0 0
1	5	略	提现支票	银行存款	1 4 0 0 0 0 0 0		1 4 3 0 0 0 0 0
1	5	略	支付职工工资	应付职工薪酬		1 3 8 0 0 0 0 0	5 0 0 0 0 0
1	10	略	收到销售货款	应收账款	1 4 5 0 0 0		6 4 5 0 0 0
1	10	略	李元预借差旅费	其他应收款		3 0 0 0 0 0	3 4 5 0 0 0
1	10	略	销售款存入银行	银行存款		1 4 5 0 0 0	2 0 0 0 0 0
1	20	略	以现金支付职工培训费	管理费用		1 0 0 0 0 0	1 0 0 0 0 0
1	25	略	购买办公用品	管理费用		1 0 0 0 0 0	0
1	31	略	收取张亮的赔偿款	其他应收款	8 5 0 0 0		8 5 0 0 0
			本月合计		1 4 2 3 0 0 0 0	1 4 4 4 5 0 0 0	8 5 0 0 0

图 2-4　现金日记账

5. 库存现金清理的账务处理实例

（1）库存现金盘亏的处理。

企业在对库存现金进行盘点时，如发现账实不符，应及时进行账务处理。库存现金盘点短缺的账务处理，如图 2-5 所示。

库存现金少于"库存现金日记账"上的结存数时	借：待处理财产损溢——待处理流动资产损溢
	贷：库存现金
查明原因后，如应由责任人或保险公司赔偿时	借：其他应收款
	贷：待处理财产损溢——待处理流动资产损溢
无法查明原因时	借：管理费用
	贷：待处理财产损溢——待处理流动资产损溢

图 2-5　库存现金盘点短缺的账务处理

【例 2-4】维达制药有限公司 2024 年 1 月 31 日对库存现金盘点时，现金日记账账面余额为 2 700 元，实地盘点的库存现金金额为 2 600 元，造成库存现金短缺的原因有待进一步查明。

借：待处理财产损溢——待处理流动资产损溢　　　　　100

　　贷：库存现金　　　　　　　　　　　　　　　　　　　100

经查明，库存现金短缺的原因是由于出纳员的工作不认真造成的，出纳员江英当即赔偿了短缺款。

借：其他应收款——江英　　　　　　　　　　　　　100

　　贷：待处理财产损溢——待处理流动资产损溢　　　　　100

借：库存现金　　　　　　　　　　　　　　　　　　100

　　贷：其他应收款——江英　　　　　　　　　　　　　　100

（2）库存现金溢余的处理。

库存现金盘点溢余的账务处理，如图 2-6 所示。

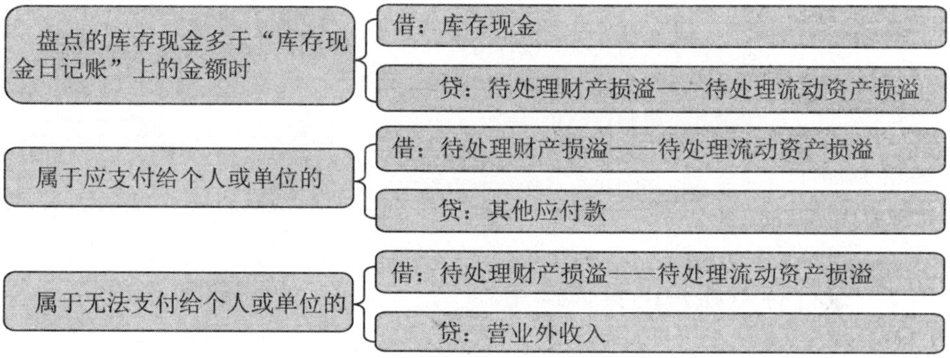

图 2-6　库存现金盘点溢余的账务处理

【例 2-5】2024 年 1 月 31 日，维达制药有限公司对库存现金盘点时，现金日记账账面余额为 3 800 元，实地盘点的库存现金金额为 3 900 元，造成库存现金比账上多出 100 元的原因有待进一步查明。

借：库存现金　　　　　　　　　　　　　　　　　　100

　　贷：待处理财产损溢——待处理流动资产损溢　　　　　100

经核查后，没有发现造成库存现金溢余的原因，经批准，作为营业外收入处理。

借：待处理财产损溢——待处理流动资产损溢　　　　　100

　　贷：营业外收入　　　　　　　　　　　　　　　　　　100

银行存款是指企业存放在银行和其他金融机构的货币资金。按照国家现金管理和结算制度的规定，每个企业都要在银行开立账户，称为结算户存款，用来办理存款、取款和转账结算。

2.2.1　银行存款账户

银行存款账户分为基本存款账户、一般存款账户、临时存款账户和专用存款账户。见表2-2。

表2-2　银行存款账户分类

种　类	规　定
基本存款账户	一个企业只能开立一个基本存款账户，是存款人办理日常转账结算和现金收付的账户。另外，企业的工资、奖金等现金的支取，只能通过基本存款账户办理
一般存款账户	存款人因借款或其他结算需要，在基本存款账户开户银行以外的银行营业机构开立的银行结算账户。一般存款账户不得办理现金支取
临时存款账户	企业因临时经营活动需要开立的账户，该账户按规定可以支取现金，最长不得超过两年
专用存款账户	企业对特定用途的资金开设的账户，如基本建设基金、企业的社保基金账户、住房公积金账户都属于该类账户

2.2.2　银行存款账户的具体运用

1. 银行存款账户的设置

企业可根据实际业务的需要，设置明细科目，见表2-3。

表2-3　银行存款会计科目编码的设置

科目代码	总分类科目（一级科目）	明细分类科目	
		二级明细科目	三级明细科目
1002	银行存款	—	—
100201	银行存款	人民币	—
10020101	银行存款	人民币	××银行
10020102	银行存款	人民币	××银行
10020103	银行存款	人民币	××银行
100202	银行存款	外币	××银行

企业应当设置银行存款总账和银行存款日记账，分别进行银行存款的总分类核算和明细分类核算。企业可按开户银行和其他金融机构存款种类等设置"银行存款日记账"，根据收付款凭证，按照业务的发生顺序逐笔登记。每日终了，应结出余额，并对银行存款收支业务及时进行账务处理。为了反映和监督企业银行存款的收入、支出和结存情况，企业应当设置"银行存款"科目，借方登记企业银行存款的增加，贷方登记企业银行存款的减少，期末借方余额反映企业实际持有的银行存款的金额。

2. 支付的原则与要求

（1）主要支付工具。

我国目前使用的人民币非现金支付工具主要包括"三票一卡"结算方式。三票是指：汇票、本票和支票；一卡是指银行卡。

（2）办理支付结算的原则。

①恪守信用，履约付款原则。

②谁的钱进谁的账、由谁支配原则。银行在办理结算时，必须按照存款人的委托，将款项支付给其指定的收款人；对存款人的资金，除国家法律另有规定外，必须由其自由支配。

③银行不垫款原则。即银行在办理结算过程中，只负责办理结算当事人之间的款项划拨，不承担垫付任何款项的责任。

3. 银行存款的序时核算

企业应当设置"银行存款日记账"，根据收款凭证、付款凭证，按照业务发生顺序逐笔登记。每日终了，应当计算当日的银行存款收入合计额、支出合计额和结余额。月份终了，"银行存款日记账"的余额必须与"银行存款"总账的余额核对相符。

4. 银行存款的清查

月份终了，除了"银行存款日记账"的余额必须与"银行存款"总账的余额核对相符外，还必须将单位银行存款日记账与银行对账单核对，确定账实是否相符。

5. 银行存款的核对

"银行存款日记账"应与开户行的"银行对账单"进行逐笔明细核对和余额核对，每月至少核对一次。企业银行存款账面余额与银行对账单余额之间如有差异，企业应通过编制"银行存款余额调节表"调节相符。如没有记账错误，调节后的双方余额应相等。

"银行存款余额调节表"只是为了核对账目，不能作为调整银行存款账面余额的记账依据。

企业银行存款账面余额与银行对账单余额之间如果有差异，企业会计人员应当核对产生差异的具体原因，双方余额调平后方可结账。若双方余额不一致，应该是因为存在未达账项造成的。

发生未达账项的原因有以下四种。

①企业已收款入账，银行尚未收款入账：即企业已收，银行未收。（企业银行存款日记账大于银行对账单余额）

②企业已付款入账，银行尚未付款入账：即企业已付，银行未付。（企业银行存款日记账小于银行对账单余额）

③银行已收款入账，企业尚未收款入账：即银行已收，企业未收。（企业银行存款日记账小于银行对账单余额）

④银行已付款入账，企业尚未付款入账：即银行已付，企业未付。（企业银行存款日记账大于银行对账单余额）

【例2-6】维达制药有限公司1月31日，银行存款日记账余额1 840 000元，银行对账单余额1 827 900元，经核对，发现以下未达账项：

（1）银行代企业支付本月电费7 500元，银行已记账，但企业因未收到银行付款通知而未记账。

（2）企业委托银行代收货款35 000元，银行已收到并登记入账，但企业因未收到银行收款通知而未记账。

（3）企业开出转账支票支付修理费5 400元，并已记账，但持票人尚未到银行办理转账手续，银行未记账。

（4）企业收到转账支票一张，货款45 000元，并已记账，但银行尚未入账。

调节结果见表2-4。

表2-4 银行存款余额调节表   单位：元

企业银行存款日记账	金额	银行对账单	金额
银行存款日记账余额	1 840 000	银行对账单余额	1 827 900
加：银行已收，企业未收	35 000	加：企业已收，银行未收	45 000
减：银行已付，企业未付	7 500	减：企业已付，银行未付	5 400
调节后的存款余额	1 867 500	调节后的存款余额	1 867 500

2.2.3 银行存款的核算

1. 银行存款收入的账务处理

收款企业收到支票时，应填制进账单，连同收到的支票到银行办理收款手续后，以银行签章退回的进账单回单联及其他相关凭证，编制收款凭证，借记"银行存款"账户，贷记有关账户。

【例 2-7】维达制药有限公司为增值税一般纳税人，税率 13％。2024 年 5 月 9 日，销售一批产品给蓝宇公司，收到转账支票。增值税专用发票上注明的售价为 40 000 元，增值税额为 5 200 元。已填制进账单，办妥有关收款手续，发票如图 2-7 所示。

动 态 二维码	电子发票（增值税专用发票）					发票号码: 24312000000017612430 开票日期: 2024 年 5 月 9 日		
购 买 方 信 息	名 称: 蓝宇公司 统一社会信用代码/纳税人识别号: 11423413497786511451478					销 售 方 信 息	名 称: 维达制药有限公司 统一社会信用代码/纳税人识别号: 34010140035432118	
项目名称	规格型号	单位	数量	单价	金额	税率/征收率	税额	
生产设备		台	1		40 000	13％	5 200	
合 计					￥40 000		￥5 200	
价款合计（大写）	⊗ 肆万伍仟贰佰元整			(小写) ￥45 200.00				
备 注	销售方开户银行: 深圳工商银行龙华支行; 银行账号: 1121001909234213345							

图 2-7 增值税发票

借：银行存款　　45 200

　　贷：主营业务收入　　40 000

　　　　应交税费——应交增值税（销项税额）　　5 200

2. 银行存款付出的账务处理

付款企业开出支票时，根据支票存根和有关原始凭证（如收款人开出的收据或发票等），及时编制付款凭证，应借记有关账户，贷记“银行存款”账户。

【例 2-8】 维达制药有限公司为增值税一般纳税人，存货采用实际成本计价。该公司从易方达公司购入原材料一批，增值税专用发票上注明的售价为 50 000 元，增值税额为 6 500 元，款项已用转账支票付讫，材料已验收入库。记账凭证、银行存款付款凭证，如图 2-8 所示。

借：原材料　　50 000

　　应交税费——应交增值税（进项税额）　　6 500

　　贷：银行存款　　56 500

中国工商银行

转账支票存根（深）

IV 000046

科　　目：

对方科目：

出票日期：2024 年 5 月 12 日

收款人：易方达公司
金　额：56 500 元
用　途：购货款

单位主管　曲漫　　会计　沙方

图 2-8　转账支票存根

期末，登记银行存款日记账实例，如图 2-9 所示。

银 行 存 款 日 记 账

2024年 月	日	凭证科目代码	摘要	对方科目	借方 千百十万千百十元角分	√	贷方 千百十万千百十元角分	√	余额 千百十万千百十元角分
5	1		期初余额						1 2 0 0 0 0 0 0
5	9	银收01	向蓝宇公司销售一批产品		4 5 2 0 0 0 0				1 6 5 2 0 0 0 0
5	12	银付204	购入原材料				5 6 5 0 0 0 0		1 0 8 7 0 0 0 0
5	31		本月合计		4 5 2 0 0 0 0		5 6 5 0 0 0 0		1 0 8 7 0 0 0 0

图 2-9　银行存款日记账

2.3　其他货币资金

其他货币资金是指企业除库存现金、银行存款以外的各种货币资金，主要包括银行汇票存款、银行本票存款、信用卡存款、信用证保证金存款、存出投资款、外埠存款等。企业移动支付可在"其他货币资金"中核算。

2.3.1　其他货币资金科目设置

其他货币资金科目的设置，见表2-5。

表 2-5　其他货币资金会计科目编码的设置

科目代码	总分类科目 （一级科目）	明细分类科目	
		二级明细科目	三级明细科目
1012	其他货币资金	—	
101201	其他货币资金	外埠存款	××银行
101202	其他货币资金	银行本票	××银行
101203	其他货币资金	银行汇票	××银行
101204	其他货币资金	信用卡存款	××银行
101205	其他货币资金	信用证	××银行
101206	其他货币资金	存出投资款	××银行
101207	其他货币资金	微信	—
101208	其他货币资金	支付宝	—

为了反映和监督其他货币资金的收支和结存情况，企业应当设置"其他货币资金"科目，借方登记其他货币资金的增加数，贷方登记其他货币资金的减少数，期末余额在借方，反映企业实际持有的其他货币资金。本科目应按其他货币资金的种类设置明细科目进行核算。

2.3.2　银行汇票的核算

银行汇票存款账务处理，如图 2-10 所示。

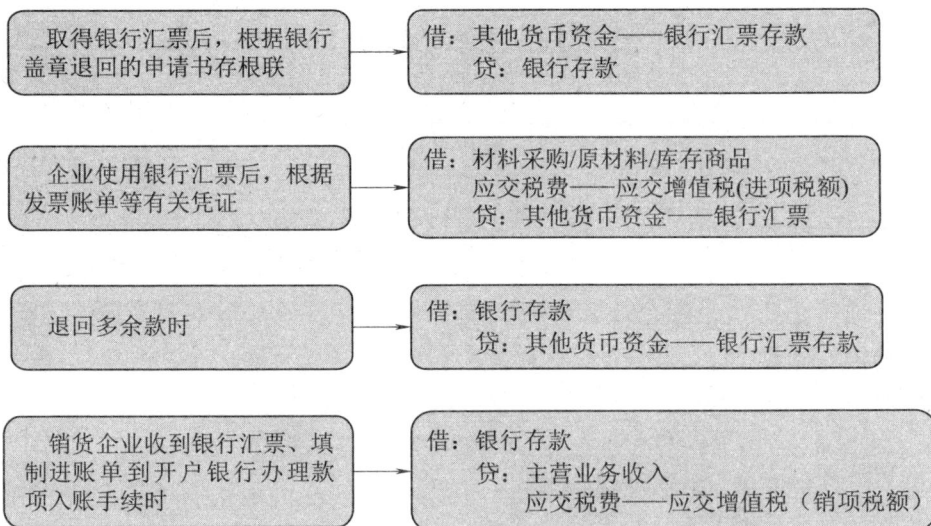

取得银行汇票后，根据银行盖章退回的申请书存根联	借：其他货币资金——银行汇票存款 　贷：银行存款
企业使用银行汇票后，根据发票账单等有关凭证	借：材料采购/原材料/库存商品 　应交税费——应交增值税(进项税额) 　贷：其他货币资金——银行汇票
退回多余款时	借：银行存款 　贷：其他货币资金——银行汇票存款
销货企业收到银行汇票、填制进账单到开户银行办理款项入账手续时	借：银行存款 　贷：主营业务收入 　应交税费——应交增值税（销项税额）

图 2-10　银行汇票的账务处理

【例 2-9】维达制药有限公司为取得向乙工厂购货的银行汇票，将款项 11 000 元从银行账户转作银行汇票存款。购入材料已经验收入库，价款 9 000 元、增值税额 1 170 元用银行汇票办理结算。银行汇票多余款 830 元由签发银行退交企业。银行汇票申请书如图 2-11 所示。

（1）取得银行汇票后，根据银行盖章退回的申请书存根联时，会计分录为：

借：其他货币资金——银行汇票存款　　　　　　　　　11 000

　　贷：银行存款　　　　　　　　　　　　　　　　　　　　　11 000

中国工商银行

银行汇票申请书（存根）

申请日期：2024年4月9日　　　　No. 00000021

<table>
<tr><td>银行打印</td><td colspan="5"></td></tr>
<tr><td></td><td>业务类型</td><td colspan="2">□电汇□信汇☑汇票申请书
□本票申请书□其他</td><td>汇款方式</td><td>☑普通 □加急</td></tr>
<tr><td rowspan="4">申请人</td><td>全　　称</td><td>维达制药有限公司</td><td rowspan="4">收款人</td><td>全　　称</td><td>乙工厂</td></tr>
<tr><td>账号或地址</td><td>1121001909234213345</td><td>账号或地址</td><td>0200001909235467890</td></tr>
<tr><td>开户行名称</td><td>深圳工商银行龙华支行</td><td>开户行名称</td><td>上海汇丰银行南京路支行</td></tr>
<tr><td>开户银行</td><td>工商银行</td><td>开户银行</td><td>汇丰银行</td></tr>
<tr><td colspan="2">金额（大写）人民币</td><td colspan="2">⊗壹万壹仟元整</td><td colspan="2">千 百 十 万 千 百 十 元 角 分
　 　 ¥ 1 1 0 0 0 0 0</td></tr>
<tr><td>支付密码</td><td colspan="2">××××</td><td colspan="3" rowspan="4">上列款项及相关费用请从我账户内支付
中国工商银行龙华支行
2024.4.9
业务清讫
申请人签章　孙非</td></tr>
<tr><td colspan="2">加急汇款签字</td><td></td></tr>
<tr><td>用途</td><td colspan="2">购货款</td></tr>
<tr><td colspan="3">附加信息及用途</td></tr>
</table>

图 2-11　银行汇票申请书

（2）企业使用银行汇票后，根据发票账单等有关凭证，会计分录为：

借：原材料　　9 000

　　应交税费——应交增值税（进项税额）　　1 170

　　贷：其他货币资金——银行汇票　　10 170

（3）退回多余款时，会计分录为：

借：银行存款　　830

　　贷：其他货币资金——银行汇票　　830

2.3.3　银行本票的核算

银行本票分为不定额本票和定额本票两种。定额本票面额为 1 000 元、5 000 元、10 000 元和 50 000 元。

申请人使用银行本票，应向银行填写“银行本票申请书”。申请人或收款人为单位的，不得申请签发现金银行本票。出票银行受理银行本票申请书，收妥款项后签发银行本票，在本票上签章后交给申请人。应根据银行签章退回的"银行本票申请书"存根联编制付款凭证。申请人应将银行本票交付给本票上记明的收款人。

收款人可以将银行本票背书转让给被背书人。银行本票的提示付款期限自出票日起最长不得超过两个月。在有效付款期内，银行见票付款。持票人超过付款期限提示付款的，银行不予受理。账务处理如图 2-12 所示。

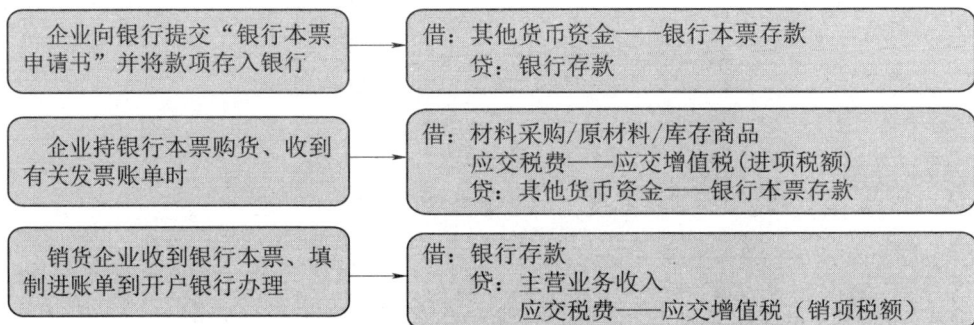

企业向银行提交"银行本票申请书"并将款项存入银行	→	借：其他货币资金——银行本票存款 　　贷：银行存款
企业持银行本票购货、收到有关发票账单时	→	借：材料采购/原材料/库存商品 　　应交税费——应交增值税(进项税额) 　　贷：其他货币资金——银行本票存款
销货企业收到银行本票、填制进账单到开户银行办理	→	借：银行存款 　　贷：主营业务收入 　　应交税费——应交增值税（销项税额）

图 2-12　银行本票存款账务处理

2.3.4　信用卡的核算

信用卡存款账务处理，如图 2-13 所示。

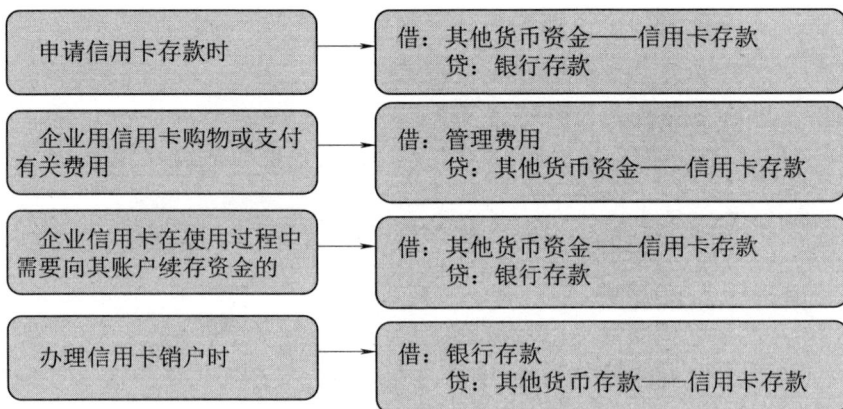

申请信用卡存款时	→	借：其他货币资金——信用卡存款 　　贷：银行存款
企业用信用卡购物或支付有关费用	→	借：管理费用 　　贷：其他货币资金——信用卡存款
企业信用卡在使用过程中需要向其账户续存资金的	→	借：其他货币资金——信用卡存款 　　贷：银行存款
办理信用卡销户时	→	借：银行存款 　　贷：其他货币存款——信用卡存款

图 2-13　信用卡账务处理

【例2-10】维达制药有限公司向浦发银行申请领用信用卡，按要求于3月5日向银行交存备用金42 000元。3月10日使用信用卡支付2月份水电费9 000元。编制会计分录为：

借：其他货币资金——信用卡存款   42 000

 贷：银行存款   42 000

借：管理费用   9 000

 贷：其他货币资金——信用卡存款   9 000

2.3.5 存出投资款的核算

存出投资款账务处理，如图2-14所示。

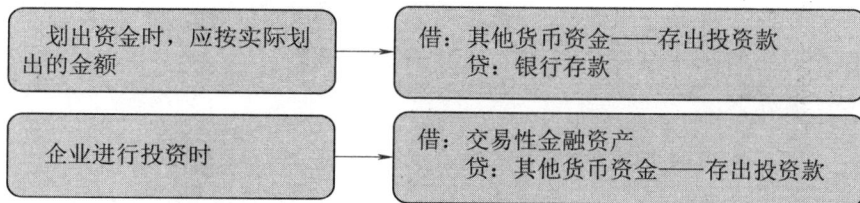

图2-14 存出投资款账务处理

【例2-11】维达制药有限公司委托某证券公司从上海证券交易所购入深发展的股票，开立证券资金账户并存入资金560 000元。

借：其他货币资金——存出投资款   560 000

 贷：银行存款   560 000

该证券公司从深圳证券交易所购入深发展股票80 000股（假设价值为400 000元），并将其划分为交易性金融资产。

借：交易性金融资产   400 000

 贷：其他货币资金——存出投资款   400 000

2.3.6 微信、支付宝的核算

目前，移动支付包括支付宝、微信、财付通、拉卡拉、快钱，等等。微信、支付宝等成为普遍的支付方式，但是与传统的支付方式有所不同，在使用微信或支付宝支付时，支付账单或截图可以作为凭证，将其打印出来，作为原始凭证附在记账凭证上进行账务处理。

微信和支付宝转账可在"其他货币资金"中核算，部分企业也在"其他应收款"处理，设置二级科目：微信、支付宝。

账务处理如下：

（1）企业从银行存款账户转入微信账户资金。

借：其他货币资金——微信或支付宝账户

    贷：银行存款

（2）购入商品，取得增值税专用发票时。

①一般纳税人处理。

借：库存商品

    应交税费——应交增值税（进项税额）

    贷：其他货币资金——微信或支付宝账户

②小规模纳税人（或不能抵扣进项税额）处理。

借：库存商品

    贷：其他货币资金——微信或支付宝账户

（3）确认销售收入，结转销售成本

借：其他货币资金——微信或支付宝账户

    贷：主营业务收入/其他业务收入

        应交税费——应交增值税（销项税额）/应交税费——应交增值税（小规模纳税人）

借：主营业务成本/其他业务成本

    贷：库存商品

（4）微信或支付宝账户资金提现及手续费。

借：银行存款

    财务费用——手续费

    贷：其他货币资金——微信或支付宝账户

（5）收款时产生的手续费。

借：其他货币资金——微信或支付宝

    财务费用——手续费

    贷：主营业务收入

【例2-12】维达制药有限公司从兴城电商企业购买一批原材料，合同上规定的总价款为45 200元，其中增值税专用发票上开具的货款是40 000元，销项税额是 5 200 元，该批原材料成本为 30 000 元，兴城电商企业已通过快递发出该批材料。

（1）维达制药有限公司账务处理。

维达制药有限公司将银行存款转移到支付宝账户时，根据银行付款凭单等原始凭证，账务处理如下。

借：其他货币资金——支付宝　　　　　　　　　　45 200
　　贷：银行存款　　　　　　　　　　　　　　　　　45 200

在电商平台确认收到货物后，根据对方发来的增值税专用发票等，账务处理如下。

借：原材料　　　　　　　　　　　　　　　　　　40 000
　　应交税费——应交增值税（进项税额）　　　　5 200
　　贷：其他货币资金——支付宝　　　　　　　　　45 200

（2）兴城电商企业账务处理。

①结转成本。

借：主营业务成本　　　　　　　　　　　　　　　30 000
　　贷：库存商品　　　　　　　　　　　　　　　　30 000

②收到货款时。

借：其他货币资金——支付宝　　　　　　　　　　45 200
　　贷：主营业务收入　　　　　　　　　　　　　　40 000
　　　　应交税费——应交增值税（销项税额）　　　5 200

③从支付宝账户转入银行。

借：银行存款　　　　　　　　　　　　　　　　　45 200
　　贷：其他货币资金——支付宝　　　　　　　　　45 200

2.4　外币业务

外币业务，是指企业以非记账本位币的其他货币进行款项支付、往来结算和计价的经济业务。

2.4.1　外币业务账户设置

外币业务的账务处理有外币统账制和外币分账制两种方法。

（1）外币统账制又称为本币记账法，是指企业发生外币业务时，必须及时折算为记账本位币记账，并以此编制会计报表的制度。一般企业发生外币业务笔数不多时，可以采用外汇统账制。

（2）外币分账制又称原币记账法，是指企业对外币业务在日常核算时按照外币原币进行记账，分别不同的外币币种核算其所实现的损益，编制各种货币币种的会计报表，在资产负债表日一次性将外币会计报表折算为记账本位币表示的会计报表，并与记账本位币业务编制的会计报表汇总编制整个企业一定会计期间的会计报表的制度。

为了进行外币核算，应设置外汇货币性项目的核算账户，见表 2-6。

表 2-6　外币账户的设置

账户种类	具体设置
外汇货币资金账户	库存现金——外币现金、银行存款——外汇存款
外汇结算的债权账户	应收账款——应收外汇账款、应收票据——应收外汇票据、预付账款——预付外汇账款
外汇结算的债务账户	长（短）期借款——长（短）期外汇借款、应付账款——应付外汇账款、应付票据——应付外汇票据、预收账款——预收外汇账款

2.4.2　外币业务核算

1. 外币兑换交易

外币兑换是对客户提供的一项柜台服务，包括买入外币、卖出外币和一种外币兑换成另一种外币，主要为客户提供将外汇兑换成人民币或其他外币的服务。目前银行可兑换的币种主要有：英镑、美元、瑞士法郎、新加坡元、瑞典克朗、挪威克朗、日元、丹麦克朗、加拿大元、澳大利亚元、欧元、菲律宾比索、泰国铢、韩国元等。

【例 2-13】维达制药有限公司从银行购入 20 万美元，当日银行卖出价为 1 美元＝6.55 元人民币，账务处理如下。

　　借：银行存款——美元（200 000×6.55）　　　　　1 310 000
　　　　贷：银行存款——人民币（实际支付金额）　　　　　1 310 000

（1）购买外汇时，如图 2-15、图 2-16 所示。

购买外汇申请书

深圳工商银行龙华支行银行分/支行：

我司现按国家外汇管理局有关规定向贵行提出购汇申请，并随附有关凭证，请审核并按当日牌价办理售汇。

单位名称	维达制药有限公司	人民币账户	0200001909234213213
		外汇账户	02322568741

购汇金额 （大小写）	美元贰拾万元整 200 000	当日汇率	1：6.55	折合人民币 （大小写）	壹佰叁拾壹万元整 1 310 000

购汇支付方式	☑ 支票　　□ 银行汇票　　☑ 银行本票 □ 扣账　　□ 其他、

购汇用途	☑ 进口商品　□ 从属费用　□ 索赔退款　□ 还贷　　□其他

对外结算方式	☑ 信用证　□ 代收　　□ 汇款　（□ 货到付款　　□ 预付货款）

业务参考	商品名称	（略）	数量	（略）
	合同号	（略）	发票号	（略）
	合同金额	（略）	发票金额	（略）
	核销单号	（略）	信用证号	（略）

进口商品类型	☑ 一般进口商品 □ 控制，批文随附如下： □ 进口证明　　□ 许可证　　□ 登记证明　　□ 其他批文 批文号码：　　　　　　　批文有效期：

申请人栏	银行专用栏
申请单位：维达制药有限公司 （盖章） 联系人：沙方 电话：83410001 2024 年 1 月 25 日	银行审批意见：同意 经办：张平 复核：王烈 审批：孟阡 2024 年 1 月 25 日

图 2-15　购买外汇申请书

外汇会计账簿（结售汇、套汇）

借方或付款单位	业务编号			业务类型	售汇	起息日	
	名称	维达制药有限公司		贷方或收款单位	名称	汇出汇款	
	账号	1121001909234213345			账号		
	币种与金额	CNY1 310 000			币种与金额	USD200 000	
	汇率/利率	6.55	开户行		汇率/利率	6.55	
	收汇金额		发票号		挂销单号	深圳工商银行龙华支行 2024.1.27 业务清讫	
交易摘要	购汇 USD 200 000						
交易代码		授权		复核　李燕		经办　李英	

图 2-16　外汇会计账簿

（2）外币购销交易。

企业从国外或境外购进存货、引进设备或者以外币结算购货款，应按照交易日的即期汇率或即期汇率近似的汇率将外币折算为人民币金额，以确定购进物资的入账价值，同时还应按照外币折算为人民币金额登记支付的款项形成的债务等有关外币账户。

企业承包国外或境外建安工程项目或者以外币结算合同价款，则应按照交易日的即期汇率或即期汇率近似的汇率，将外币合同收入折算为人民币金额登记取得的款项或发生的债权等有关外币账户。

【例 2-14】维达制药有限公司从境外购入一台施工设备，设备价款和境外运费共 100 万美元，货款未付；关税及境内运费共计 5 万元人民币，已用银行存款支付。当日市场汇率为 1 美元＝6.65 元人民币。账务处理如下。

借：固定资产　　　　　　　　　　　　　　　6 700 000
　　贷：应付账款——美元（原币×当日市场汇率）（1 000 000×6.65）
　　　　　　　　　　　　　　　　　　　　　　6 650 000
　　　银行存款——人民币　　　　　　　　　　　50 000

（3）外币借款交易。

外币借款交易，即企业从银行或其他金融机构取得外币借款及归还借款的业务。企业借入外币资金时，按照借入外币时的即期汇率折算为记账本位币入账，同时按照借入外币的金额登记相关的外币账户。

【例 2-15】维达制药有限公司以业务发生日为即期汇率作为记账汇率。从银行借入 36 万美元，当日即期汇率为 1 美元＝6.7 元人民币，如图 2-17 和图 2-18 所示，账务处理如下。

借：银行存款——美元（360 000×6.7）　　　　　2 412 000
　　贷：短期借款——美元　　　　　　　　　　　　　　　2 412 000

中国工商银行外币借款凭证（借据）1

信银贷字第××号　　　　　　2024 年 1 月 15 日

借款人全称	维达制药有限公司			贷款户账号	3210001909234213213									
贷款种类	短期借款	利率	年6%	存款户账号	02322568741									
贷款金额	美元 （大写）叁拾陆万元整				千	百	十	万	千	百	十	元	角	分
					$	3	6	0	0	0	0	0	0	0
借款原因或用途	设备款	约定还款期		2024 年 4 月 14 日										

根据你的贷款方法，借到上列贷款，特立借据存查。

★（预留银行印鉴）

信贷部门审批意见：

会计分录：

（借）————

（贷）————

会计：　　　　记账：

图 2-17　外币借款凭证

中国工商银行进账单（回单或收账通知）

进账日期：2024 年 1 月 27 日　　　　第××号

收款人	全称	维达制药有限公司	付款人	全称	深圳工商银行龙华支行								
	账号	0200001909234213213		账号	××××××								
	开户银行	中国银行		开户银行									
美元（大写）：⊗ 叁拾陆万元整				千	百	十	万	千	百	十	元	角	分
						$	3	6	0	0	0	0	0	0	0
票据种类			收款人开户银行盖章										
票据张数			深圳工商银行龙华支行 2024.1.27 业务清讫										
主管　会计　复核　记账													

此联给收款人的收账通知

图 2-18　银行进账单

（4）接受外币资本投资。

接受外币资本投资，即所有者以外币作为资本投入企业的业务。企业收到所有者以外币投入的资本，无论是否有合同约定汇率，均不得采用合同约定汇率和即期汇率的近似汇率折算，而是采用交易日即期汇率折算，外币投入资本不会产生汇兑差额。

【例 2-16】某中外合资经营企业采用人民币作为记账本位币，外币业务采用交易发生日的即期汇率折算。该企业注册资本为 400 万美元，合同约定分两次投入，约定折算汇率为 1：6.3。中、外投资者分别于 2024 年 1 月 1 日和 3 月 1 日投入 300 万美元和 100 万美元。2023 年 1 月 1 日、3 月 1 日、3 月 31 日和 12 月 31 日美元对人民币的汇率分别为 1：6.95、1：6.98、1：6.24 和 1：6.30。账务处理如下。

借：银行存款——美元（3 000 000×6.95+1 000 000×6.98）

27 830 000

贷：实收资本——美元——中方　　　　　　20 850 000

——外方　　　　　　6 980 000

2. 期末外币项目余额的会计处理

（1）对于外币货币性项目，应当采用资产负债表日的即期汇率折算，因汇率波动而产生的汇兑差额作为财务费用，计入当期损益，同时调增或调减外币货币性项目的记账本位币金额。

【例 2-17】维达制药有限公司外币业务采用业务发生时的即期汇率进行折算，按月计算汇兑损益。5 月 20 日对外销售产品发生应收账款 500 万欧元，当日的市场汇率为 1 欧元＝10.30 元人民币。5 月 31 日的市场汇率为 1 欧元＝10.28 元人民币；6 月 1 日的市场汇率为 1 欧元＝10.32 元人民币；6 月 30 日的市场汇率为 1 欧元＝10.35 元人民币。7 月 10 日收到该应收账款，当日市场汇率为 1 欧元＝10.34 元人民币。则 6 月 30 日的账务处理如下：

借：财务费用［5 000 000×（10.35-10.28）］　　　350 000

贷：银行存款——欧元　　　　　　　　350 000

（2）非货币性项目，包括存货、长期股权投资、固定资产、无形资产、实收资本、资本公积等。

对于以历史成本计量的外币非货币性项目，除其外币币值发生变动外，已在交易发生日即期汇率折算，资产负债表日不应改变其原记账本位币金额，不产生汇总差额。例如，实收资本。

由于存货在资产负债表日采用成本与可变现净值孰低计量，因此在以外币购入存货并且该存货在资产负债表日的可变现净值以外币反映的情况下，在计提存货跌价准备时应当考虑汇率变动的影响。

【例 2-18】维达制药有限公司以人民币为记账本位币，外币业务采用交易发生时的即期汇率结算。2023 年 11 月 20 日，以每台 1 000 美元的价格从美国某供货商手中购入 10 台国际最新型号 H 商品，并于当日以美元支付了相应货款。2023 年 12 月 31 日，已售出 2 台 H 商品，国内市场仍无 H 商品供应，但 H 商品在国际市场价格已降至每台 950 美元。11 月 20 日，即期汇率为 1 美元＝6.943 元人民币，12 月 31 日的即期汇率为 1 美元＝6.896 元人民币。假定不考虑增值税等相关税费。

2023 年 12 月 31 日，维达制药有限公司应计提的存货跌价准备＝1 000×8×6.943－950×8×6.896＝3 134.40（元）

借：资产减值损失　　　　　　　　　　　　　3 134.40
　　贷：存货跌价准备　　　　　　　　　　　　　3 134.40

第 3 章
企业收入的确认与计量

2017 年 7 月，财政部公布《企业会计准则第 14 号——收入》（财会〔2017〕22 号）（以下简称"新收入准则"），新收入准则建立了统一的收入确认模型来规范所有与客户之间的合同产生的收入。

3.1 账户设置与主要账务处理

企业应当正确记录和反映与客户之间的合同产生的收入及相关成本费用。收入类账户有"主营业务收入""其他业务收入"。新增的"合同资产""合同负债"在本书第 4 章、第 8 章中有详细介绍，此处就不赘述。本节主要介绍几个收入成本类账户。

3.1.1 "主营业务收入"账户

"主营业务收入"账户核算企业确认的销售商品、提供服务等主营业务的收入。本账户可按主营业务的种类进行明细核算。

主营业务收入账户

借方	贷方
收入减少或结转额	收入增加额
本期发生额（收入减少额合计）	本期发生额（收入增加额合计）

主营业务收入的主要账务处理如图 3-1 所示。

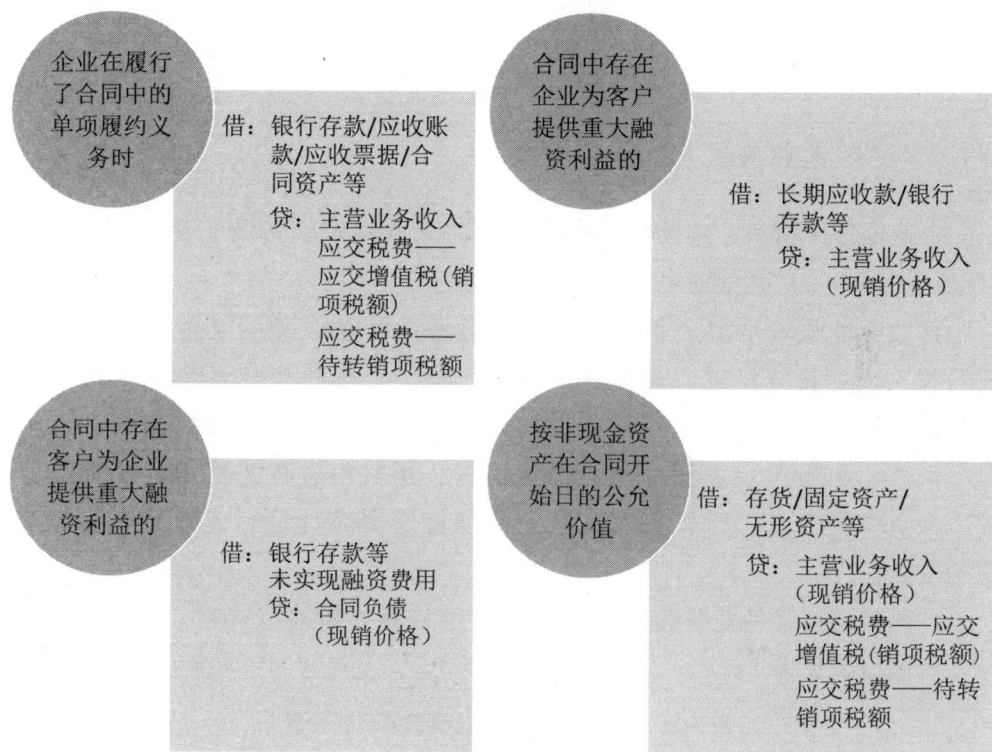

企业在履行了合同中的单项履约义务时
借：银行存款/应收账款/应收票据/合同资产等
　贷：主营业务收入
　　　应交税费——应交增值税(销项税额)
　　　应交税费——待转销项税额

合同中存在企业为客户提供重大融资利益的
借：长期应收款/银行存款等
　贷：主营业务收入（现销价格）

合同中存在客户为企业提供重大融资利益的
借：银行存款等
　　未实现融资费用
　贷：合同负债（现销价格）

按非现金资产在合同开始日的公允价值
借：存货/固定资产/无形资产等
　贷：主营业务收入（现销价格）
　　　应交税费——应交增值税(销项税额)
　　　应交税费——待转销项税额

图 3-1　账务处理

主营业务收入一般不设置二级明细科目。如果设置二级明细科目，可以根据企业自身核算需要来设置，二级科目设置没有规定要求。期末，应将本科目的余额转入"本年利润"科目，结转后本科目应无余额，具体设置见表 3-1。

表 3-1　主营业务收入会计科目编码的设置

科目代码	总分类科目（一级科目）	明细分类科目		是否辅助核算	辅助核算类别
		二级明细科目	三级明细科目		
6001	主营业务收入	—	—	—	—
600101	主营业务收入	销售货物	类别	是	客户

科目代码	总分类科目 （一级科目）	明细分类科目		是否辅助 核算	辅助核算 类别
		二级明细科目	三级明细科目		
600102	主营业务收入	提供劳务	类别	是	客户
600103	主营业务收入	让渡资产使用权	类别	是	客户
600104	主营业务收入	建造合同	类别	是	客户
600105	主营业务收入	其他	类别	是	客户

3.1.2 "其他业务收入"账户

企业销售原材料、包装物等存货实现的收入以及结转的相关成本，通过"其他业务收入""其他业务成本"科目核算。

其他业务收入是指企业确认的除主营业务活动以外的其他经营活动实现的收入。企业应设置"其他业务收入"科目，本科目核算企业确认的除主营业务活动以外的其他经营活动实现的收入，包括出租固定资产、出租无形资产、出租包装物和商品、销售材料、用材料进行非货币性交换（非货币性资产交换具有商业实质且公允价值能够可靠计量）或债务重组等实现的收入。

本科目可按其他业务收入种类进行明细核算。期末结转时，本科目无余额，具体设置见表3-2。

表3-2 其他业务收入会计科目编码的设置

科目代码	总分类科目 （一级科目）	明细分类科目		是否辅助 核算	辅助核算 类别
		二级明细科目	三级明细科目		
6501	其他业务收入	—	—	—	—
650101	其他业务收入	材料及包装物的销售	项目	是	部门
650102	其他业务收入	代销商品款	项目	是	部门
650103	其他业务收入	包装物出租	项目	是	部门
650104	其他业务收入	无形资产转让	项目	是	部门
650105	其他业务收入	固定资产出租	项目	是	部门
650106	其他业务收入	其他	项目	是	部门

销售材料等存货的处理如图 3-2 所示。

图 3-2　账务处理

3.1.3　"合同履约成本"账户

"合同履约成本"账户核算企业为履行当前或预期取得的合同所发生的、不属于其他企业会计准则规范范围且按照新收入准则，应当确认为一项资产的成本。企业因履行合同而产生的毛利不在本账户核算。本账户可按合同，分别"服务成本""工程施工"等进行明细核算。期末借方余额，反映企业尚未结转的合同履约成本。合同履约成本的主要账务处理如图 3-3 所示。

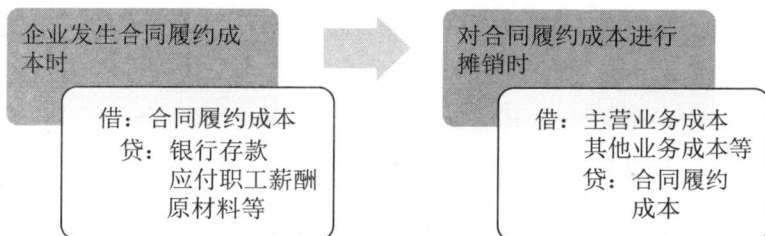

图 3-3　账务处理

与合同成本有关的资产，其账面价值高于下列第一项减去第二项的差额的，超出部分应当计提减值准备，并确认为资产减值损失：第一项，企业因转让与该资产相关的商品预期能够取得的剩余对价；第二项，为转让该相关商品估计将要发生的成本。

与合同履约成本有关的资产发生减值的，按应减记的金额，借记"资产减值损失"账户，贷记本账户；转回已计提的资产减值准备时，做相反的会计分录。

3.1.4　"合同取得成本"账户

"合同取得成本"账户核算企业取得合同发生的、预计能够收回的增量成本。本账户可按合同进行明细核算。期末借方余额，反映企业尚未结转的合同取得成本。合同取得成本的主要账务处理如图3-4所示。

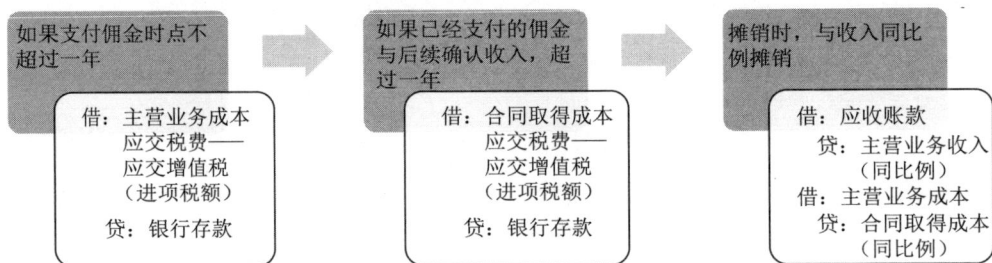

图 3-4　账务处理

与合同取得成本有关的资产发生减值的，应计提减值损失，记入"合同取得成本减值准备"账户。

3.1.5　"应收退货成本"账户

"应收退货成本"账户核算销售商品时预期将退回商品的账面价值，扣除收回该商品预计发生的成本（包括退回商品的价值减损）后的余额。本账户可按合同进行明细核算，期末借方余额，反映企业预期将退回商品转让时的账面价值，扣除收回该商品预计发生的成本（包括退回商品的价值减损）后的余额，在资产负债表中按其流动性计入"其他流动资产"或"其他非流动资产"项目。应收退货成本的主要账务处理如图3-5所示。

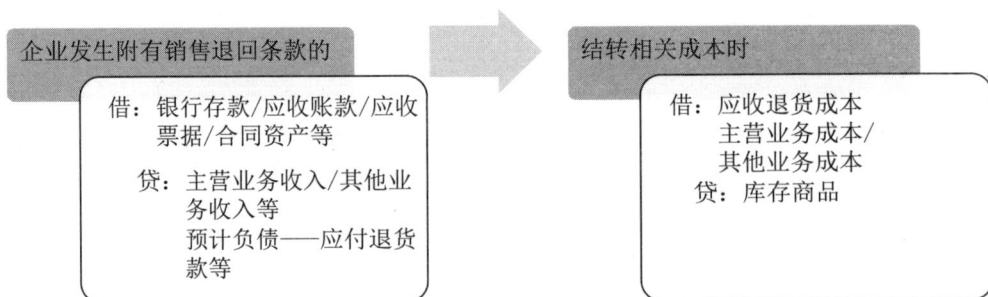

图 3-5　账务处理

3.2　收入的确认

新收入准则就收入确认、计量、合同成本的会计处理作出了详细规定。

3.2.1　"五步法"模型

新收入准则建立了统一的收入确认模型来规范所有与客户之间的合同产生的收入，并采用"五步法"模型确认收入：

第一步，识别与客户订立的合同；

第二步，识别合同中的单项履约义务；

第三步，确定交易价格；

第四步，将交易价格分摊至各单项履约义务；

第五步，履行每一单项履约义务时确认收入。

由此可见，收入确认、计量的方法，均以"合同"为基础。

新收入准则完全颠覆以前收入确定的方法，需要我们的大脑全部清零，重新接受新收入准则"五步骤"。企业应增强合同意识、规范合同管理，提升企业收入信息的质量和透明度，并提高企业间收入信息的可比性。

当企业与客户之间的合同同时满足下列条件时，企业应当在客户取得相关商品控制权时确认收入。

（1）合同各方已批准该合同并承诺将履行各自义务。

（2）该合同明确了合同各方与所转让商品或提供劳务相关的权利和义务。

（3）该合同有明确的与所转让商品相关的支付条款。

（4）该合同具有商业实质。

（5）企业因向客户转让商品而有权取得的对价很可能收回。

【例3-1】东芳电梯公司向扬州大酒店销售一部电梯，下月安装。东芳电梯公司本月能确认收入吗？

判断标准：

a. 客户能够主导该商品的使用并从中获得几乎全部的经济利益；

b. 企业已将该商品实物转移给客户，即客户已实物占有该商品；

c. 客户已接受该商品。

根据上述判断标准，东芳电梯公司没有满足新收入准则的判断标准，即不能在发出商品或收到货款后确认收入，待安装完毕才能确认。

3.2.2　履约义务

新收入准则引入了"履约义务"的概念，明确了如何识别是否存在多项

"履约义务"，以及如何将交易价格分摊到多项"履约义务"。比现行收入准则规定更加具体，且分摊方法也发生了变化。

履约义务，是指合同中企业向客户转让可明确区分商品的承诺。履约义务既包括合同中明确的承诺，也包括由于企业已公开宣布的政策、特定声明或以往的习惯做法等导致合同订立时客户合理预期企业将履行的承诺。

企业为履行合同而应开展的初始活动，通常不构成履约义务，除非该活动向客户转让了承诺的商品，如图 3-6 所示。

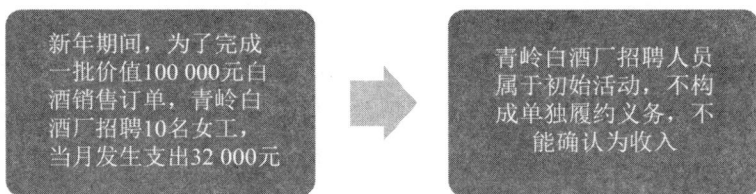

新年期间，为了完成一批价值100 000元白酒销售订单，青岭白酒厂招聘10名女工，当月发生支出32 000元 ➡ 青岭白酒厂招聘人员属于初始活动，不构成单独履约义务，不能确认为收入

图 3-6　履约义务的确认

1. 单项履约义务

识别合同所包含的各单项履约义务，按照各单项履约义务所承诺商品（或服务）的单独售价的相对比例将交易价格分摊至各单项履约义务，进而在履行各单项履约义务时确认相应的收入，有助于解决此类合同的收入确认问题。这里先简单介绍如何识别单项履约义务。

在识别合同中的单项履约义务时，如果合同承诺的某项商品不可明确区分，企业应当将该商品与合同中承诺的其他商品进行组合，直到该组合满足可明确区分的条件。某些情况下，合同中承诺的所有商品组合在一起构成单项履约义务。例如，企业向客户承诺的商品可能包括企业为销售而生产的产品、为转售而购进的商品或使用某商品的权利（如机票等）、向客户提供的各种服务、随时准备向客户提供商品或提供随时可供客户使用的服务（如随时准备为客户提供软件更新服务等）、安排他人向客户提供商品、授权使用许可、可购买额外商品的选择权等。其中，企业随时准备向客户提供商品，是指企业保证客户在其需要时能够随时取得相关商品，而不一定是所提供的每一件具体商品或每一次具体服务本身。又如健身俱乐部随时可供会员健身，其提供的是随时准备在会员需要时向其提供健身服务的承诺，而并非每一次具体的健身服务。

2. 一系列实质相同且转让模式相同的、可明确区分的商品

当企业向客户连续转让某项承诺的商品时，如每天提供类似劳务的长期劳务合同等，如果这些商品属于实质相同且转让模式相同的一系列商品，企业应当将这一系列商品作为单项履约义务。其中，转让模式相同，是指每一项可明确区分的商品均满足新收入准则规定的在某一时段内履行履约义务的条件，且采用相同方法确定其履约进度。

【例 3-2】企业与客户签订为期 3 年的安保服务合同，承诺每天为客户提供安保服务。

本例中，企业每天所提供的服务都是可明确区分且实质相同的，并且，根据控制权转移的判断标准，每天的服务都属于在某一时段内履行的履约义务。因此，企业应当将每天提供的安保服务合并在一起作为单项履约义务进行会计处理。

3.2.3 履约时间

新收入准则第九条规定："合同开始日，企业应当对合同进行评估，识别该合同所包含的各单项履约义务，并确定各单项履约义务是在某一时段内履行，还是在某一时点履行，然后，在履行了各单项履约义务时分别确认收入。"时点与时段履行义务的区别如图 3-7 所示。

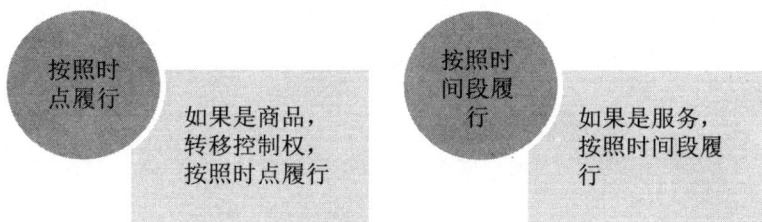

图 3-7　时点与时段

1. 时点

根据新收入准则第十三条规定："对于在某一时点履行的履约义务，企业应当在客户取得相关商品控制权时点确认收入。在判断客户是否已取得商品控制权时，企业应当考虑下列迹象：（一）企业就该商品享有现时收款权利，即客户就该商品负有现时付款义务。（二）企业已将该商品的法定所

有权转移给客户，即客户已拥有该商品的法定所有权。（三）企业已将该商品实物转移给客户，即客户已实物占有该商品。（四）企业已将该商品所有权上的主要风险和报酬转移给客户，即客户已取得该商品所有权上的主要风险和报酬。（五）客户已接受该商品。（六）其他表明客户已取得商品控制权的迹象。"

【例 3-3】2024 年 4 月 20 日，天源有限公司向杰世有限公司销售一批电子产品，生产成本为 823 900 元。开出增值税专用发票上注明售价为 1 214 000 元，增值税额为 157 820 元。杰世有限公司验收并入库，财务人员通过网上银行付款 1 371 820 元。相关单据如图 3-8 所示。

动态二维码	电子发票（增值税专用发票）						发票号码：××××	
							开票日期：2024 年 4 月 20 日	
购买方信息	名　　称：杰世有限公司 统一社会信用代码/纳税人识别号：99840101400321412X				销售方信息	名　　称：天源有限公司 统一社会信用代码/纳税人识别号：11110134663745432H		
项目名称	规格型号	单位	数量	单价	金额	税率/征收率		税额
电子产品		台	1 000	1 214	1 214 000	13%		157 820
合　　计					￥1 214 000			￥157 820
价税合计（大写）	⊗壹佰叁拾柒万壹仟捌佰贰拾元整　　（小写）￥1 371 820							
备注	销售方开户银行：工商银行深圳龙岗支行；银行账号：2201019092342 11456							

图 3-8　增值税发票

本例中的天源有限公司已经收到杰世有限公司的货款，杰世有限公司收到货物并验收入库，因此，该项业务为单项履约义务且属于在某一时点履行履约义务。

根据上述业务作会计分录如下：

借：银行存款　　　　　　　　　　　　　　　1 371 820
　　贷：主营业务收入　　　　　　　　　　　　　　 1 214 000
　　　　应交税费——应交增值税（销项税额）　　　　157 820
同时结转成本：
借：主营业务成本　　　　　　　　　　　　　　 823 900
　　贷：库存商品　　　　　　　　　　　　　　　　　 823 900

2. 时段

根据新收入准则第十一条规定："满足下列条件之一的，属于在某一时段内履行履约义务；否则，属于在某一时点履行履约义务：（一）客户在企业履约的同时即取得并消耗企业履约所带来的经济利益。（二）客户能够控制企业履约过程中在建的商品。（三）企业履约过程中所产出的商品具有不可替代用途，且该企业在整个合同期间内有权就累计至今已完成的履约部分收取款项。"

新收入准则第十二条规定："对于在某一时段内履行的履约义务，企业应当在该段时间内按照履约进度确认收入，但是，履约进度不能合理确定的除外。企业应当考虑商品的性质，采用产出法或投入法或成本法确定恰当的履约进度……"

（1）产出法是根据能够代表向客户转移商品控制权的产出指标直接计算履约进度的，因此通常能够客观地反映履约进度。但是，产出法下有关产出指标的信息有时可能无法直接观察获得，企业为获得这些信息需要花费很高的成本，这就可能需要采用投入法来确定履约进度。

企业在评估是否采用产出法确定履约进度时，应当考虑具体的事实和情况，并选择能够如实反映企业履约进度和向客户转移商品控制权的产出指标。当选择的产出指标无法计量控制权已转移给客户的商品时，不应采用产出法。

【例3-4】2023年10月，春阳装修公司与市政部门签订合同，在全市6个区为居民粉刷住宅楼外墙，一共100个小区，合同价格为1 000万元（不含税价）。截至2023年12月31日，春阳装修公司共粉刷40个小区住宅楼外墙，剩余部分预计在2024年3月31日之前完成。该合同仅包含一项履约义务，且该履约义务满足在某一时段内履行的条件。假定不考虑其他情况。

本例中，春阳装修公司提供粉刷住宅楼外墙的服务属于在某一时段内履行的履约义务，春阳装修公司按照已完成的工作量确定履约进度。

截至 2023 年 12 月 31 日，该合同的履约进度为 $40 \div 100 \times 100\% = 40\%$

春阳装修公司应确认的收入为 $1\,000 \times 40\% = 400$（万元）

（2）投入法是根据企业为履行履约义务的投入确定履约进度。根据以上方法还是无法确定履约进度时，企业已经发生的成本预计能够得到补偿的，应当按照已经发生的成本金额确认收入，直到履约进度能够合理确定为止。

当企业从事的工作或发生的投入是在整个履约期间内平均发生时，企业也可以按照直线法确认收入。

【例 3-5】春阳公司经营一家健身俱乐部。2024 年 2 月 1 日，某客户与春阳公司签订合同，成为春阳公司的会员，并向春阳公司支付会员费 6 000 元（不含税价），可在未来的 12 个月内在该俱乐部健身，且没有次数的限制。

本例中，客户在会籍期间可随时来俱乐部健身，且没有次数限制，客户已使用俱乐部健身的次数不会影响其未来继续使用的次数，春阳公司在该合同下的履约义务是承诺随时准备在客户需要时为其提供健身服务，因此，该履约义务属于在某一时段内履行的履约义务，并且该履约义务在会员的会籍期间内随时间的流逝而被履行。因此，春阳公司按照直线法确认收入，即每月应当确认的收入＝ $6\,000 \div 12 = 500$（元）

截至 2024 年 12 月 31 日，春阳公司应确认的收入＝ $500 \times 11 = 5\,500$（元）

需要说明的是，如果客户购买的是确定数量的服务，如在未来 12 个月内，客户可随时来健身俱乐部健身 100 次，则春阳公司的履约义务是为客户提供这 100 次健身服务，而不是随时准备为其提供健身服务的承诺。因此，春阳公司应当按照客户已使用健身服务的次数确认收入。

（3）在下列情形下，企业在采用成本法确定履约进度时，可能需要对已发生的成本进行适当地调整：

一是已发生的成本并未反映企业履行履约义务的进度。例如，因企业生产效率低下等原因而导致的非正常消耗，包括非正常消耗的直接材料、直接人工及制造费用等，不应包括在累计实际发生的成本中，这是因为这些非正常消耗并没有为合同进度做出贡献，但是，企业和客户在订立合同时已经预见会发生这些成本并将其包括在合同价款中的除外。

二是已发生的成本与企业履行履约义务的进度不成比例。当企业已发生的成本与履约进度不成比例，企业在采用成本法确定履约进度时需要进行适当调整，通常仅以其已发生的成本为限确认收入。对于施工中尚未安装、使用或耗用的商品（本段的商品不包括服务）或材料成本等，当企业在合同开始日就预期将能够满足下列所有条件时，应在采用成本法确定履约进度时不包括这些成本：

该商品或材料不可明确区分，即不构成单项履约义务；客户先取得该商品或材料的控制权，之后才接受与之相关的服务；该商品或材料的成本相对于预计总成本而言是重大的；企业自第三方采购该商品或材料，且未深入参与其设计和制造，对于包含该商品的履约义务而言，企业是主要责任人。

【例 3-6】2023 年 10 月，鑫发公司与客户签订合同，为客户装修一栋办公楼，包括安装一部电梯，合同总金额为 100 万元。鑫发公司预计的合同总成本为 80 万元，其中包括电梯的采购成本 30 万元。

2023 年 12 月，鑫发公司将电梯运达施工现场并经过客户验收，客户已取得对电梯的控制权，但是，根据装修进度，预计到 2024 年 6 月才会安装该电梯。截至 2023 年 12 月 31 日，鑫发公司累计发生成本 40 万元，其中包括支付给电梯供应商的采购成本 30 万元，以及因采购电梯发生的运输和人工相关成本 5 万元。

假定：该装修服务（包括安装电梯）构成单项履约义务，并属于在某一时段内履行的履约义务，鑫发公司是主要责任人，但不参与电梯的设计和制造；鑫发公司采用成本法确定履约进度；上述金额均不含增值税。

本例中，截至 2023 年 12 月，鑫发公司发生成本 40 万元（包括电梯采购成本 30 万元及因采购电梯发生的运输和人工等相关成本 5 万元），鑫发公司认为其已发生的成本和履约进度不成比例，因此需要对履约进度的计算作出调整，将电梯的采购成本排除在已发生成本和预计总成本之外。在该合同中，该电梯不构成单项履约义务，其成本相对于预计总成本而言是重大的，鑫发公司是主要责任人，但是未参与该电梯的设计和制造，客户先取得了电梯的控制权，随后才接受与之相关的安装服务。因此，鑫发公司在客户取得该电梯控制权时，按照该电梯采购成本的金额确认转让电梯产生的收入。

2023 年 12 月 31 日，该合同的履约进度＝［（40－30）÷（80－30）］×100％＝20％

应确认的收入金额＝［（100－30）×20％＋30］＝44（万元）

应确认的成本金额＝［（80－30）×20％＋30］＝40（万元）

企业为履行属于在某一时段内履行的单项履约义务而发生的支出并非均衡发生的，在采用某种方法（例如成本法）确定履约进度时，可能会导致企业对于较早生产的产品确认更多的收入和成本。

【例 3-7】 家兴装修公司为增值税一般纳税人，装修服务适用增值税税率为 9％。2024 年 2 月 1 日，家兴装修公司与乙公司签订一项为期 3 个月的装修合同，合同约定装修价款为 1 300 000 元，增值税额为 117 000 元，装修费用每月月末按完工进度结算。2024 年 2 月 29 日，经专业测定，确定该项劳务完工程度为 30％；乙公司按完工进度支付装修款项。截至 2024 年 2 月 29 日，家兴装修公司为完成该装修合同累计发生劳务成本 650 000 元（其中原材料成本 500 000 元，人工成本 150 000 元），预计还将发生劳务成本 340 000 元。

本例中装修服务构成单项履约义务，并属于在某一时段内履约的履约义务。家兴装修公司编制会计分录如下。

（1）实际发生的劳务成本。

借：合同履约成本　　　　　　　　　　　　　　　　650 000

　　贷：原材料　　　　　　　　　　　　　　　　　　500 000

　　　　应付职工薪酬　　　　　　　　　　　　　　　150 000

（2）2024 年 2 月 29 日，确认收入与成本。

应确认的收入＝1 300 000×30％－0＝390 000（元）

借：银行存款　　　　　　　　　　　　　　　　　425 100

　　贷：主营业务收入　　　　　　　　　　　　　　390 000

　　　　应交税费——应交增值税（销项税额）　　　 35 100

借：主营业务成本　　　　　　　　　　　　　　　650 000

　　贷：合同履约成本　　　　　　　　　　　　　　650 000

3.3　收入的计量

现行收入准则规定按照已收或应收的合同价格确定销售商品收入金额，

但新收入准则明确交易价格是指企业因向客户转让商品而预期有权收取的对价金额。同时明确企业代第三方收取的款项以及企业预期将退还给客户的款项，应当作为负债进行会计处理（与旧准则一致），不计入交易价格。

新收入准则对交易价格进行了详细的规定，尤其是存在可变对价、重大融资成分、非现金对价、应付客户对价等情形，如图 3-9 所示。

图 3-9　交易价格的几种情形

3.3.1　可变对价

企业与客户的合同中约定的对价金额可能是固定的，也可能会因折扣、价格折让、返利、退款、奖励积分、激励措施、业绩奖金、索赔等因素而变化。此外，企业有权收取的对价金额，将根据一项或多项或有事项的发生有所不同的情况，也属于可变对价的情形。例如，企业售出商品但允许客户退货时，由于企业有权收取的对价金额将取决于客户是否退货，因此该合同的交易价格是可变的。企业在判断交易价格是否为可变对价时，应当考虑各种相关因素（如企业已公开宣布的政策、特定声明、以往的习惯做法、销售战略以及客户所处的环境等），以确定其是否会接受一个低于合同标价的金额，即企业向客户提供一定的价格折让。

【例 3-8】甲公司为其客户建造一栋厂房，合同约定的价款为 100 万元，但是，如果甲公司不能在合同签订之日起的 120 天内竣工，则须支付 10 万元罚款，该罚款从合同价款中扣除。上述金额均不含增值税。

甲公司对合同结果的估计如图 3-10 所示。

工程按时完工的概率为：

90%　　　　10%

工程延期的概率为：

甲公司估计的交易价格
100万元，即为最可能
发生的单一金额

图 3-10　对合同结果的估计

在对可变对价进行估计时，企业应当按照期望值或最可能发生金额确定可变对价的最佳估计数。这并不意味着企业可以在两种方法之间随意进行选择，而是应当选择能够更好地预测其有权收取的对价金额的方法，并且对于类似的合同，应当采用相同的方法进行估计。

期望值是按照各种可能发生的对价金额及相关概率计算确定的金额。如果企业拥有大量具有类似特征的合同，企业据此估计合同可能产生多个结果时，按照期望值估计可变对价金额通常是恰当的。

【例 3-9】 2024 年 3 月 1 日，甲公司向长安商场销售 1 800 台电视机，每台价格为 4 200 元（不含税），合同价款合计 7 560 000 元。甲公司向长安商场提供价格保护，同意在未来 6 个月内，如果同款电视机售价下降，则按照合同价格与最低售价之间的差额向长安商场支付差价。甲公司根据以往执行类似合同的经验，预计各种结果发生的概率见表 3-3。

表 3-3　预估降价概率　　　　　　　　　　单位：（元/台）

未来 6 个月内的降价金额	概率	未来 6 个月内的降价金额	概率
0	40%	400	20%
300	30%	500	10%

根据上述预估根据，甲公司估计每台空调交易价格＝［（4 200－0）×40％＋（4 200－300）×30％＋（4 200－400）×20％＋（4 200－500）×10％］＝1 680＋1 170＋760＋370＝3 980（元）

3.3.2　重大融资成分

合同中存在重大融资成分的，企业应当按照假定客户在取得商品控制权时即以现金支付的应付金额确定交易价格。该交易价格与合同对价之间的差额，应当在合同期间内采用实际利率法摊销。合同中存在重大融资成分的，企业在确定该重大融资成分的金额时，应使用将合同对价的名义金额折现为商品现销价格的折现率。该折现率一经确定，不得因后续市场利率或客户信用风险等情况的变化而变更。企业确定的交易价格与合同承诺的对价金额之间的差额，应当在合同期间内采用实际利率法摊销。

【例3-10】2023年1月1日，甲公司与乙公司签订合同，向其销售一台大型设备。合同约定，该设备将于两年之后交货。合同中包含两种可供选择的付款方式，即乙公司可以在两年后交付设备时支付540万元，或者在合同签订时支付528万元。乙公司选择在合同签订时支付货款。该设备的控制权在交货时转移。甲公司于2023年1月1日收到乙公司支付的货款。上述价格均不包含增值税，且假定不考虑相关税费影响。

本例中，按照上述两种付款方式计算的内含利率为5.4%。考虑到乙公司付款时间和产品交付时间之间的间隔，以及现行市场利率水平，甲公司认为该合同包含重大融资成分，在确定交易价格时，应当对合同承诺的对价金额进行调整，以反映该重大融资成分的影响。假定该融资费用不符合借款费用资本化的要求。

甲公司的账务处理如下：

（1）2023年1月1日，甲公司收到货款。

借：银行存款		5 280 000
未确认融资费用		120 000
贷：合同负债		5 400 000

（2）2023年12月31日，确认融资成分的影响。

借：财务费用	（5 280 000×5.4%）	285 120
贷：未确认融资费用		285 120

（3）2024年12月31日，交付产品时。

借：财务费用	［（5 280 000＋285 120）×5.4%］	300 516.48
贷：未确认融资费用		300 516.48
借：合同负债		5 400 000
贷：主营业务收入		5 400 000

需要注意的是，合同开始日，企业预计客户取得商品控制权与客户支付价款间隔不超过一年的，可以不考虑合同中存在的重大融资成分。

3.3.3　非现金对价

客户支付非现金对价的，企业应当按照非现金对价的公允价值确定交易价格，具体情形如图3-11所示。

如果由于销售商品本身，向客户或者终端消费者支付返利或者促销费、管理费等，则全部冲销企业销售收入；如果先行支付促销费，后取得收入，则在登记促销费时作为应收款项，直接冲减收入（贷记应收款项）

如果登记收入之后再支付返利，则在实际支付返利时冲减当期销售收入；如果在成为客户之前必须优先支付的价款，如进场费，则作为购进一项权利，作为合同成本处理，不冲减收入

如果向客户支付对价，是因为从客户另外购置其他商品或服务，则作为购进处理，不冲减收入

图 3-11　非现金对价的几种情形

【例 3-11】鑫源地产开发企业与客户 Y 签订了一项以房换地的合同，即客户 Y 向鑫源地产开发企业交付一块土地，同时，鑫源地产开发企业向客户 Y 交付一套郊区现房。

本例中，该交易的实质是鑫源地产开发企业收取土地作为非现金对价，向客户 Y 出售一栋住宅楼。如果作为非现金对价的土地的公允价值可以合理估计，土地以公允价值计量。

3.3.4　应付客户对价

企业应付客户对价是为了向客户取得其他可明确区分商品的，应当采用与本企业其他采购相一致的方式确认所购买的商品。企业应付客户对价超过向客户取得可明确区分商品公允价值的，超过金额应当冲减交易价格。向客户取得的可明确区分商品公允价值不能合理估计的，企业应当将应付客户对价全额冲减交易价格。

企业应付客户（或向客户购买本企业商品的第三方，本条下同）对价的，应当将该应付对价冲减交易价格，并在确认相关收入与支付（或承诺支付）客户对价两者孰晚的时点冲减收入。

【例 3-12】衡水制药厂与百姓大药房签订协议约定，若一年之内药品销售收入达到 4 500 000 元，衡水制药厂支付现金返利 1%，如果达到 5 650 000 元，将支付现金返利 2%。年底，百姓大药房药品销售收入达到 5 650 000 元，衡水制药厂向该客户现金返利 100 000 元。

（1）衡水制药厂全年陆续收入。

借：应收账款　　　　　　　　　　　　　　　　5 650 000
　　贷：主营业务收入　　　　　　　　　　　　　　5 000 000
　　　　应交税费——应交增值税（销项税额）　　　650 000

（2）年底返利时，冲减收入。

借：主营业务收入　　　　　　　　　　　　　　100 000
　　贷：银行存款　　　　　　　　　　　　　　　　100 000

3.3.5　将交易价格分摊至各单项履约义务

当合同中包含两项或多项履约义务时，需要将交易价格分摊至各单项履约义务，以使企业分摊至各单项履约义务（或可明确区分的商品）的交易价格能够反映其因向客户转让已承诺的相关商品而预期有权收取的对价金额。

1. 分摊的一般原则

合同中包含两项或多项履约义务的，企业应当在合同开始日，按照各单项履约义务所承诺商品的单独售价的相对比例，将交易价格分摊至各单项履约义务。

单独售价，是指企业向客户单独销售商品的价格。

企业在类似环境下向类似客户单独销售某商品的价格，应作为确定该商品单独售价的最佳证据。合同或价目表上的标价可能是商品的单独售价，但不能默认其一定是该商品的单独售价。例如，企业为其销售的产品制定了标准价格，但是，在实务中经常以低于该标准价格的折扣价格对外销售，此时，企业在估计该产品的单独售价时，应当考虑这一因素。

【例 3-13】衡水制药厂与百姓大药房签订合同，向其销售葡萄糖、红霉素、维生素C，合同价款为 110 000 元。葡萄糖、红霉素、维生素C药品的单独售价（总价）分别为 42 000 元、39 000 元和 36 000 元，合计 117 000 元。上述价格均不包含增值税。

本例中，根据上述交易价格分摊原则：

葡萄糖应当分摊的交易价格＝110 000÷117 000×42 000＝39 487.18（元）

红霉素应当分摊的交易价格＝110 000÷117 000×39 000＝36 666.67（元）

维生素C应当分摊的交易价格＝110 000÷117 000×36 000＝33 846.15（元）

2. 特殊方法

单独售价无法直接观察的，企业应当综合考虑其能够合理取得的全部相关信息，采用市场调整法、成本加成法、余值法等方法合理估计单独售价。

(1) 市场调整法，是指企业根据某商品或类似商品的市场售价考虑本企业的成本和毛利等进行适当调整后，确定其单独售价的方法。

【例 3-14】东风家具有限公司 2024 年 1 月生产茶几和沙发，既可以单卖，又可以组合销售。茶几单卖 1 200 元，沙发每只 500 元，共 4 个。五件套组合售价 3 000 元。

按照企业类似环境单独销售价格分摊履约义务：

计算市价分摊比＝3 000÷（1 200＋4×500）＝93.75％

组合中单个沙发的交易价格＝500×93.75％＝468.75（元）

组合中茶几的交易价格＝3 000－（468.75×4）＝1 125（元）

(2) 成本加成法，是指企业根据某商品的预计成本加上其合理毛利后的价格，确定其单独售价的方法。

【例 3-15】东风家具厂 2024 年生产的茶几和沙发，不单卖，只按组合销售，沙发茶几组合售价 3 000 元，茶几制造成本 1 000 元，预计毛利 200 元，沙发每只 400 元，预计毛利 100 元。

计算市价分摊比＝3 000÷（1 200＋4×500）＝93.75％

组合中茶几交易价格＝（1 000＋200）×93.75％＝1 125（元）

组合中沙发交易价格＝4×（400＋100）×93.75％＝1 875（元）

(3) 余值法，是指企业根据合同交易价格减去合同中其他商品可观察的单独售价后的余值，确定某商品单独售价的方法。余值法适用于企业在商品近期售价波动幅度巨大，或者因未定价且未单独销售而使售价无法可靠确定时，可采用余值法估计其单独售价。采用"买一送一"的商家，利用余值法分摊商品交易价格。

【例 3-16】佳兴百货公司新年搞"买一送一"销售活动，买冰箱送床单，当天销售明细见表 3-4。

表 3-4　销售清单　　　　　　　　　　　　单位：元

品名	单价	台数	合计	赠送纯棉床单数量（个）	赠送纯棉床单金额
冰箱	12 400	100	1 240 000	100	3 000
合计		100	1 240 000	100	3 000

赠送纯棉床单金额＝3 000（元）

冰箱收入＝1 240 000－3 000＝1 237 000（元）

每台冰箱交易价格＝1 237 000÷100＝12 370（元）

第 4 章
企业应收及预付款项的核算

应收及预付账款，是指因对外销售产品、材料、供应劳务及其他原因，应向购货单位或接受劳务的单位及其他单位收取的款项，包括应收销售款、其他应收款、应收票据等。本章主要介绍应收及预付款项的科目设置及账务处理。

4.1 应收账款

应收账款是企业由于销售商品或提供劳务而享有的向顾客收取款项的权利。主要包括应向购货单位收取的购买商品、材料等账款；代垫的包装物、运杂费；已冲减坏账准备而又收回的坏账损失；已贴现的承兑汇票，因承兑企业无力支付的票款；已转销而又收回的坏账损失等。但不包括应收职工欠款、应收债务人利息等的其他应收款；购买长期债券等的长期债权；投标保证金、租入包装物等各类存出保证金。

4.1.1 应收账款科目的具体运用

工商企业发生应收账款，按应收金额，借记本科目，按确认的营业收入，贷记"主营业务收入"科目；保险公司贷记"手续费及佣金收入""保费收入"等科目。收回应收账款时，借记"银行存款"等科目，贷记本科目。涉及增值税销项税额的，还应进行相应的处理。代购货单位垫付的包装费、运杂费，借记本科目，贷记"银行存款"等科目。收回代垫费用时，借记"银行存款"科目，贷记本科目。本科目可按债务人进行明细核算。

"应收账款"科目期末借方余额，反映企业尚未收回的应收账款；期末如为贷方余额，反映企业预收的账款。"应收账款"应按不同的购货单位或接受劳务的单位设置明细账户，进行明细核算，见表 4-1。

表 4-1　应收账款会计科目编码的设置

科目代码	总分类科目（一级科目）	明细分类科目		是否辅助核算	辅助核算类别
		二级明细科目	三级明细科目		
1122	应收账款	—	—	—	—
112201	应收账款	××公司	—	—	—
11220101	应收账款	××公司	应收商品款	是	客户/债务人
11220102	应收账款	××公司	应收工程款	是	客户/债务人
11220103	应收账款	××公司	应收质保金	是	客户/债务人
112202	应收账款	××公司	应收保费	是	客户/债务人
112203	应收账款	××公司	应收利息	是	客户/债务人
112204	应收账款	××公司或个人	手续费及佣金	是	客户/债务人
112205	应收账款	××公司	租赁	是	客户/债务人

4.1.2 应收账款的账务处理

应收账款通常按实际发生额计价入账，计价时还要考虑商业折扣、现金折扣及债务重组等因素。

1. 一般应收账款的会计核算

一般应收账款的账务处理如图 4-1 所示。

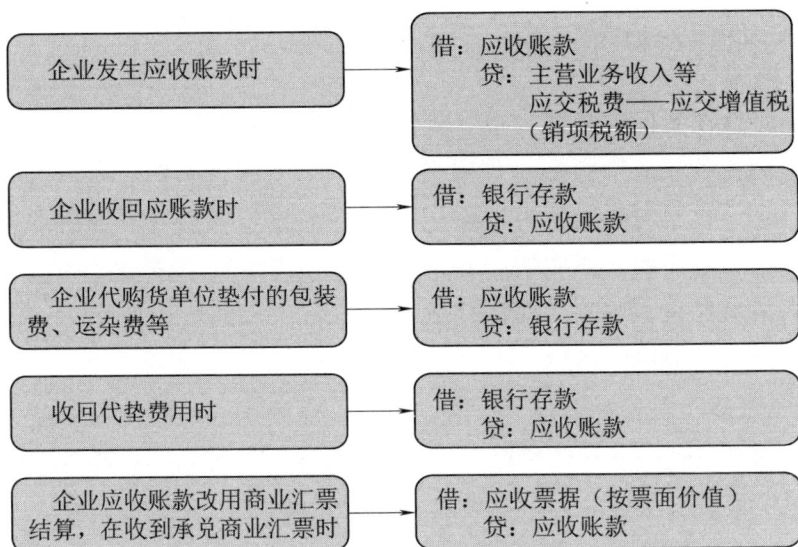

图 4-1　应收账款的账务处理

【例 4-1】 2024 年 5 月 15 日，维达制药有限公司向乙公司销售商品一批，货款 624 000 元（不含税），增值税税率 13%，已办理了委托银行收款手续。

借：应收账款——乙公司　　　　　　　　　　　　705 120

　　贷：主营业务收入　　　　　　　　　　　　　　624 000

　　　　应交税费——应交增值税（销项税额）　　　 81 120

2. 新收入准则下商业折扣的会计处理

商业折扣，是指企业根据市场供需情况，或针对不同的顾客，在商品标价上给予的扣除，商业折扣是企业最常用的促销方式之一。新收入准则将"商业折扣"转换成"合同折扣"并对"合同折扣"有了更明确、细致的规定：

（1）对于合同折扣，企业应当在各单项履约义务之间按比例分摊。

（2）有确凿证据表明合同折扣仅与合同中的一项或多项（而非全部）履约义务相关的，企业应当将该合同折扣分摊至相关一项或多项履约义务。

（3）合同折扣仅与合同中的一项或多项（而非全部）履约义务相关，且企业采用余值法估计单独售价的，应当按照前款规定在一项或多项（而非全部）履约义务之间分摊合同折扣，然后采用余值法估计单独售价。

【例 4-2】 波光公司于 2024 年 3 月向中方酒店销售一批商品，该批商品不含税价格为 50 000 元，由于是成批销售，销货方给购货方 5% 的商业折扣，适用的增值税税率为13%。采购清单见表4-2，账务处理如下：

表4-2　采购清单

品名	单价（元）	数量	价格（元）
洗发水（瓶）	20	200	4 000
床单（条）	40	500	20 000
被罩（个）	50	480	24 000
毛巾（条）	10	200	2 000
合计	—	1 380	50 000
实际付款			47 500

分摊交易价格：

（1）洗发水实际交易价格＝4 000×47 500÷50 000＝3 800（元）

（2）床单实际交易价格＝20 000×47 500÷50 000＝19 000（元）

（3）被罩实际交易价格＝24 000×47 500÷50 000＝22 800（元）

（4）毛巾实际交易价格＝2 000×47 500÷50 000＝1 900（元）

借：应收账款——中方酒店　　　　　　　　　　　　47 500

　　贷：主营业务收入　　　　　　　　　　　　　　42 035.40

　　　　应交税费——应交增值税（销项税额）　　　 5 464.60

实际收到货款时：

借：银行存款　　　　　　　　　　　　　　　　　　47 500

　　贷：应收账款——中方酒店　　　　　　　　　　47 500

3. 附有销售退回条款的销售

企业将商品转让给客户之后，可能会因为各种原因允许客户选择退货（例如客户对所购商品的款式不满意等）。客户选择退货时，可能有权要求返还其已经支付的全部或部分对价、抵减其对企业已经产生或将会产生的欠款或者要求换取其他商品。客户取得商品控制权之前退回该商品不属于销售退回。

【例4-3】德高公司为增值税一般纳税人，税率13%。通过京东平台销售自产吹风机，实行7天无理由退货、15天无理由换货政策。根据以往数据显示统计，3年平均退货率10%，换货率2%，买家承担邮费。2023年12月21日至31日的最后10天销售期，其中3天为邮寄时间，7天为无理由退货期。在资产负债表日，退货均未收到。这10天销售额为1 130万元，成本为700万元。

退货中有10%的商品不能第二次销售。

2023年会计业务处理。

(1) 登记收入，并同时预估退货金额。

确认主营业务收入金额＝11 300 000÷1.13×90％＝9 000 000（元）

借：应收账款 11 300 000

    贷：主营业务收入 9 000 000

        应交税费——应交增值税（销项税额）

            （11 300 000÷1.13×13％） 1 300 000

        预计负债——退货（11 300 000÷1.13×10％） 1 000 000

同时结转成本。

借：主营业务成本 7 000 000

    贷：库存商品 7 000 000

(2) 预估退货部分冲减商品630 000元（7 000 000×10％×90％），其中10%不能再次销售，退货商品中只有90%可以再次销售。

借：应收退货成本 630 000

    贷：主营业务成本 630 000

(3) 确认递延所得税资产92 500元〔（1 000 000－630 000）×25％〕。

借：递延所得税资产 92 500

    贷：所得税费用 92 500

2024年会计业务处理。

上述货物在2024年1月20日内，共计退回含税金额79.10万元，有7万元货物不能再次销售。

(1) 2024年1月退回79.10万元。

借：预计负债 700 000

    应交税费——应交增值税（销项税额） 91 000

    贷：银行存款 791 000

(2) 补记收入。

借：预计负债 （1 000 000－700 000）300 000

    贷：主营业务收入 300 000

(3) 补记成本。利用成本收入比率计算成本：7 000 000÷（11 300 000÷1.13）×300 000×90％＝189 000（元）。

借：库存商品   1 071 000

    贷：主营业务成本   （630 000－189 000）441 000

        应收退货成本   630 000

（4）递延资产转回。

借：所得税费用   92 500

    贷：递延所得税资产   92 500

4.2　应收票据

应收票据是企业因销售商品、提供劳务等而收到的商业汇票。商业汇票是一种由出票人签发的，委托付款人在指定日期无条件支付确定金额给收款人或者持票人的票据。商业汇票的付款期限，最长不得超过 6 个月。根据承兑人不同，商业汇票分为商业承兑汇票和银行承兑汇票两种。

4.2.1　应收票据的具体运用

企业应当按照开出、承兑商业汇票的单位进行明细核算，见表 4-3。

表 4-3　应收票据会计科目编码的设置

科目代码	总分类科目（一级科目）	明细分类科目	
		二级明细科目	三级明细科目
1121	应收票据	—	—
112101	应收票据	银行承兑汇票	××公司
112102	应收票据	商业承兑汇票	××公司

4.2.2　应收票据取得的会计处理

为了反映和监督应收票据的取得、票款收回等经济业务，企业应当设置"应收票据"科目。该账户借方登记应收票据收到时的面值；贷方登记到期应收票据的收回金额，或承兑人到期无力支付而被退回的商业承兑汇票金额，或未到期票据的贴现或转让情况；余额在借方，表示已收尚未到期或未贴现的应收票据的面额总数。

应收票据取得的原因不同，其会计处理亦有所区别。其具体处理如图 4-2 所示。

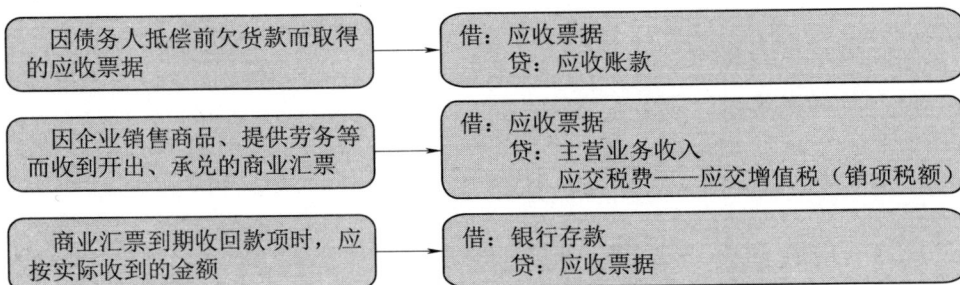

图 4-2　应收票据的账务处理

1. 无息应收票据取得的账务处理

【例 4-4】2024 年 5 月 10 日，维达制药有限公司销售商品一批，开具的增值税专用发票注明价款为 8 120 元，税款为 1 055.60 元。亚逊公司开出为期 3 个月的商业汇票抵付货款。

（1）维达制药有限公司收到票据时，如图 4-3 所示。

商业承兑汇票（存根）

签发日期：2024 年 5 月 10 日　　　　　　第 0065 号

付款人	全　　称	亚逊公司	收款人	全　　称	维达制药有限公司										此联签发人存查
	账　　号	0200001909234289765		账　　号	1121001909234213345										
	开户银行	工行　行号　12		开户银行	工行丽水路支行　行号　32										
						千	百	十	万	千	百	十	元	角	分
汇票金额		人民币（大写）⊗ 玖仟壹佰柒拾伍元陆角整						￥	9	1	7	5	6	0
汇票到期日		2024 年 8 月 9 日													
本汇票已经承兑，到期无条支付票款			承兑协议科目代码	××	交易合同号码	××									
亚逊公司 ★ 财务专用章	承兑人签章 承兑日期：　年　月　日 徐丰		负责人：陈静　　　经办人：罗燕 维达制药有限公司 ★ 财务专用章												

图 4-3　商业承兑汇票（存根）

借：应收票据   9 175.60

     贷：主营业务收入   8 120

        应交税费——应交增值税（销项税额）   1 055.60

（2）票据到期，对方付款时。

借：银行存款   9 175.60

     贷：应收票据   9 175.60

2. 带息应收票据取得的账务处理

【例 4-5】绿地公司将一张带息的银行承兑汇票于到期日到银行办理收款，票面金额为 70 000 元，年利率为 10%，期限为 90 天。

到期值为：$70\ 000 \times (1 + 10\% \times 90 \div 360) = 71\ 750$（元）

借：银行存款   71 750

     贷：应收票据   70 000

        财务费用   1750

4.2.3 应收票据贴现的会计处理

"贴现"，是指票据持有人将未到期的票据在背书后送交银行，银行受理后从票据到期值中扣除按银行贴现率计算确定的贴现息，然后将余额付给持票人，作为银行对企业的短期贷款。

对于应收票据贴现的核算，首先要计算贴现息和贴现净额（或称贴现所得额），其计算公式如下：

贴现息＝票据到期价值×贴现率×贴现期

贴现净额＝票据到期价值－贴现息

贴现期是指从票据贴现日到票据到期前一日的时间间隔。应收票据的银行贴现率由银行统一规定，一般用年利率来表示。如图 4-4 所示。

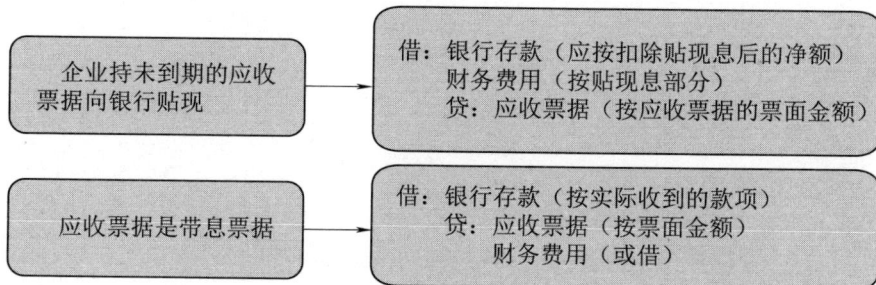

图 4-4 应收票据的账务处理

（1）无息应收票据贴现的处理。

不带息应收票据的贴现值就是应收票据的面值，如需提前办理贴现，贴现息应记入财务费用。

【例4-6】维达制药有限公司因急需资金，在9月1日将一张面值为60 000元，3个月期的无息票据提前两个月向银行办理贴现，出票日为8月1日，到期日为11月1日，假设银行贴现利率为8%，该票据的到期值、贴现息和贴现净额计算为：

票据到期价值＝票据面值＝60 000（元）

贴现息＝60 000×8%×2÷12＝800（元）

贴现净额＝60 000－800＝59 200（元）

借：银行存款　　　　　　　　　　　　　　　　　　　59 200
　　财务费用——票据贴现　　　　　　　　　　　　　　　800
　　贷：应收票据　　　　　　　　　　　　　　　　　　　　　60 000

（2）带息应收票据贴现的会计处理。

将带息应收票据向银行贴现时，票据到期的本息之和扣除贴现息的余额，就是贴现所得额。

【例4-7】维达制药有限公司持一张6个月期限，面值为48 000元的带息银行承兑汇票向银行贴现，该汇票年息为5%，出票日为6月1日，到期日为11月30日，公司于8月1日向银行申请贴现，贴现率为8%，如图4-5所示。

贴现凭证（收账通知）　4

填写日期：2024年8月1日　　　　　　　　第××号

贴现汇票	种类	商业承兑汇票		号码	324	申请人	全称	康达药店									
	发票日	2024年6月1日					账号	23576785897697780									
	到期日	2024年11月30日					开户银行	中国工商银行深圳市南山路分理处									
汇票承兑人（或银行）	名称	维达制药有限公司				账号	110051744371015368	开户银行		深圳工商银行龙华支行							
汇票金额（即贴现金额）		人民币（大写）⊗肆万捌仟元整						千	百	十	万	千	百	十	元	角	分
											¥4	8	0	0	0	0	0
贴现率 8%	贴现利息	千	百	十	万	千	百	十	元	角	分	实付贴现金额	千	百	十	万	千 百 十 元 角 分
					¥1	3	1	2	0	0						¥4	7 8 8 8 0 0
上述款项已入你单位账户。此致 银行盖章（略）2024年8月1日								备注									

图4-5　贴现凭证

应收票据到期利息＝48 000×5％×6÷12＝1 200（元）

应收票据到期本息＝48 000＋1200＝49 200（元）

贴现息＝49 200×8％×4÷12＝1 312（元）

贴现净额＝49 200－1 312＝47 888（元）

借：银行存款	47 888	
财务费用	1 312	
贷：应收票据		49 200

4.3 合同资产

根据新收入准则的规定，合同资产账户核算企业已向客户转让商品而有权收取对价的权利。仅取决于时间流逝因素的权利不在本账户核算，在"应收账款"账户核算。合同资产账户应按合同进行明细核算。

4.3.1 合同资产科目的具体运用

对于一项收入准则规范的合同，如果企业已将商品转让给客户（即企业已履行履约义务），在客户尚未付款的情况下，企业应当将该有权收取对价的权利列报为一项资产。

如果企业拥有无条件向客户收取对价的权利，应当将该项资产作为应收款项单独列示；如果该权利取决于时间流逝之外的其他因素，企业应当将该收款权利作为合同资产单独列示。

合同资产账户结构如下：

合同资产账户

借方	贷方
期初余额	
本期资产增加额	本期资产减少额
本期借方发生额合计	本期贷方发生额合计
期末余额	

合同资产与应收账款的区别有以下两点：

（1）权利内涵不同。合同资产是应收账款的前置账户，是尚有条件未成就时的收款权利，而该条件与时间无关；而应收账款或长期应收款则是除了时间之外所有条件都已成就的收款权利。

（2）减值准备计提的原因不同。合同资产计提减值时，适用"资产减值损失"，而应收账款计提减值时，适用"信用减值损失"。前者由于资产本身减值产生，后者则由于交易对方信用低劣产生。

4.3.2 合同资产的账务处理

合同资产的主要账务处理，如图 4-6 所示。

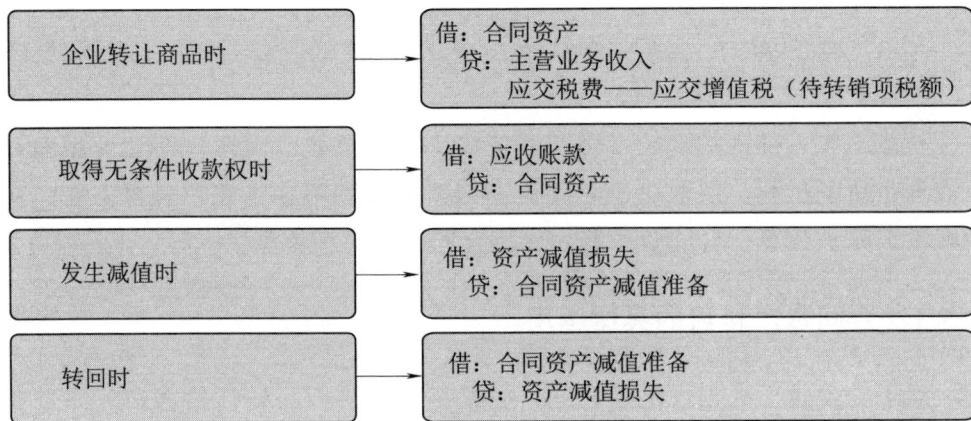

图 4-6　合同资产的账务处理

【例 4-8】2024 年 5 月 1 日，维达制药有限公司与客户签订合同，向其销售甲、乙两项商品，甲商品的单独售价（不含税）为 8 000 元；乙商品的单独售价（不含税）为 32 000 元，合同价款为 40 680（含税）元。合同约定，甲商品于合同开始日交付，乙商品在一个月之后交付，只有当两项商品全部交付之后，维达制药有限公司才有权收取 40 680 元的合同对价。假定甲商品和乙商品分别构成单项履约义务，其控制权在交付时转移给客户。上述价格均不包含增值税，且假定不考虑相关税费影响。根据新收入准则，维达制药有限公司如何进行账务处理？

合同价款换算成不含税价＝40 680÷（1＋13％）＝36 000（元）

分摊至甲商品的合同价款＝8 000×［36 000÷（8 000＋32 000）］＝7 200（元）

分摊至乙商品的合同价款＝32 000×［36 000÷（8 000＋32 000）］＝28 800（元）

维达制药有限公司的账务处理如下：

（1）交付甲商品时：

借：合同资产   8 136

  贷：主营业务收入   7 200

    应交税费——待转销项税额   936

（2）交付乙商品时：

借：应收账款   40 680

  应交税费——待转销项税额   936

  贷：合同资产   8 136

    主营业务收入   28 800

    应交税费——应交增值税（销项税额）

         （28 800×13％＋936）4 680

4.4 其他应收款

其他应收款是指除应收票据、应收账款和预付账款以外的其他各种应收、暂付款项。

4.4.1 其他应收款的核算范围

其他应收款主要包括应收的各种赔款、罚款；经营租赁的各种租金；存出的保证金；备用金预付账款转入；其他各种应收、暂付款项。

其他应收款主要内容如下：

（1）应收的各种赔款，如因企业财产等遭受意外损失而应向有关保险公司收取的赔款等；

（2）应收的各种罚款，如因员工失职给企业造成一定损失而应向该员工收取罚款；

（3）存出保证金，如租入包装物支付的押金，预付账款转入及其他应收、暂付款项；

（4）备用金，向企业各职能科室、车间等拨付的备用金；

（5）应向职工收取的各种垫付的款项，如为职工垫付的水电费，应由职工负担的医药费、房租等。

4.4.2 其他应收款科目的具体运用

其他应收款科目用于核算企业除应收票据、应收账款、预付账款等以外的其他各种应收、暂付款项。在"其他应收款"账户下，应按其他应收款的项目分类，并按不同的债务人设置明细账。具体设置见表4-4。

表 4-4　其他应收款科目编码的设置

科目代码	总分类科目 （一级科目）	明细分类科目	
		二级明细科目	三级明细科目
1221	其他应收款	—	—
122101	其他应收款	备用金	按借款人设置
122102	其他应收款	应收个人款项	按借款人设置
122103	其他应收款	应收单位款项	按单位名称设置
122104	其他应收款	内部往来款项	按单位名称设置
122105	其他应收款	其他款项	按业务内容设置

企业发生其他各种应收、暂付款项时，账务处理见表4-5。

表 4-5　其他应收款账务处理

业务情形	账务处理
企业发生其他各种应收、暂付款项	借：其他应收款 　　贷：银行存款/营业外收入等
收回或转销各种款项时	借：库存现金/银行存款 　　贷：其他应收款
使用个人微信账户收款	借：其他应收款——某员工 　　贷：主营业务收入/其他业务收入 　　　　应交税费——应交增值税（销项税额）（一般纳税人） 　　　　应交税费——应交增值税（小规模纳税人）
个人微信账户资金转入企业微信账户	借：其他货币资金——微信账户 　　贷：其他应收款——某员工

【例 4-9】2024 年 1 月，甲公司租入包装物一批，以银行存款向出租方支付押金 25 000 元。2024 年 2 月租入包装物如数退回，甲公司收到出租方退还的押金 25 000 元，已存入银行。

①2024 年 1 月，支付押金时。

借：其他应收款——存出保证金   25 000

    贷：银行存款   25 000

②2024 年 2 月，收回押金时。

借：银行存款   25 000

    贷：其他应收款——存出保证金   25 000

【例 4-10】 某企业员工张琳用个人微信支付借款 2 000 元。

借：其他货币资金——微信账户   2 000

    贷：其他应收款——张琳   2 000

4.5 应收款项减值

企业的各种应收款项，可能会因购货人拒付、破产、死亡等原因而无法收回。这类无法收回的应收款项就是坏账，因坏账而遭受的损失为坏账损失。企业应当在资产负债表日对应收款项的账面价值进行检查，有客观证据表明应收款项发生减值的，应当将该应收款项的账面价值减记至预计未来现金流量现值，减记的金额确认为减值损失，计提坏账准备。确定应收款项减值有两种方法，即直接转销法和备抵法。

4.5.1 坏账准备的账务处理

坏账准备可按以下公式计算：

当期应计提的坏账准备＝当期按应收款项计算应提坏账准备金额－（或＋）"坏账准备"科目的贷方（或借方）余额。

（1）发生坏账损失时，账务处理如图 4-7 所示。

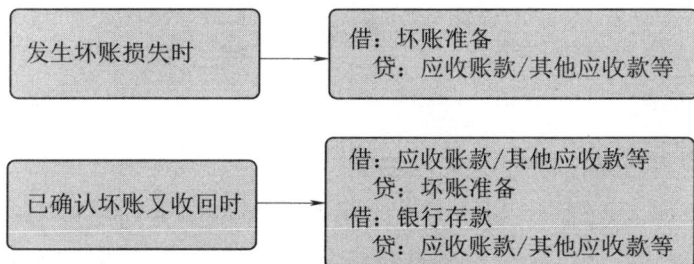

图 4-7　发生坏账损失时账务处理

（2）补提与冲销坏账时，账务处理如图 4-8 所示。

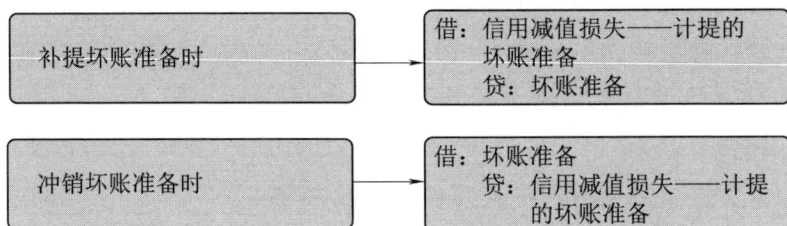

图 4-8　计提坏账准备账务处理

4.5.2　坏账准备科目的具体运用

坏账准备科目是资产类科目中的备抵科目，核算企业应收款项的坏账准备。坏账准备科目可按应收款项的类别进行明细核算。本科目期末贷方余额，反映企业已计提但尚未转销的坏账准备。科目代码是 1231，见表 4-6。

表 4-6　坏账准备会计科目编码的设置

科目代码	总分类科目（一级科目）	明细分类科目		是否辅助核算	辅助核算类型
		二级明细科目	三级明细科目		
1231	坏账准备	—	—	—	—
123101	坏账准备	应收账款坏账准备	××公司	是	单位名称
123102	坏账准备	其他应收款坏账准备	××公司	是	单位名称
123103	坏账准备	应收票据坏账准备	××公司	是	单位名称
123104	坏账准备	预付账款坏账准备	××公司	是	单位名称
123105	坏账准备	长期应收款坏账准备	××公司	是	单位名称
123106	坏账准备	其他坏账准备	××公司	是	单位名称

估计坏账损失有四种方法，即余额百分比法、账龄分析法、销货百分比法和个别认定法。

1. 余额百分比法

余额百分比法是根据会计期末应收账款的余额乘以估计的坏账准备率，即为当期应估计的坏账损失，据此提取坏账准备。估计坏账率可以按照以往的数据资料加以确定，也可以根据规定的百分比确定。在会计期末，企业应计提的坏账准备大于其账面余额的，按其差额冲回坏账准备。

余额百分比法计算公式：

当期应提取的坏账准备数额＝当期期末应收款项余额×估计坏账率

以后各期提取坏账准备时，可按下列公式计算：

当期应提取的坏账准备数额＝当期期末应收款项余额×估计坏账率－"坏账准备"账户贷方余额（或＋"坏账准备"账户借方余额）

【例 4-11】维达制药有限公司 2022 年年末应收账款的余额为 1 200 000 元，提取坏账准备的比率为 5‰；2023 年发生坏账损失 7 000 元，其中 A 单位 2 000 元，B 单位 5 000 元，期末应收账款余额为 1 500 000 元；2024 年，已冲销的上年 B 单位应收账款又收回，期末应收账款余额为 1 800 000 元。

（1）2022 年提取坏账准备。

借：信用减值损失——计提的坏账准备　　　　　　　　6 000

　　　贷：坏账准备　　　　　　　　　　　　　　　　　　　　6 000

（2）2023 年发生坏账时。

借：坏账准备　　　　　　　　　　　　　　　　　　　7 000

　　　贷：应收账款——A 单位　　　　　　　　　　　　　　2 000

　　　　　　　　　　——B 单位　　　　　　　　　　　　　　5 000

（3）2023 年末按应收账款的余额计算提取坏账准备。

"坏账准备"科目余额＝6 000－7 000＝－1 000（元）

当年应提的坏账准备＝1 500 000×5‰＋1 000＝8 500（元）

借：信用减值损失——计提的坏账准备　　　　　　　　8 500

　　　贷：坏账准备　　　　　　　　　　　　　　　　　　　　8 500

（4）2024 年收回上年已冲销的 B 单位账款 5 000 元。

借：应收账款——B 单位　　　　　　　　　　　　　　5 000

　　　贷：坏账准备　　　　　　　　　　　　　　　　　　　　5 000

借：银行存款　　　　　　　　　　　　　　　　　　　5 000

　　　贷：应收账款——B 单位　　　　　　　　　　　　　　5 000

（5）2024 年年末计算提取坏账准备。

"坏账准备"科目余额＝－1 000＋8 500＋5 000＝12 500（元）

当年应提的坏账准备＝1 800 000×5‰－12 500＝－3 500（元）

借：坏账准备　　　　　　　　　　　　　　　　　　　3 500

贷：信用减值损失——计提的坏账准备 3 500

注意：一般情况下，坏账准备的提取比例为3‰～5‰。

2. 账龄分析法

账龄分析法是根据应收账款入账时间的长短来估计坏账损失的方法。虽然应收账款能否收回不一定完全取决于时间的长短，但一般来说，账款拖欠时间越长，发生坏账的可能性就越大。

【例4-12】维达制药有限公司2023年12月31日应收账款账龄及估计坏账损失，见表4-7。

表4-7 应收账款账龄及估计坏账损失表

应收账款账龄	应收账款金额（元）	估计损失（%）	估计损失金额（元）
未到期	40 000	0.5	200
过期3个月以下	20 000	1	200
过期3～6个月	35 000	2	700
过期6～12个月	45 000	3	1 350
过期1年以上	10 000	5	500
合计	150 000	—	2 950

假设调整前"坏账准备"的账面余额为贷方600元，则调整金额为2 950－600＝2 350（元）。

借：信用减值损失——计提的坏账准备 2 350
　　贷：坏账准备 2 350

假设调整前"坏账准备"的账面余额为借方600元，则调整金额为2 950＋600＝3 550（元）。

借：信用减值损失——计提的坏账准备 3 550
　　贷：坏账准备 3 550

3. 销货百分比法

销货百分比法是根据赊销金额的一定比例估计坏账损失的方法。采用销货百分比法时，可能由于企业的经营状况不断地变化而不相适应，因此应当按照企业的实际情况及时地调节百分比。

【例4-13】假设维达制药有限公司2023年全年赊销金额为3 000 000元，根据以往资料和经验，估计坏账准备损失率为2‰，假设本年末坏账准备余额为0元。

年末估计坏账损失为：3 000 000×2％＝60 000（元）

借：信用减值损失——计提的坏账准备   60 000

    贷：坏账准备   60 000

4. 个别认定法

个别认定法是指根据单笔应收款项的可回收性估计坏账准备的方法，如果某项应收款项的可回收性和其他各项应收款项有明显差别（如债务单位所处的特定地区等），导致该项应收账款如果按照其他各项应收账款同样的方法计提坏账准备，将无法准确反映其可回收金额，则可对该项应收款项采用个别认定法计提坏账准备。

第 5 章
企业存货的核算

存货是指企业在日常活动中持有以备出售的产成品或商品、处在生产过程中的在产品、在生产过程或提供劳务过程中耗用的材料、物料等。本章主要讲解存货的确认和计量方法，原材料、库存商品、周转材料、委托加工物资的科目设置及账务处理。

5.1 存货概述

存货区别于固定资产等非流动资产的最基本特征是，企业持有存货的最终目的是出售，包括可供直接出售的产成品、商品以及需进一步加工后出售的原材料等。

5.1.1 存货的确认和计量

存货包括各类原材料、在产品、半成品、商品以及包装物、低值易耗品、委托代销商品等。

存货的账面余额＝账户余额

存货的账面价值＝账户余额－存货跌价准备余额

1. 存货的确认条件

存货同时满足下列条件的，才能予以确认。

（1）与该存货有关的经济利益很可能流入企业。

①企业在确认存货时，需要判断与该项存货相关的经济利益是否很可能流入企业。在实务中，主要通过判断与该项存货所有权相关的风险和报酬是否转移到了企业来确定。其中，与存货所有权相关的风险，是指由于经营情况发生变化造成的相关收益的变动，以及由于存货滞销、毁损等原因造成的损失；与存货所有权相关的报酬，是指在初步取得该项存货或其经过进一步加工取得的其他存货时获得的收入，以及处置该项存货实现的利润等。

②通常情况下，是否取得存货的所有权是存货相关的经济利益很可能流入本企业的一个重要标志。

（2）该存货的成本能可靠地计量。

作为企业资产的组成部分，要确认存货，企业必须能够对其成本进行可靠的计量。存货的成本能够可靠地计量必须以取得确凿、可靠的证据为依据，并且具有可验证性。如果存货成本不能可靠地计量，则不能确认为一项存货。例如，企业承诺的订货合同，由于并未实际发生，不能可靠确定其成本，因此就不能确认为购买企业的存货。又如，企业预计发生的制造费用，由于并未实际发生，不能可靠地确定其成本，因此不能计入产品成本。

2. 存货的初始计量

存货应当按照成本进行初始计量。存货成本包括采购成本、加工成本和其他成本。

不同存货的成本构成内容不同。原材料、商品、低值易耗品等通过购买而取得的存货的初始成本由采购成本构成；产成品、在产品、半成品、委托加工物资等通过进一步加工而取得的存货的初始成本由采购成本、加工成本以及使存货达到目前场所和状态所发生的其他成本构成。

存货成本的构成，见表 5-1。

表 5-1 存货成本的构成

构成项目	释 义
采购成本	购买价款、进口关税及相关税费、运输费、装卸费、保险费及其他可归属于存货采购成本的费用
加工成本	直接人工及按照一定方法分配的制造费用
其他成本	指除采购成本、加工成本以外的，使存货达到目前场所和状态所发生的其他支出

5.1.2 存货计价方法

企业在确定发出存货的成本时，可以采用先进先出法、移动加权平均法、月末一次加权平均法和个别计价法等方法。企业不得采用后进先出法确定发出存货的成本。

1. 先进先出法

先进先出法是以先购入的存货应先发出（销售或耗用）这样一种存货实物流转假设为前提，对发出存货进行计价。采用这种方法，先购入的存货成本在后购入存货成本之前转出，据此确定发出存货和期末存货的成本。

【例 5-1】维达制药有限公司 2024 年 6 月 1 日购入 A 型钢窗 50 件，单价为 70 元；6 月 4 日购入 A 型钢窗 60 件，单价 65 元；6 月 6 日领用 A 型钢窗 80 件；6 月 15 日购入 A 型钢窗 40 件，单价 68 元；6 月 28 日领用 A 型钢窗 60 件。假设领用 A 产品全部为生产成本，按先进先出法核算，填制存货明细表，见表 5-2。

表 5-2 存货明细表

存货名称：A 型钢窗　　　　　　　　计量单位：件　　　　　　　　金额单位：元

日 期		摘 要	收 入			支 出			结 存		
月	日		数量	单价	金额	数量	单价	金额	数量	单价	金额
6	1	购入	50	70	3 500	—	—	—	50	70	3 500
6	4	购入	—	—	—				50	70	3 500
			60	65	3 900				60	65	3 900
6	6	领用	—	—	—	50	70	3 500	0	70	0
			—	—	—	30	65	1 950	30	65	1 950

日期		摘　要	收　入			支　出			结　存		
月	日		数量	单价	金额	数量	单价	金额	数量	单价	金额
6	15	购入	—	—	—	—	—	—	30	65	1 950
			40	68	2 720	—	—	—	40	68	2 720
6	28	领用	—	—	—	30	65	1 950	—	—	—
			—	—	—	30	68	2 040	10	68	680

6月6日领用时，账务处理如下。

借：生产成本　　　　　　　　　　　　　　　　5 450

　　贷：原材料——A型钢窗　　　　　　　　　　　　　5 450

6月28日领用时，账务处理如下。

借：生产成本　　　　　　　　　　　　　　　　3 990

　　贷：原材料——A型钢窗　　　　　　　　　　　　　3 990

2. 月末一次加权平均法

月末一次加权平均法，是指以当月全部进货数量加上月初存货数量作为权数，去除当月全部进货成本加上月初存货成本，计算出存货的加权平均单位成本，以此为基础计算当月发出存货的成本和期末存货成本的一种方法。

$$存货加权平均单价 = \frac{期初库存存货的实际成本 + 本期进货的实际成本}{期初库存存货数量 + 本期进货数量}$$

本月发出存货成本 = 本月发货数量 × 存货加权平均单价

期末结存存货成本 = 期末结存存货数量 × 加权平均单价

本期发出存货成本 = 期初结存存货成本 + 本期收入存货成本 — 期末结存存货成本

【例5-2】维达制药有限公司2024年6月初库存A型钢窗10件，单价68元；6月1日购入A型钢窗50件，单价为70元；6月4日购入A型钢窗60件，单价65元；6月6日领用A型钢窗80件；6月15日购入A型钢窗40件，单价68元；6月28日领用A型钢窗60件。假设领用A产品全部为生产成本，按月末一次加权平均法核算，填制存货明细表，见表5-3。

表 5-3　存货明细表

存货名称：A 型钢窗　　　　　　　　　计量单位：件　　　　　　　　　金额单位：元

日 期		摘　　要	收　　入			支　　出			结　　存		
月	日		数量	单价	金额	数量	单价	金额	数量	单价	金额
本月月初			—	—	—	—	—	—	10	68	680
6	1	购入	50	70	3 500	—	—	—	—	—	—
6	4	购入	60	65	3 900	—	—	—	—	—	—
6	6	领用	—	—	—	80	—	—	—	—	—
6	15	购入	40	68	2 720	—	—	—	—	—	—
6	28	领用	—	—	—	60	—	—	—	—	—
本月月末			—	—	—	140	67.50	9 450	20	67.50	1 350

发出存货账务处理如下。

借：生产成本　　　　　　　　　　　　　　　　　　9 450

　　贷：原材料——A 型钢窗　　　　　　　　　　　　9 450

3. 移动加权平均法

移动加权平均法，是指以每次进货的成本加上原有库存存货的成本，除以每次进货数量与原有库存存货的数量之和，据以计算加权平均单位成本，作为在下次进货前计算各次发出存货成本的依据。计算公式如下：

存货移动平均单价＝（原有库存存货的实际成本＋本次进货的实际成本）÷

（原有库存存货数量＋本次进货数量）

本次发出存货成本＝本次发货数量×存货移动平均单价

【例 5-3】维达制药有限公司 2024 年 6 月初库存 A 型钢窗 10 件，单价 68 元；6 月 1 日购入 A 型钢窗 50 件，单价为 70 元；6 月 4 日购入 A 型钢窗 60 件，单价 65 元；6 月 6 日领用 A 型钢窗 80 件；6 月 15 日购入 A 型钢窗 40 件，单价 68 元；6 月 28 日领用 A 型钢窗 60 件。假设领用 A 产品全部为生产成本，按移动加权平均法核算，填制存货明细表，见表 5-4。

表 5-4　存货明细表

存货名称：A 型钢窗　　　　　　　计量单位：件　　　　　　　金额单位：元

日 期		摘　要	收　入			支　出			结　存		
月	日		数量	单价	金额	数量	单价	金额	数量	单价	金额
		本月月初	—	—	—	—	—	—	10	68	680
6	1	购入	50	70	3 500	—	—	—	60	69.67	4 180.20
6	4	购入	60	65	3 900	—	—	—	120	67.34	8 080.80
6	6	领用	—	—	—	80	67.34	5 387.20	40	67.34	2 693.60
6	15	购入	40	68	2 720	—	—	—	80	67.67	5 413.60
6	28	领用	—	—	—	60	67.67	4 060.20	20	67.67	1 353.40

6 月 6 日领用时，账务处理如下。

借：生产成本　　　　　　　　　　　　　　　　　　5 387.20

　　贷：原材料——A 型钢窗　　　　　　　　　　　　　　5 387.20

6 月 28 日领用时，账务处理如下。

借：生产成本　　　　　　　　　　　　　　　　　　4 060.20

　　贷：原材料——A 型钢窗　　　　　　　　　　　　　　4 060.20

4. 个别计价法

个别计价法，亦称个别认定法、具体辨认法、分批实际法，即逐一辨认各批发出存货和期末存货所属的购进批别或生产批别，分别按其购入或生产时所确定的单位成本计算各批发出存货和期末存货的成本。对于不能替代使用的存货、为特定项目专门购入或制造的存货以及提供的劳务，通常采用个别计价法确定发出存货的成本。在实际工作中，越来越多的企业采用计算机信息系统进行会计处理，个别计价法可以广泛应用于发出存货的计价，并且该方法确定的存货成本最为准确。

【例 5-4】维达制药有限公司在 9 月 1 日购入钢材 10 吨，其中有 40 吨单价为 2 200 元，有 60 吨单价为 2 250 元。9 月 9 日领用钢材 83 吨，其中单价为 2 200 元的 30 吨，单价为 2 250 元的 53 吨。假设维达制药有限公司使用个别计价法核算，见表 5-5。

表 5-5　存货明细表

存货名称：钢材　　　　　　　　　　计量单位：吨　　　　　　　　　金额单位：元

| 日 期 | | 收 入 | | | 支 出 | | | 结 存 | | |
月	日	数量	单价	金额	数量	单价	金额	数量	单价	金额
9	1	40	2 200	88 000	—	—	—	40	2 200	88 000
		60	2 250	135 000	—	—	—	60	2 250	135 000
9	9	—	—	—	30	2 200	66 000	10	2 200	22 000
		—	—	—	53	2 250	119 250	7	2 250	15 750

9月9日，账务处理如下。

借：生产成本　　　　　　　　　（66 000＋119 250）185 250

　　贷：原材料——钢材　　　　　　　　　　　　　　185 250

5.2　原材料

原材料是指企业在生产过程中经加工改变其形态或性质并构成主要实体的各类原料及主要材料、辅助材料、外购半成品（外购件）、修理用备件（备品备件）、包装材料、燃料等。

为建造固定资产等各项工程而储备的各种材料，虽然同属于材料，但是由于用于建造固定资产各项工程，不符合存货的定义，因此不能作为企业存货核算。

5.2.1　原材料的分类与核算

1. 原材料的分类与科目设置

原材料按其在特定企业的主要用途可分为：原材料及主要材料、辅助材料、外购半成品、修理用备件、包装材料、燃料。

原材料按其存放地点可分三类：在途物资、库存材料、委托加工物资。

原材料科目核算企业库存的各种材料，包括原料及主要材料、辅助材料、外购半成品（外购件）、修理用备件（备品备件）、包装材料、燃料等的计划成本或实际成本。收到来料加工装配业务的原料、零件等，应当设置备查簿进行登记。本科目可按材料的保管地点（仓库）、材料的类别、品种和规格等进行明细核算，见表5-6。

表5-6　原材料会计科目编码的设置

科目代码	总分类科目（一级科目）	明细分类科目		是否辅助核算	辅助核算类别
		二级明细科目	三级明细科目		
1403	原材料	—	—	—	—
140301	原材料	原料及主要材料	品种和规格	是	按存放地点
140302	原材料	辅助材料	品种和规格	是	按存放地点
140303	原材料	外购半成品	品种和规格	是	按存放地点
140304	原材料	包装材料	品种和规格	是	按存放地点
140305	原材料	备件	品种和规格	是	按存放地点
140306	原材料	燃料	品种和规格	是	按存放地点

2. 原材料的核算方法

原材料在日常收发与结存过程中，其核算方法可以选择下列两者之一：实际成本法核算与计划成本法核算。而对于材料收发业务较多且计划成本资料较为健全、准确的企业，一般都采用计划成本进行材料收发核算。

5.2.2　采用实际成本法核算

材料按实际成本法核算时，材料的收发与结存，均按实际成本计价。应设置"原材料""在途物资"会计科目。

"原材料"科目的借方用于核算已办验收入库材料的实际成本；贷方用于核算发出材料的实际成本；期末借方余额为库存原材料的实际成本。

"在途物资"科目的借方用于核算在途物料的实际成本；贷方用于核算验收入库材料的实际成本；期末借方余额为期末在途物资的实际成本。

原材料按实际成本计价的核算是指每种材料的日常收、发、存核算都采用实际成本计价。核算时，重点要掌握支出材料的成本计价。该方法一般只适用于材料收发业务比较少的中小型企业，如图5-1所示。

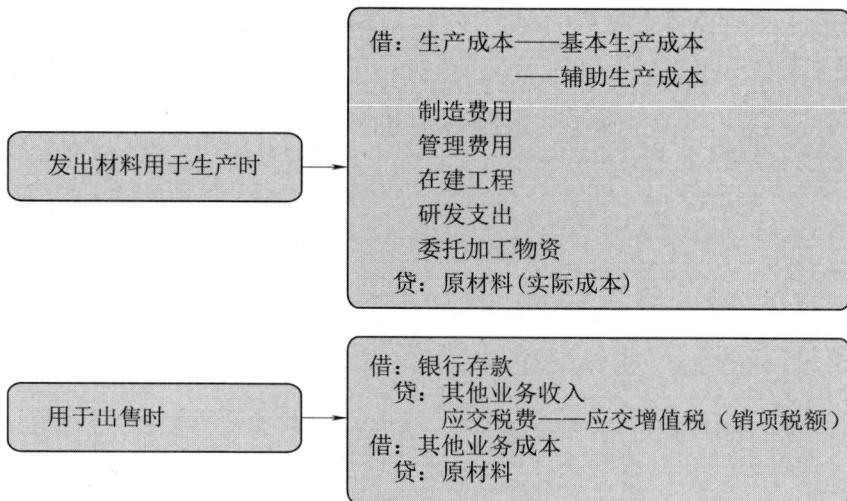

图 5-1　发出材料和出售时的账务处理

　　企业购入原材料时，由于采购地点和采用的结算方式等因素的影响，经常会出现原材料入库付款时间不一致的情况，其账务处理方法也不一致，如图 5-2 所示。

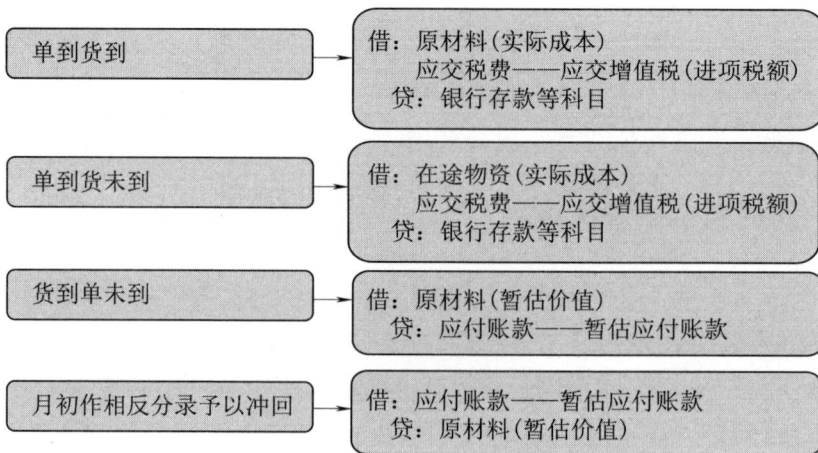

图 5-2　一般销售方式的账务处理

1. 原材料购入的核算

（1）单货同到。

单货同到是指发票已到，材料验收入库。

【例5-5】2024年4月9日，维达制药有限公司从佛山农贸公司购入玉米40吨，增值税专用发票注明原料价款20 000元，增值税1 800元，佛山农贸公司代垫运费200元。维达制药有限公司收到物资并验收入库，由于银行存款不足而暂未支付货款。假设不考虑运费的税费，增值税专用发票如图5-3所示。

动态二维码	电子发票(增值税专用发票) 国家税务总局 深圳市税务局 统一发票监制		发票号码：×××× 开票日期：2024年4月9日				
购买方信息	名　称：维达制药有限公司 统一社会信用代码/纳税人识别号： 345621897234125478958			销售方信息	名　称：佛山农贸公司 统一社会信用代码/纳税人识别号： 15463987965425813K		

项目名称	规格型号	单位	数量	单价	金额	税率/征收率	税额
玉米		吨	40	500	20 000	9%	1 800
合　计					￥20 000		￥1 800

价款合计（大写）	⊗贰万壹仟捌佰元整	（小写）￥21 800
备注	销售方开户银行：中国银行深圳市佛山北路支行；银行账号：1065897133212	

图5-3　增值税发票

借：原材料　　　　　　　　　　　（20 000＋200）20 200

　　应交税费——应交增值税（进项税额）　　　1 800

　　贷：应付账款　　　　　　　　　　　　　22 000

（2）单到货未到。

单到货未到是指发票已到，材料未验收入库。如货款已经支付，借方记入“在途物资”“应交税费”等账户，贷方记入“银行存款”账户；如货款尚未支付，则暂不需处理，待支付货款或收到材料时进行处理。

【例5-6】承上例，企业通过银行进行结算，但到月末尚未收到材料。转账支票存根如图5-4所示。

中国工商银行
转账支票存根（深）

IV 000003

科　　目：＿＿＿＿＿＿＿＿＿

对方科目：＿＿＿＿＿＿＿＿＿

出票日期：2024 年 4 月 9 日

收款人：佛山农贸公司

金　　额：22 000 元

用　　途：购买原材料

单位主管　周明　　会计　张洁

图 5-4　转账支票存根

借：在途物资 20 200
　　应交税费——应交增值税（进项税额） 1 800
　　贷：银行存款 22 000

若 2024 年 4 月 16 日，上述材料到达验收入库，见表 5-7。

借：原材料 20 200
　　贷：在途物资 20 200

表 5-7　材料入库单

供应单位：佛山农贸公司

发票号码：×××　　　　　　　2024 年 4 月 16 日　　　　　　　第 001 号

月	日	材料名称	规格型号	数量		单位	单价（元）	金额（元）	备注
				交库	实收				
4	16	A 材料		40	40	吨	505	20 200	—
		合计		40	40		505	20 200	

（3）货到单未到。

货到单未到是指发票未到，材料已验收入库。在月份内，一般暂不进行处理，待有关发票到达、支付货款时，再按正常程序进行处理。如果到月末发票还未到达，为了使账实相符，应按材料的暂估价款入账，下月初用红字冲回，以便下个月收到发票时按正常处理。

【例5-7】2024年4月26日，北京大地进出口公司收到从乙公司购入材料一批，但因发票未到没有支付货款。月末，暂估该批物资价值11 000元。

2024年4月末，材料暂估入账时编制会计分录。

借：原材料   11 000

    贷：应付账款——暂估应付账款   11 000

2024年5月初，编制红字冲回。

借：原材料   （11 000）

    贷：应付账款——暂估应付账款   （11 000）

假设2024年5月13日收到发票，增值税专用发票注明原料价款10 000元，增值税1 300元，丙公司代垫运费100元。

借：原材料   10 100

    应交税费——应交增值税（进项税额）   1 300

    贷：银行存款   11 400

2. 原材料支出的汇总核算

企业由于材料的日常领发业务频繁，一般只登记材料明细分类账，反映各种材料的收发和结存金额，月末根据实际发料记录等，依照材料和受益对象，并按实际成本计价，汇总编制"发料凭证汇总表"，填制记账凭证。

根据不同用途，对发出的原材料借记不同的账户，贷记"原材料"账户。

【例5-8】维达制药有限公司2024年1月末根据领发料凭证，汇总编制"领发料单汇总表"，见表5-8。

表5-8 领发料单汇总表

2024年1月   单位：元

项目	材料类别				
	玉米	淀粉	山梨醇	葡萄糖	合计
生产成本——A产品	100 000	2 000	5 300	4 300	111 600
生产成本——B产品	60 000	5 000	1 700	—	66 700
管理部门	—	—	—	2 800	2 800
合计	160 000	7 000	7 000	7 100	181 100

借：生产成本——A产品　　　　　　　　　　　　　111 600

　　　　　　——B产品　　　　　　　　　　　　　 66 700

　　管理费用　　　　　　　　　　　　　　　　　　 2 800

　　贷：原材料——玉米　　　　　　　　　　　　　160 000

　　　　　　——淀粉　　　　　　　　　　　　　　 7 000

　　　　　　——山梨醇　　　　　　　　　　　　　 7 000

　　　　　　——葡萄糖　　　　　　　　　　　　　 7 100

5.2.3　采用计划成本法核算

材料按计划成本法核算时，材料的收发与结存，均按计划成本计价。应设置"材料采购""材料成本差异"会计科目。

1. "材料采购"科目

"材料采购"科目，属资产类科目，核算企业采用计划成本进行材料日常核算而购入材料的采购成本。企业从国内采购或国外进口的各种商品，不论是否进入本企业仓库，凡是通过本企业结算货款的，都在本科目进行核算。

材料采购科目应当按照供应单位和物资品种进行明细核算。按照供货单位、商品类别等设置明细账。企业经营进、出口商品的，可根据需要分别按进口材料采购和出口材料采购进行明细核算，见表5-9。

表5-9　材料采购会计科目编码的设置

科目代码	总分类科目（一级科目）	明细分类科目		是否辅助核算	辅助核算类别
		二级明细科目	三级明细科目		
1401	材料采购	—	—	—	—
140101	材料采购	材料品种	商品类别	是	供应单位
140102	材料采购	材料品种	商品类别	是	供应单位
140103	材料采购	材料品种	商品类别	是	供应单位
140104	材料采购	材料品种	商品类别	是	供应单位

2. "材料成本差异"科目

"材料成本差异"科目的明细分类核算，可按材料类别进行，也可按全部材料合并进行。按材料类别进行明细分类核算，可使成本中材料费的计算比较正确，但要相应多设材料成本差异明细分类账，增加核算工作量。如果将全部材料合并一起核算，虽可简化核算工作，但会影响成本计算的正确性。因此，在决定材料成本差异的明细分类核算时，既要考虑到成本计算的正确性，又要考虑核算时人力上的可能性。材料成本差异的分配，根据发出耗用材料的计划价格成本和材料成本差异分配率进行计算。企业也可以在"原材料""周转材料"等科目设置"材料成本差异"明细科目，按照类别或品种进行明细核算。材料成本差异科目设置，见表5-10。

表 5-10　材料成本差异会计科目编码的设置

科目代码	总分类科目（一级科目）	明细分类科目		是否辅助核算	辅助核算类别
		二级明细科目	三级明细科目		
1404	材料成本差异	—	—	—	—
140401	材料成本差异	原材料	材料类别	是	部门
140402	材料成本差异	周转材料	材料类别	是	部门
140403	材料成本差异	其他	材料类别	是	部门

购入材料时，按实际成本通过"材料采购"科目核算，材料的实际成本与计划成本的差异，通过"材料成本差异"科目核算。月末，计算本月发出材料应负担的成本差异并进行分摊。根据领用材料的用途计入相关资产的成本或当期损益，从而将发出材料的计划成本调整为实际成本，如图5-5所示。

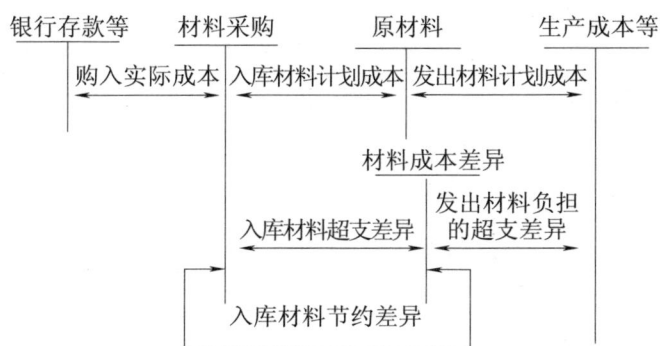

图 5-5　计划成本示意图

采用计划成本核算时的账务处理，如图5-6所示。

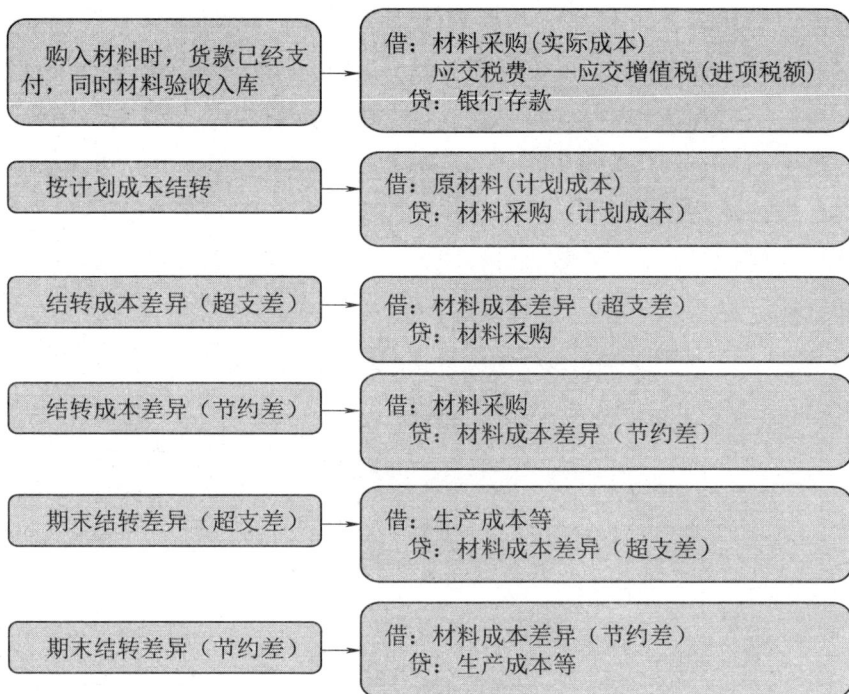

图 5-6　采用计划成本核算时的账务处理

计划成本法下的购入核算，主要包括三个方面：一是反映物资采购成本的发生；二是按计划成本反映材料验收入库情况；三是结转入库材料成本差异。

【例 5-9】丽达公司从乙公司购入材料一批，增值税专用发票注明价款 20 000 元，增值税 2 600 元，丙公司代垫运费 200 元。企业收到物资并验收入库。计划成本 18 000 元，货款通过银行进行结算。

（1）支付货款时，根据发票、银行结算单据编制分录：

借：材料采购　　　　　　　　　　　　　　　　　　　20 200

　　应交税费——应交增值税（进项税额）　　　　　　　2 600

　　　　贷：银行存款　　　　　　　　　　　　　　　　　　22 800

（2）材料入库时，根据收料单编制分录：

借：原材料　　　　　　　　　　　　　　　　　　　　18 000

　　材料成本差异　　　　　　　　　　　　　　　　　　2 200

　　　　贷：材料采购　　　　　　　　　　　　　　　　　　20 200

计划成本法下，相关的计算公式如下：

本期材料成本差异率＝（期初材料成本差异＋本期入库材料成本差异）÷
　　　（期初原材料计划成本＋本期入库材料计划成本）×100％

本月发出材料应负担的成本差异＝本月发出材料的计划成本×材料成本
　　　差异率

本月发出材料的实际成本＝本月发出材料的计划成本＋本月发出材料应
　　　负担的成本差异

本月结存材料的实际成本＝本月结存材料的计划成本＋本月结存材料应
　　　负担的成本差异

本月结存材料的实际成本＝（月初结存材料的计划成本＋本月增加材料的
　　　计划成本－本月发出材料的计划成本）×（1＋材料成本差异率）

说明：结存材料的计划成本＝期初计划成本＋本期入库计划成本－发出
材料计划成本

①对于购入的材料只有在实际成本、计划成本已定并已验收入库的条件
下计算购入材料的成本差异，材料成本差异的结转可在入库时结转，也可以
在月末汇总时结转。

②材料成本差异率的计算中超支或借方余额用"正号"表示，节约或贷
方余额用"负号"表示；发出材料承担的成本差异，始终计入材料成本差异
的贷方，只不过超支差异用蓝字表示，节约用红字表示，最终计入成本费用
的材料还是实际成本。

【例5-10】月末，亚逊建筑公司财务部门根据领用材料的计划成本和应分
摊的材料成本差异，合并编制"发料凭证汇总表"进行账务处理，见表5-11。

表5-11　发料凭证汇总表　　　　　　　　单位：元

材料类别 受益对象	主要材料		结构件		机械配件		其他材料		合　计	
	计划 成本	差异率 1%	计划 成本	差异率 2%	计划 成本	差异率 1.2%	计划 成本	差异率 1.5%	计划 成本	差异额
合同履约 成本	540 000	5 400	19 000	380	—	—	—	—	559 000	5 780
A 工程	500 000	5 000	12 000	240	—	—	—	—	512 000	5 240
B 工程	40 000	400	7 000	140	—	—	—	—	47 000	540
机械作业	—	—	—	—	8 000	96	4 000	60	12 000	156

材料类别 受益对象	主要材料		结构件		机械配件		其他材料		合 计	
	计划 成本	差异率 1%	计划 成本	差异率 2%	计划 成本	差异率 1.2%	计划 成本	差异率 1.5%	计划 成本	差异额
辅助生产	15 000	150	—	—	—	—	—	—	15 000	150
管理费用	—	—	—	—	—	—	9 000	135	9 000	135
合计	555 000	5 550	19 000	380	8 000	96	13 000	195	595 000	6 221

根据表中的计划成本，编制会计分录。

借：合同履约成本——工程施工（A 工程）　　　　512 000

　　　　　　　　　　　　（B 工程）　　　　　47 000

　　机械作业　　　　　　　　　　　　　　　　12 000

　　生产成本——辅助生产成本　　　　　　　　15 000

　　管理费用　　　　　　　　　　　　　　　　 9 000

　　贷：原材料——主要材料　　　　　　　　　555 000

　　　　　　——结构件　　　　　　　　　　　 19 000

　　　　　　——机械配件　　　　　　　　　　　8 000

　　　　　　——其他材料　　　　　　　　　　 13 000

结转发出材料应负担的材料成本差异，编制会计分录如下。

借：合同履约成本——工程施工（A 工程）　　　　5 240

　　　　　　　　　　　　（B 工程）　　　　　　540

　　机械作业　　　　　　　　　　　　　　　　　156

　　生产成本——辅助生产成本　　　　　　　　　150

　　管理费用　　　　　　　　　　　　　　　　　135

　　贷：材料成本差异——主要材料　　　　　　　5 550

　　　　　　　　——结构件　　　　　　　　　　 380

　　　　　　　　——机械配件　　　　　　　　　　96

　　　　　　　　——其他材料　　　　　　　　　 195

5.3　库存商品的核算

库存商品是指企业已完成全部生产过程并已验收入库，合乎标准规格和技术条件，可以按照合同规定的条件送交订货单位，或可以作为商品对外销售的产品以及外购或委托加工完成验收入库用于销售的各种商品。

5.3.1　工业企业一般纳税人库存商品核算

从事工业生产的一般纳税人企业，其库存商品主要指产成品。产成品是指已经完成全部生产过程并已验收入库达到质量标准，可以作为商品对外销售的产品。

为了反映和监督库存商品的收发和结存情况，企业应设置"库存商品"账户，并按库存商品的种类、品种和规格设置明细账户进行明细核算。具体账户结构如图 5-7 所示。

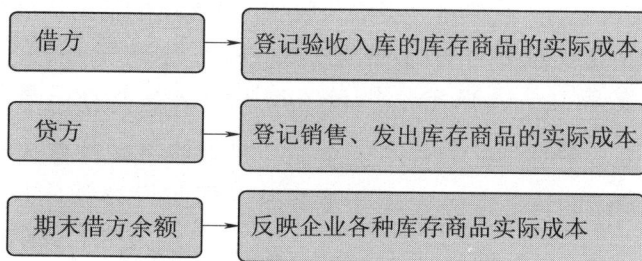

图 5-7　"库存商品"账户结构

库存商品科目可按库存商品的种类、品种和规格等进行明细核算，见表5-12。

表 5-12　库存商品会计科目编码的设置

科目代码	总分类科目（一级科目）	明细分类科目		是否辅助核算	辅助核算类别
		二级明细科目	三级明细科目		
1405	库存商品	—	—	—	—
140501	库存商品	产成品	按库存商品的种类、品种和规格	是	按存放地点
140502	库存商品	外购商品	按库存商品的种类、品种和规格	是	按存放地点
140503	库存商品	接受来料加工的代制品和为外单位加工修理的代修品	按库存商品的种类、品种和规格	是	按存放地点

科目代码	总分类科目（一级科目）	明细分类科目		是否辅助核算	辅助核算类别
		二级明细科目	三级明细科目		
140504	库存商品	发出展览的商品及寄存在外的商品	按库存商品的种类、品种和规格	是	按存放地点
140505	库存商品	备件	按库存商品的种类、品种和规格	是	按存放地点
140506	库存商品	燃料	按库存商品的种类、品种和规格	是	按存放地点

企业接受外来原材料加工制造的代制品和为外单位加工修理的代修品，制造和修理完成验收入库后，视同本企业的产成品，所发生的支出，也在本科目核算。委托外单位加工的商品及委托其他单位代销的商品，不作为库存商品核算。

企业的产成品一般应按实际成本进行核算。在这种情况下，产成品的收入、发出和销售，平时只记数量不记金额。月度终了，计算入库产成品的实际成本。库存商品的具体账务处理见表5-13。

表5-13 工业企业库存商品的账务处理

财务情景	账务处理
生产完成验收入库的产成品	借：库存商品（按实际成本） 　　贷：生产成本
对外销售产成品	借：银行存款/应收账款/应收票据等 　　贷：主营业务收入 　　　　应交税费——应交增值税（销项税额） 借：主营业务成本 　　贷：库存商品

【例5-11】2024年1月，某工业企业发生的库存商品经济业务如下。

（1）验收入库甲产品700件，实际单位成本400元，共计280 000元；乙产品900件，实际单位成本200元，共计180 000元。

```
借：库存商品——甲产品                                    280 000
            ——乙产品                                    180 000
    贷：生产成本——甲产品                                    280 000
                ——乙产品                                    180 000
```

（2）销售甲产品700件，销售乙产品900件。

借：主营业务成本　　　　　　　　　　　　　　　460 000

　　贷：库存商品——甲产品　　　　　　　　　　　　　280 000

　　　　　　　——乙产品　　　　　　　　　　　　　180 000

对发出和销售的产成品，可以采用先进先出法、加权平均法、移动平均法或者个别计价法等方法确定其实际成本。核算方法一经确定，不得随意变更。如需变更，应在会计报表附注中予以说明。

5.3.2　商业企业一般纳税人库存商品核算

从事商品流通的一般纳税人企业，其库存商品主要指外购或委托加工完成验收入库用于销售的各种商品。

需要注意的是，从事商品流通的一般纳税企业购入商品抵达仓库前发生的包装费、运杂费，运输存储过程中的保险费、装卸费，运输途中的合理损耗和入库前的挑选整理费用等采购费用，不计入购入商品的实际成本，应于发生时确认为当期销售费用。

（1）库存商品采用进价核算，见表5-14。

表5-14　商业企业库存商品的账务处理（进价核算）

财务情景	账务处理
购入的商品在验收入库后	借：库存商品（按商品进价） 　　应交税费——应交增值税（进项税额） 　　销售费用 　　贷：应付账款（按实际应付的款项） 　　　　银行存款（按实际支付的款项）
委托外单位加工收回的商品	借：库存商品（按委托加工商品的实际成本） 　　贷：委托加工物资
结转销售成本时	借：主营业务成本 　　贷：库存商品

企业结转发出商品的销售成本时，可按先进先出法、加权平均法、移动平均法、个别计价法、毛利率法等方法计算已销商品的销售成本，核算方法一经确定，不得随意变更；如需变更，应在会计报表附注中予以说明。

【例5-12】万福超市对库存商品采用进价核算。当期，该企业购入一批甲商品，收到的增值税专用发票上注明货款 300 000 元，增值税进项税额 39 000 元，包装费、运杂费 4 000 元，款项已经支付；委托外单位加工一批乙商品，实际成本 220 000 元，商品已经加工完成并收回入库。当期销售一批甲商品，成本 240 000元；销售一批乙商品，成本 140 000 元。增值税税率为 13%。根据上述经济业务，编制会计分录如下（商品销售收入的账务处理略）。

①购入商品时。

借：库存商品——甲商品 300 000

　销售费用 4 000

　应交税费——应交增值税（进项税额） 39 000

　贷：银行存款 343 000

②委托加工商品验收入库。

借：库存商品——乙商品 220 000

　贷：委托加工物资 220 000

③结转销售成本时。

借：主营业务成本 380 000

　贷：库存商品——甲商品 240 000

　　　　　　　——乙商品 140 000

（2）库存商品采用售价核算，见表 5-15。

表 5-15　商业企业库存商品的账务处理（售价核算）

财 务 情 景	账 务 处 理
购入的商品到达并验收入库后	借：库存商品（按商品售价） 　应交税费——应交增值税（进项税额） 贷：应付账款等（按商品进价与增值税进项税额的合计） 　商品进销差价（按商品售价与进价的差额）
委托外单位加工收回的商品	借：库存商品（按商品售价） 贷：委托加工物资（按委托加工商品的实际成本） 　商品进销差价（按商品售价与进价的差额）
销售发出商品，平时可按商品售价结转销售成本	借：主营业务成本 贷：库存商品
月度终了，应按商品进销差价率计算分摊本月已销商品应分摊的进销差价	借：商品进销差价 贷：主营业务成本 或做相反会计分录

【例5-13】某零售企业为增值税一般纳税人，税率为13%。采用"零售价法"核算商品进销差价。其期初存货成本150 000元，售价总额为200 000元（不含税）；本期购入商品成本350 000元，售价总额420 000元（不含税），款项尚未支付；本期销售收入为340 000元（不含税）。根据上述经济业务做如下账务处理。

①购入商品时。

借：库存商品　　　　　　　　　　　　　　　　　420 000

　　应交税费——应交增值税（进项税额）（350 000×13%）

　　　　　　　　　　　　　　　　　　　　　　　45 500

　　贷：应付账款　　　　　　[350 000×（1+13%）] 395 500

　　　　商品进销差价　　　　　　　　　　　　　　70 000

②销售商品时。

借：银行存款　　　　　　　　　　　　　　　　　384 200

　　贷：主营业务收入　　　　　　　　　　　　　340 000

　　　　应交税费——应交增值税（销项税额）　　　44 200

③结转销售成本。

借：主营业务成本　　　　　　　　　　　　　　　340 000

　　贷：库存商品　　　　　　　　　　　　　　　340 000

④分摊进销差价。

进销差价率=［（200 000-150 000）+（420 000-350 000）］÷（200 000+420 000）=19.35%

已销商品应分摊的进销差价=340 000×19.35%=65 790（元）

借：商品进销差价　　　　　　　　　　　　　　　65 790

　　贷：主营业务成本　　　　　　　　　　　　　65 790

本期实际销售成本=340 000-65 790=274 210（元）

期末库存商品进销差价=50 000+70 000-65 790=54 210（元）

期末库存商品实际成本=150 000+350 000-274 210=225 790（元）

5.3.3　房地产企业库存商品房的核算

房地产企业库存商品即开发产品，是指企业已经完成全部开发建设过程，并已验收合格，符合国家建设标准和设计要求，可以按照合同规定的条件移交订购单位，或者作为对外销售、出租的产品，包括土地（建设场地）、房屋、配套设施和代建工程。已完工开发产品实际上是开发建设过程的结束和销售过程的开始。

对于已完工开发产品，应设置"开发产品""周转房"账户进行会计核算。

【例 5-14】房天下地产有限公司已开发完工的新华联小区 11 号楼采用分期收款方式出售给星辰制药厂，总售价 7 894 万元，实际总成本 4 875 万元。合同规定，全部价款分两次付清，房屋移交时支付 60%，余款于第二年底付清。

（1）办妥分期收款销售合同时。

借：分期收款开发产品——新华联小区 11 号楼　48 750 000
　　贷：开发产品——房屋（新华联小区 11 号楼）　48 750 000

（2）首次收款时：78 940 000×60%＝47 364 000（元）。

借：银行存款　　　　　　　　　　　　　　　47 364 000
　　贷：主营业务收入——商品房销售收入　　　43 453 211
　　　　应交税费——应交增值税（销项税额）　3 910 789

同时按收款比例结转销售成本：48 750 000×60%＝29 250 000（元）。

借：开发成本——商品房销售成本　　　　　　29 250 000
　　贷：分期收款开发产品——新华联小区 11 号楼　29 250 000

5.4　周转材料的核算

周转材料主要包括企业能够多次使用，逐渐转移其价值但仍保持原有形态不确认为固定资产的包装物和低值易耗品等，以及建筑承包企业的钢模板、木模板、脚手架和其他周转使用的材料等。

5.4.1　周转材料科目的具体运用

1. 周转材料的科目设置

企业周转材料采用计划成本或实际成本核算的，包括包装物、低值易耗品等，可按照周转材料的种类，分别按"在库""在用""摊销"进行明细核算。企业的包装物、低值易耗品，也可以单独设置"包装物""低值易耗品"科目。具体设置见表 5-16。

表 5-16　周转材料会计科目编码的设置

| 科目代码 | 总分类科目（一级科目） | 明细分类科目 | | 是否辅助核算 | 辅助核算类别 |
		二级明细科目	三级明细科目		
1411	周转材料	—	—	—	—
141101	周转材料	包装物	—	是	部门
14110101	周转材料	包装物	在库	是	部门
14110102	周转材料	包装物	在用	是	部门
14110103	周转材料	包装物	摊销	是	部门
141102	周转材料	低值易耗品	—	是	部门
14110201	周转材料	低值易耗品	在库	是	部门
14110202	周转材料	低值易耗品	在用	是	部门
14110203	周转材料	低值易耗品	摊销	是	部门
141103	周转材料	钢模板、木模板、脚手架等	—	是	部门
14110301	周转材料	钢模板、木模板、脚手架等	在库	是	部门
14110302	周转材料	钢模板、木模板、脚手架等	在用	是	部门
14110303	周转材料	钢模板、木模板、脚手架等	摊销	是	部门

5.4.2　周转材料的账务处理

周转材料可以采用一次摊销法、五五摊销法、分次摊销法进行摊销，计入相关资产的成本或当期损益。但在实际操作中，由于周转材料价值较小，一般企业均采用一次摊销法进行摊销，如图 5-8 所示。

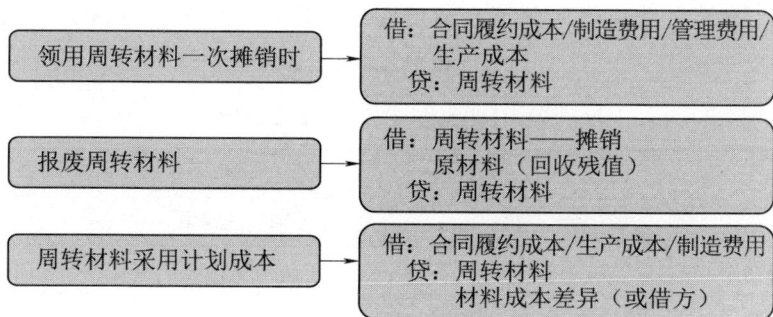

图 5-8　周转材料的账务处理

（1）购入低值易耗品时，借记"周转材料——低值易耗品"账户，贷记"银行存款""应付账款"等账户。

【例5-15】维达制药有限公司本月购进工具一批，增值税发票注明价款5 400元，增值税702元，开出转账支票支付，如图5-9所示。

中国工商银行
转账支票存根（深）
IV 000005
科　　目：_____
对方科目：_____
出票日期：2024 年 1 月 9 日

收款人：立帆设备有限公司

金　额：6 102 元

用　途：购买工具

单位主管　周明　　会计　张洁

图 5-9　转账支票存根

```
借：周转材料——低值易耗品                          5 400
    应交税费——应交增值税（进项税额）                 702
  贷：银行存款                                      6 102
```

（2）领用低值易耗品时。

【例5-16】2024 年 1 月 20 日，维达制药有限公司生产车间领用工具一套，实际成本 110 元，管理部门领用办公用具 450 元。采用一次摊销法，见表5-17。

表 5-17　材料出库单

2024 年 1 月 20 日

项目	材料		
	生产工具（元）	办公用具（元）	合计（元）
制造费用	1 100	—	1 100
管理费用	—	450	450
合　计	1 100	450	1 550

借：制造费用   1 100

  管理费用   450

 贷：周转材料——低值易耗品   1 550

5.5　委托加工物资

委托加工物资是指企业委托外单位加工成新的材料或包装物、低值易耗品、商品等物资。

5.5.1　委托加工物资的成本与税务处理

1. 委托加工物资的成本确定

委托加工物资的成本应当包括：①加工中实际耗用物资的成本；②支付的加工费用；③支付的税金（根据委托加工物资的具体情况，可能涉及增值税和消费税）；④委托加工物资的往返运杂费、保险费等。

对于发生委托加工物资的一方为委托方，收到委托加工物资并按委托方的要求进一步加工的一方为受托方。

2. 委托加工物资的税务处理

（1）增值税的处理。

①对于一般纳税人收回委托加工物资时，对于支付的受托方的增值税，如果取得了增值税专用发票，应记入"应交税费——应交增值税（进项税额）"科目，不计入委托加工物资的成本。如果未取得增值税专用发票，则将支付增值税的部分，计入委托加工物资的成本。

②对于小规模纳税人，即使取得增值税专用发票，也不得抵扣增值税进项税额，对于支付增值税的部分，计入委托加工物资的成本。

③凡属于加工物资用于非纳增值税项目、免征增值税项目、未取得增值税专用发票的一般及小规模纳税企业的加工物资，应将这部分增值税计入加工物资成本。

（2）消费税的处理。

①对于委托方收回委托加工物资，如果委托加工物资收回后直接销售的，支付给受托方的消费税部分，直接计入委托加工物资的成本。

②对于委托方收回委托加工物资，如果委托加工物资收回后连续加工成应税消费品再出售的，关于支付给受托方的消费税部分，直接记入"应交税费——应交消费税"科目的借方，不计入委托加工物资的成本。

如果采用计划成本法核算，在发出委托加工物资时，应同时结转发出材料应负担的材料成本差异。收回委托加工物资时，应视同材料购入结转采购形成的材料成本差异。

5.5.2 委托加工物资科目的具体运用

1. 委托加工物资科目的设置

委托加工物资科目核算企业委托外单位加工的各种物资的实际成本，该科目应按加工合同和委托加工单位设置明细科目，反映加工单位名称、加工合同号数、发出加工物资的名称、数量、发生的加工费用和运杂费，退回剩余物资的数量、实际成本，以及加工完成物资的实际成本等资料。

"委托加工物资"借方登记领用加工物资的实际成本，支付的加工费用应负担的运杂费、保险费及支付的税金（包括应负担的增值税）。

"委托加工物资"贷方登记加工完成验收入库的物资的实际成本。

"委托加工物资"科目的期末借方余额，反映企业尚未完成委托加工物资的实际成本，见表5-18。

表5-18 委托加工物资会计科目编码的设置

科目代码	总分类科目（一级科目）	明细分类科目		是否辅助核算	辅助核算类别
		二级明细科目	三级明细科目		
1408	委托加工物资	加工物资的品种	物资明细	是	按加工合同、受托加工单位设置

2. 委托加工物资的账务处理

为了反映和监督委托加工物资的增减变动及其结存情况，企业应设置"委托加工物资"科目。委托加工物资可以采用计划成本或售价进行核算，账务处理如图5-10所示。

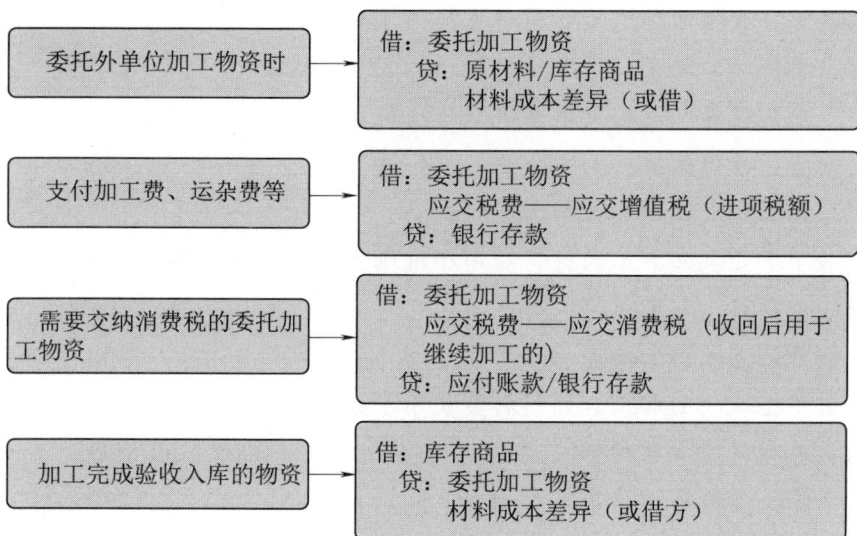

委托外单位加工物资时 → 借：委托加工物资
　　　　贷：原材料/库存商品
　　　　　　材料成本差异（或借）

支付加工费、运杂费等 → 借：委托加工物资
　　　　　应交税费——应交增值税（进项税额）
　　　　贷：银行存款

需要交纳消费税的委托加工物资 → 借：委托加工物资
　　　　　应交税费——应交消费税（收回后用于继续加工的）
　　　　贷：应付账款/银行存款

加工完成验收入库的物资 → 借：库存商品
　　　　贷：委托加工物资
　　　　　　材料成本差异（或借方）

图 5-10　委托加工物资的账务处理

【例 5-17】甲企业委托乙企业加工一批 A 材料（属于应税消费品），成本为 200 000 元，支付加工费为 52 000 元（不含增值税），消费税税率为 10%，加工完毕验收入库，加工费用等尚未支付。双方适用的增值税税率均为 13%。甲企业的有关会计处理如下：

（1）发出委托加工材料。

借：委托加工物资　　　　　　　　　　　　　　　　200 000
　　贷：原材料——甲材料　　　　　　　　　　　　　　　200 000

（2）支付加工费用。

消费税的组成计税价格＝（200 000＋52 000）÷（1－10%）＝280 000（元）

（受托方）代收代缴的消费税：280 000×10%＝28 000（元）

应纳增值税＝52 000×13%＝6 760（元）

根据计算结果，甲企业编制会计分录如下：

①若甲企业收回加工后的材料用于继续生产应税消费品。

借：委托加工物资　　　　　　　　　　　　　　　　52 000
　　应交税费——应交增值税（进项税额）　　　　　　6 760
　　　　　　——应交消费税　　　　　　　　　　　　28 000
　　贷：应付账款——乙企业　　　　　　　　　　　　　86 760

②若甲企业收回加工后的材料直接用于销售。

借：委托加工物资　　　　　　　（52 000＋28 000）80 000

　　应交税费——应交增值税（进项税额）　　　　　6 760

　　　贷：应付账款——乙企业　　　　　　　　　　　86 760

（3）加工完成收回委托加工原材料 A。

①若甲企业收回加工的材料后用于继续生产应税消费品

借：原材料——甲材料　　　　　　　　　　　　252 000

　　　贷：委托加工物资　　　　　　　　　　　　252 000

②若甲企业收回加工后的材料直接用于销售。

借：原材料——甲材料（200 000＋52 000＋28 000）280 000

　　　贷：委托加工物资　　　　　　　　　　　　280 000

第6章
企业固定资产的核算

本章主要介绍固定资产初始计量、折旧方法及清理的账务处理。

6.1　固定资产科目设置及初始计量

固定资产是企业生产经营过程中的重要生产资料。固定资产，是指同时具有下列特征的有形资产。

（1）为生产商品、提供劳务、出租或经营管理而持有的。

（2）使用寿命超过一个会计年度。

（3）固定资产为有形资产。

固定资产的各组成部分，如果具有不同使用寿命或者以不同方式为企业提供经济利益，由此适用不同折旧率或折旧方法的，表明这些组成部分实际上是以独立的方式为企业提供经济利益，因此，企业应当将各组成部分确认为单项固定资产。例如，飞机的引擎，如果其与飞机机身具有不同的使用寿命，适用不同折旧率或折旧方法，则企业应当将其单独确认为一项固定资产。

工业企业所持有的工具、用具、备品备件、维修设备等资产，施工企业所持有的模板、挡板、架料等周转材料，以及地质勘探企业所持有的管材等资产，尽管该类资产具有固定资产的某些特征，如使用期限超过一年，也能够带来经济利益，但由于数量多、单价低，考虑到成本效益原则，在实务中通常确认为存货。但符合固定资产定义和确认条件的，比如民用航空运输企业的高价周转件等，应当确认为固定资产。

6.1.1　固定资产科目的设置

为了对固定资产进行会计核算，企业一般需要设置"固定资产""累计折旧""工程物资""在建工程""固定资产清理"等科目，核算固定资产取得、计提折旧、处置等情况。

"固定资产"科目借方登记企业增加的固定资产原价，贷方登记企业减少的固定资产原价，期末借方余额，反映企业期末固定资产的账面原价。"固定资产"科目一般分为三级，企业除了应设置"固定资产"总账科目，还应设置"固定资产登记簿"和"固定资产卡片"，按固定资产类别、使用部门和每项固定资产进行明细核算，见表 6-1。

表 6-1　固定资产会计科目编码的设置

科目代码	总分类科目（一级科目）	明细分类科目		是否辅助核算	辅助核算类别
		二级明细科目	三级明细科目		
1601	固定资产	—	—	—	—
160101	固定资产	房屋及建筑物	项目	是	部门
160102	固定资产	机器设备	项目	是	部门
160103	固定资产	运输设备	项目	是	部门
160104	固定资产	办公设备	项目	是	部门
160105	固定资产	电子设备	项目	是	部门
160106	固定资产	融资租入固定资产	项目	是	部门

6.1.2 固定资产初始计量

固定资产应当按照取得时成本进行初始计量。对于特定行业的特定固定资产（如核工业反应堆），确定其初始入账成本时还应考虑弃置费用。

1. 外购固定资产账务处理

企业外购固定资产的成本，包括购买价款、相关税费和使固定资产达到预定可使用状态前所发生的可归属于该项资产的运输费、装卸费、安装费和专业人员服务费（不含可抵扣的增值税进项税额）等。

固定资产入账成本＝买价＋装卸费＋运输费＋安装费＋专业人员服务费等

提示：一般纳税人购入固定资产支付的增值税，可以作为进项税抵扣。小规模纳税人购入固定资产支付的增值税不可以抵扣，直接计入固定资产的成本，账务处理如图6-1所示。

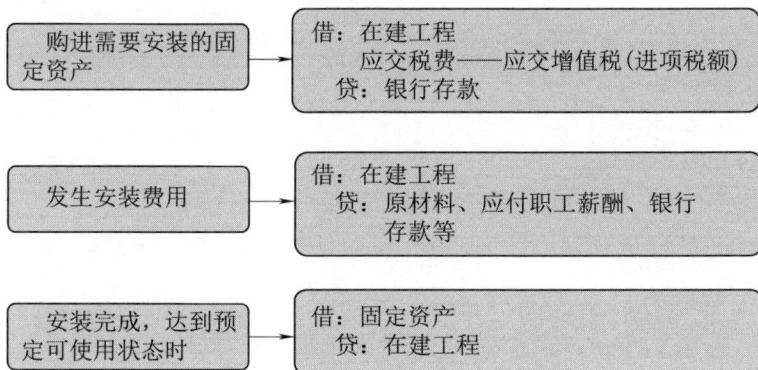

图6-1 外购固定资产账务处理

【例6-1】2024年2月1日，维达制药有限公司从乙公司购入一台需要安装的设备，设备买价30 000元，增值税3 900元，运杂费1 090元（运输公司增值税率为9％）。按合同约定，设备由供货方安装，安装费3 000元。全部款项中买价和增值税尚未支付，其余以用银行存款付讫。2月20日，设备安装并交付使用，如图6-2所示。

固定资产（设备）验收交付使用交接单

编号：NO.00031　　　　　　　　2024 年 3 月 26 日　　　　　　　单位：元

供货商	维达制药有限公司	合同科目代码	GT098	发票科目代码	略	收货日期	2024 年 2 月 20 日
资金来源	银行存款	用途	工地使用				
序号	固定资产（设备）名称	设备类别	设备科目代码	规格型号	单位	数量	单价	安装费	运费	总计
1	ZX 型过滤器				台	1	30 000	3 000	1 000	34 000
2										
3										
4										
5										
合计							30 000	3 000	1 000	3 400

部门	部门负责人	经办人	部门	部门负责人	经办人
采购部门	××	××	使用部门	××	××
验收部门	××	××	财务部门	××	××

图 6-2　固定资产（设备）验收交付使用交接单

①购入设备时：

采购成本＝30 000＋1 000＝31 000（元）

运费的进项增值税额＝（1 090÷1.09）×9％＝90（元）

借：在建工程　　　　　　　　　　　　　　　　　31 000

　　应交税费——应交增值税（进项税额）（3 900＋90）

　　　　　　　　　　　　　　　　　　　　　　　3 990

　　贷：应付账款　　　　　　　　　　　　　　　33 900

　　　　银行存款　　　　　　　　　　　　　　　1 090

②支付安装费用时：

借：在建工程　　　　　　　　　　　　　　　　　3 000

　　贷：银行存款　　　　　　　　　　　　　　　3 000

③2024 年 2 月 26 日，设备安装完毕并交付使用时：固定资产账面价值为 34 000 元（31 000＋3 000）。

借：固定资产　　　　　　　　　　　　　　　　　34 000

　　贷：在建工程　　　　　　　　　　　　　　　34 000

2. 自行建造固定资产账务处理

自行建造固定资产的成本，由建造该项资产达到预定可使用状态前所发生的必要支出构成，包括直接材料、直接人工、直接机械施工费等。在建造时，通过"在建工程"科目进行归集，自行建造固定资产完工时，借记"固定资产"科目，贷记"在建工程"科目。自行建造固定资产分为：自营方式建造固定资产和出包方式建造固定资产。账务处理如图6-3所示。

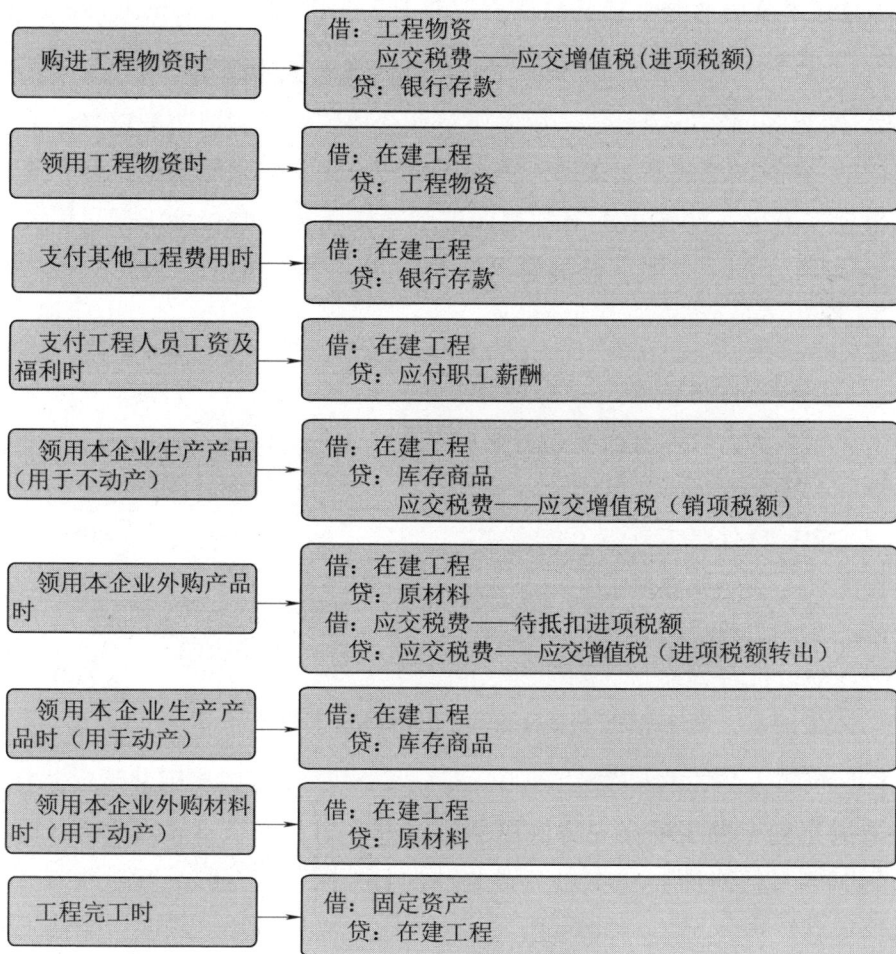

购进工程物资时	借：工程物资 　　应交税费——应交增值税(进项税额) 贷：银行存款
领用工程物资时	借：在建工程 贷：工程物资
支付其他工程费用时	借：在建工程 贷：银行存款
支付工程人员工资及福利时	借：在建工程 贷：应付职工薪酬
领用本企业生产产品（用于不动产）	借：在建工程 贷：库存商品 　　应交税费——应交增值税（销项税额）
领用本企业外购产品时	借：在建工程 贷：原材料 借：应交税费——待抵扣进项税额 贷：应交税费——应交增值税（进项税额转出）
领用本企业生产产品时（用于动产）	借：在建工程 贷：库存商品
领用本企业外购材料时（用于动产）	借：在建工程 贷：原材料
工程完工时	借：固定资产 贷：在建工程

图 6-3　自行建造固定资产

2019年3月20日，根财政部、税务总局、海关总署公布《关于深化增值税改革有关政策的公告》（财政部　税务总局　海关总署公告2019年第39号）第五条："自2019年4月1日起，……纳税人取得不动产或者不动产在建工程的进项税额不再分 2 年抵扣。"从上述规定可知，进项税额一次性全额抵扣，增加纳税人当期可抵扣进项税。

【例 6-2】甲公司采用自营方式建造厂房一座，发生如下有关业务：以银行存款 361 600 元购入工程专用物资一批，增值税专用发票上注明的买价为 320 000 元，增值税税额为 41 600 元。所购入物资全部投入工程建设，分配工程建设人员的职工薪酬 50 000 元。以银行存款支付工程管理费用 8 000 元，应由工程成本负担的分期制长期借款利息 12 000 元（假定按合同利率当利息计算）。工程完工，经验收交付使用。

①购入工程物资时。

借：工程物资   320 000

  应交税费——应交增值税（进项税额） 41 600

  贷：银行存款   361 600

②领用工程物资时。

借：在建工程——厂房   320 000

  贷：工程物资   320 000

③分配工程建设人员的职工薪酬时。

借：在建工程——厂房   50 000

  贷：应付职工薪酬   50 000

④支付工程管理费时。

借：在建工程——厂房   8 000

  贷：银行存款   8 000

⑤计算应由工程成本负担的借款利息时。

借：在建工程——厂房   12 000

  贷：应付利息   12 000

⑥工程完工使用时。

借：固定资产   390 000

  贷：在建工程——厂房   390 000

3. 出包方式建造固定资产的核算

在出包方式下，工程项目在建造中所发生的具体支出由承包单位核算，企业（发包单位）只需按照工程价款对工程项目进行计价，作为固定资产的入账价值，如图 6-4 所示。

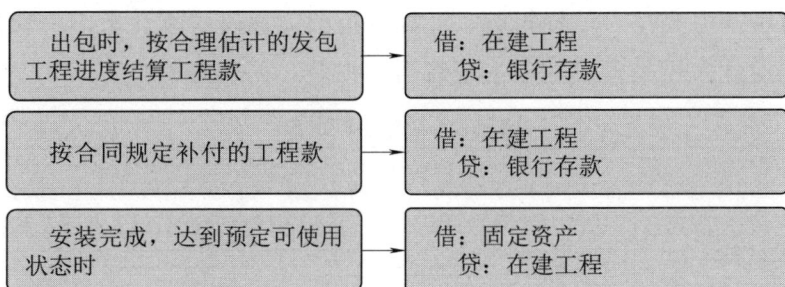

图 6-4　出包方式建造固定资产账务处理

【例 6-3】甲公司采用出包方式建造厂房一座。按合同规定，工程造价700 000元，工程开始时，预付工程款的40%，其余60%在工程完工时根据工程决算予以补付。工程完工，经验收交付使用。

①预付工程价款时。

借：合同资产　　　　　　　　　　　　　　　　　　280 000

　　贷：银行存款　　　　　　　　　　　　　　　　　　　280 000

②按合同规定结算工程价款时。

借：在建工程——厂房　　　　　　　　　　　　　　700 000

　　贷：合同资产　　　　　　　　　　　　　　　　　　　280 000

　　　　银行存款　　　　　　　　　　　　　　　　　　　420 000

③工程完工交付使用时。

借：固定资产　　　　　　　　　　　　　　　　　　700 000

　　贷：在建工程——厂房　　　　　　　　　　　　　　　700 000

6.2　固定资产折旧

固定资产折旧方法可以采用年限平均法、工作量法、双倍余额递减法、年数总和法等。

企业应当根据与固定资产有关的经济利益的预期实现方式合理选择折旧方法。企业选用不同的固定资产折旧方法，将影响固定资产使用寿命期间内不同时期的折旧费用，因此，固定资产的折旧方法一经确定，不得随意变更。

固定资产应当按月计提折旧，计提的折旧应通过"累计折旧"科目核算，并根据用途计入相关资产的成本或者当期损益，见表6-2。

表 6-2 固定资产折旧

形 式	记入科目
企业自行建造固定资产过程中使用的固定资产	计提的折旧记入在建工程科目
基本生产车间	计提的折旧应记入制造费用科目
管理部门	计提的折旧应记入管理费用科目
销售部门	计提的折旧应记入销售费用科目
经营租出的固定资产	计提的折旧应记入其他业务成本科目

6.2.1 年限平均法

年限平均法又称直线法，是将固定资产的应计折旧额在固定资产使用寿命内平均分摊到各期的一种方法，采用这种方法各期计算的折旧额相等。年限平均法的计算公式如下：

年折旧率＝（1－预计净残值率）÷预计使用年限

月折旧率＝年折旧率÷12

月折旧额＝固定资产原价×月折旧率

【例6-4】春阳公司有一幢厂房，原价为3 000 000元，预计可使用40年，预计报废时净残值为0。该厂的折旧率和折旧额计算如下。

年折旧率＝（1－0）÷40×100％＝2.5％

月折旧率＝2.5％÷12≈0.21％

月折旧额＝3 000 000×0.21％＝6 300（元）

6.2.2 工作量法

工作量法是将固定资产的应计提折旧额，在固定资产的使用寿命内按各期完成的工作量进行分摊的一种方法。工作量法的计算公式如下：

单位工作量折旧额＝固定资产原价×（1－预计净残值率）÷预计工作量

某项固定资产月折旧额＝该项固定资产当月工作量×单位工作量折旧额

【例6-5】维达制药有限公司购入一辆汽车，原值240 000元，预计总行驶

250 000 千米，预计净残值率为 5%。该汽车本月实际行驶 5 000 千米，本月折旧计算如下：

每公里折旧额＝240 000×（1－5%）÷250 000＝0.91（元/千米）

本月折旧额＝5 000×0.91＝4 550（元）

6.2.3　双倍余额递减法

双倍余额递减法是指在不考虑固定资产预计净残值的情况下，根据每期期初固定资产原价减去累计折旧后的金额和双倍的直线法折旧率计算固定资产折旧的一种方法。计算公式如下：

年折旧率＝2÷预计使用年限×100%

月折旧率＝年折旧率÷12

月折旧额＝每月月初固定资产账面净值×月折旧率

【例 6-6】维达制药有限公司的生产设备固定资产原值为 200 000 元，预计使用年限为 5 年，预计净残值 6 000 元，采用双倍余额递减法计提折旧。

年折旧率＝2÷5×100%＝40%

第一年折旧额＝200 000×40%＝80 000（元）

第二年折旧额＝（200 000－80 000）×40%＝48 000（元）

第三年折旧额＝（200 000－80 000－48 000）×40%＝28 800（元）

第四年折旧额＝（200 000－80 000－48 000－28 800－6 000）÷2＝18 600（元）

第五年折旧额＝（200 000－80 000－48 000－28 800－6 000）÷2＝18 600（元）

注意：为简化计算，每年各月折旧额可根据年折旧额除以 12 个月计算。

6.2.4　年数总和法

年数总和法又称年限合计法，是指将固定资产的原值减去预计净残值后的余额，乘以一个以固定资产尚可使用寿命为分子、以预计使用寿命逐年数字之和为分母的逐年递减的分数计算每年的折旧额。计算公式如下：

年折旧率＝尚可使用年限÷预计使用寿命的年数总和×100%

月折旧率＝年折旧率÷12

月折旧额＝（固定资产原价－预计净残值）×月折旧率

【例 6-7】维达制药有限公司公司的一项机器设备原值为 120 000 元，预计使用年限为 4 年,预计净残值 5 000 元,采用年数总和法计提折旧。

第一年折旧额＝（120 000－5 000）×4÷10＝46 000（元）

第二年折旧额＝（120 000－5 000）×3÷10＝34 500（元）

第三年折旧额＝（120 000－5 000）×2÷10＝23 000（元）

第四年折旧额＝（120 000－5 000）×1÷10＝11 500（元）

6.2.5　固定资产按月折旧的核算

固定资产按月计提折旧,企业通过编制"固定资产折旧计算表"作为固定资产折旧账务处理的依据,每月计提折旧时,可以在上月计提的折旧额的基础上,根据上月固定资产的增减变动情况调整计算出当月应计提的折旧额,计算方法如下:

当月应计提折旧额＝上月计提的折旧额＋上月增加固定资产应计提的折旧额－上月减少固定资产应计提的折旧额

每月计提的折旧额应按固定资产用途计入相关资产的成本或者当期损益费用。

【例 6-8】维达制药有限公司 2024 年 2 月 28 日编制的固定资产折旧计算表,见表 6-3。

表 6-3　固定资产折旧计算表　　　　　　　　单位:元

使用部门	上月折旧额	上月增加固定资产应提折旧额	上月减少固定资产应提折旧额	本月折旧额
第一生产车间	150 000	5 000	8 000	147 000
第二生产车间	135 000	3 400	56 000	82 400
行政管理部门	24 000	3 000	4 500	22 500
经营性租出	18 000	—	—	18 000
合计	327 000	11 400	68 500	269 900

借:制造费用——第一生产车间　　　　　　　　147 000

　　　　　　——第二生产车间　　　　　　　　 82 400

　　管理费用　　　　　　　　　　　　　　　　 22 500

　　其他业务成本　　　　　　　　　　　　　　 18 000

　　　贷:累计折旧　　　　　　　　　　　　　　　　269 900

6.2.6 固定资产的后续支出

固定资产后续支出，是指固定资产在使用过程中发生的更新改造支出、修理费用等。基本账务处理，如图 6-5 所示。

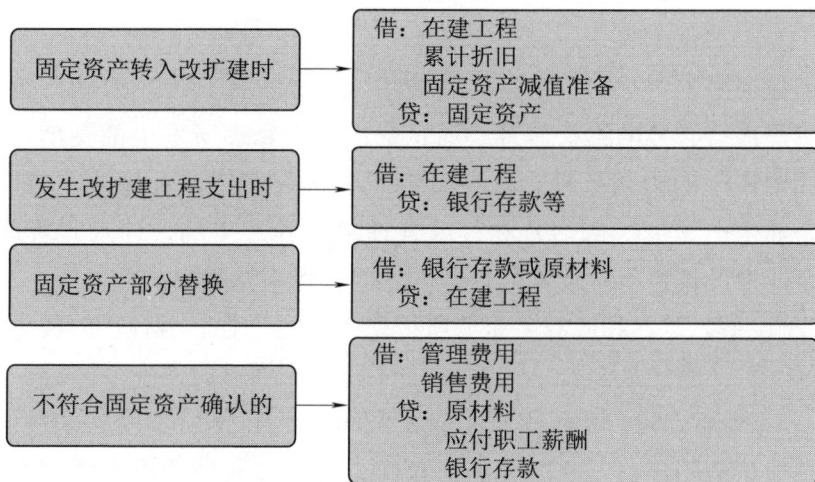

图 6-5 固定资产的后续支出账务处理

【例 6-9】维达制药有限公司对某项固定资产进行改扩建，会计资料如下：

（1）2024 年 1 月 3 日，该公司自行建成一条生产线，成本 540 000 元，预计使用 10 年，预计净残值率为 4%，累计折旧已提取 102 000 元，未发生减值。

（2）2024 年 4 月完成了改扩建工程。共发生支出 124 000 元，全部以银行存款支付。改建中废弃的原有部件变卖收入 85 000 元已存入银行。

（3）该生产线达到预定使用状态后，预计使用年限延长 4 年，残值率仍为 4%，折旧方法仍使用年限平均法。

①2024 年 1 月 3 日，结转生产线原账面价值。

借：在建工程——生产线改造 （540 000－102 000）438 000

　　累计折旧   102 000

　　　贷：固定资产   540 000

②2024 年 4 月 5 日，支付工程款。

借：在建工程——生产线改造   124 000

　　　贷：银行存款   124 000

③2024 年 4 月 5 日，改建中被废弃部件的变价收入。

借：银行存款   85 000

  贷：在建工程——生产线改造   85 000

④2024 年 4 月 6 日，工程完工交付使用。

借：固定资产   477 000

  贷：在建工程——生产线改造   477 000

为了保证固定资产的正常运转和使用，充分发挥其使用效能，企业需要对固定资产进行必要的维护修理。固定资产维护修理所发生的支出，通常不能满足固定资产的确认条件，应在发生时确认为费用，直接计入当期损益。其中，企业生产车间（部门）和行政管理部门等发生的，计入"管理费用"账户，企业专设销售机构发生的，计入"销售费用"账户。

《关于设备、器具扣除有关企业所得税政策的公告》（财政部 税务总局公告 2023 年第 37 号）规定：

"一、企业在 2024 年 1 月 1 日至 2027 年 12 月 31 日期间新购进的设备、器具，单位价值不超过 500 万元的，允许一次性计入当期成本费用在计算应纳税所得额时扣除，不再分年度计算折旧；单位价值超过 500 万元的，仍按企业所得税法实施条例、《财政部 国家税务总局关于完善固定资产加速折旧企业所得税政策的通知》（财税〔2014〕75 号）、《财政部 国家税务总局关于进一步完善固定资产加速折旧企业所得税政策的通知》（财税〔2015〕106 号）等相关规定执行。

二、本公告所称设备、器具，是指除房屋、建筑物以外的固定资产。"

6.3　固定资产的期末计量

固定资产的期末计量包括两个方面：一是通过实地盘点清查反映资产的实有数量，进行账实核对；二是按一定的方法对企业的固定资产进行计价，以反映其期末价值。

6.3.1　固定资产清查的核算

企业对固定资产清查过程中盘盈、盘亏的固定资产，应填制固定资产盘盈、盘亏报告表，并及时查明原因，分清责任，按规定程序报批处理。

（1）固定资产盘盈。

企业在清查中盘盈的固定资产，作为前期差错处理。盘盈的固定资产通过"以前年度损益调整"科目核算。

【例6-10】2023年年底，维达制药有限公司在财产清查中发现2018年未入账的不需要安装的甲设备一台，估计该设备八成新，同类设备的市场价格为72 000元（假定其价值与计税基础不存在差异），见表6-4。

表6-4 固定资产盘盈、盘亏报告表

单位名称：维达制药有限公司　　　　2023年12月31日　　　　　　　　　单位：元

固定资产科目代码	固定资产名称	量单位	盘 盈				盘亏或毁损					理由书编号	附注
			数量	市场价	成新率	入账价值	数量	固定资产入账价值	已提折旧	已计提减值	账面价值		
001	甲设备	台	1	72 000	80%	72 000	—	—	—	—	—	—	—
002	乙设备	台	—	—	—	—	1	35 000	18 800	0	16 200	—	—
			—	—	—	—	—	—	—	—	—	—	—

单位领导：×× 技术（设备）主管：×× 会计机构负责人：×× 制表人：××

借：固定资产　　　　　　　　　　　　　　　　　　　72 000

　　贷：以前年度损益调整　　　　　　　　　　　　　　　　　72 000

（2）固定资产盘亏。

企业在清查中盘亏的固定资产，通过"待处理财产损溢——待处理固定资产损溢"科目核算，盘亏造成损失的，通过"营业外支出——盘亏损失"科目核算，计入当期损益。

【例6-11】2023年年底，维达制药有限公司在财产清查中盘亏乙设备一台，该设备账面原价35 000元，已提折旧18 800元，未计提减值准备，见表6-5。

①盘亏固定资产时。

借：待处理财产损溢——待处理固定资产损溢　　　　16 200

　　累计折旧　　　　　　　　　　　　　　　　　　　18 800

　　贷：固定资产　　　　　　　　　　　　　　　　　　　35 000

②报经批准转销盘亏损失时。

借：营业外支出——固定资产盘亏损失　　　　　　　16 200

　　贷：待处理财产损溢——待处理固定资产损溢　　　　　16 200

6.3.2 固定资产减值的核算

资产负债表日，固定资产可收回金额低于其账面价值的，企业应将该固定资产的账面价值减记至可收回金额，同时确认为资产减值损失，计提固定资产减值准备。固定资产减值损失一经确认，在以后会计期间不得转回，账务处理如图 6-6 所示。

账面净值＝固定资产的折余价值＝固定资产原价－计提的累计折旧

账面价值＝固定资产的账面原价－计提的累计折旧－计提的减值准备

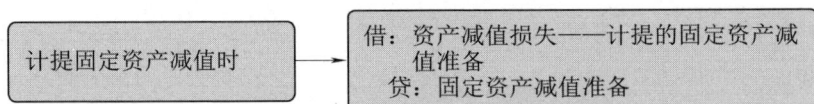

图 6-6　固定资产减值的账务处理

【例 6-12】甲公司 2022 年 12 月购入设备价值 500 000 元，预计使用 6 年，预计净残值 20 000 元，采用年限平均法计提折旧。2023 年年末清查时发现，该设备市价大幅度下跌且近期内无望恢复。经计算该设备可回收金额为 280 000 元，此前未计提过减值准备。

2023 年年末该设备累计已提折旧＝（500 000－20 000）÷6×2＝160 000（元）

2023 年年末应计提固定资产减值准备＝（500 000－160 000）－280 000＝60 000（元）

借：资产减值损失——固定资产减值损失　　　　　　　　60 000

　　贷：固定资产减值准备　　　　　　　　　　　　　　　　60 000

自 2024 年起，每年计提折旧额应调整为 65 000 元[（280 000－20 000）÷4]。

6.4　固定资产的处置

所谓固定资产处置，通常就是指企业固定资产的出售和对报废、毁损固定资产的处理。此外，企业因对外投资、非货币性资产交换、债务重组等原因转出固定资产，也属于固定资产处置。

（1）固定资产报废或毁损的核算。

企业对报废或毁损的固定资产，应设置"固定资产清理"账户进行核算。

报废和毁损固定资产所得净收益，应计入"营业外收入"（"非流动资产处置利得"项目），如为净损失应计入"营业外支出"（属于正常的处理损失，计入"非流动资产处置损失"项目）。如果企业在筹建期间发生出售、报废和毁损固定资产处置业务，其净损益应计入或冲减管理费用。

（2）固定资产出售的核算。

2017年12月，财政部发布了《关于修订印发一般企业财务报表格式的通知》（财会〔2017〕30号）（下称财会〔2017〕30号），其中新增了一个"资产处置收益"报表项目和一个"资产处置损益"会计科目。

"资产处置损益"与"营业外支出"科目区别如图6-7所示。

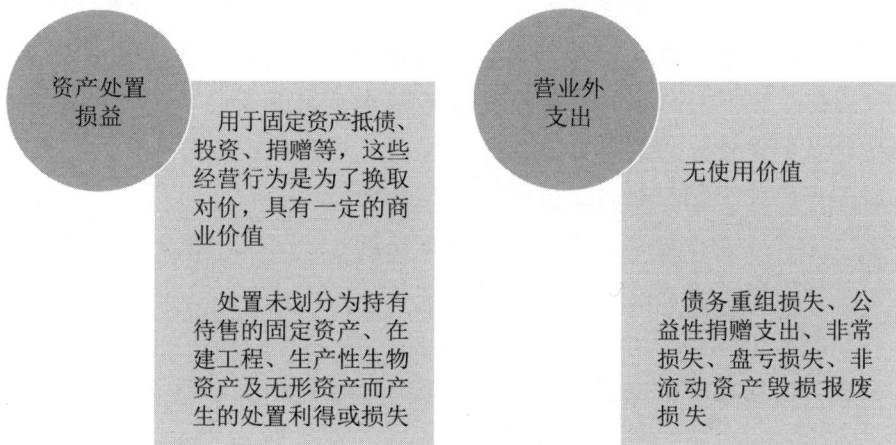

图 6-7 两个科目的区别

新增的"资产处置收益"报表项目，应根据"资产处置损益"科目的发生额分析填列。资产处置收益项目不包括以下资产的处置：①存货、消耗性生物资产、应收账款等流动性资产处置；②金融工具、长期股权投资处置；③投资性房地产处置；④债务重组利得或损失和非货币性资产交换利得或损失；⑤子公司和业务的处置。

【例6-13】维达制药有限公司报废一台生产设备，原价2 000 000元，已提折旧1 450 000元，未计提减值准备，报废资产的残料变价20 000元已存入银行，支付清理费用8 000元，设备清理完毕。

①结转固定资产账面价值。

借：固定资产清理　　　　　　　　　　　　　　　　550 000

　　累计折旧　　　　　　　　　　　　　　　　　　1 450 000

贷：固定资产	2 000 000

②支付清理费用。

借：固定资产清理	8 000
贷：银行存款	8 000

③残料变价收入 20 000 元存入银行。

借：银行存款	20 000
贷：固定资产清理	20 000

④结转固定资产清理。

借：营业外支出——非流动资产处置损失	538 000
贷：固定资产清理	538 000

假如该设备不是报废，而是出售，其他条件不变，由于是出售处置，所以仅仅是为了换取对价，对于资产处置后还尚有使用价值，因此相关净损益需要结转至资产处置损益科目，年终并入资产处置收益报表项目。

则会计处理①②③相同，清理净损益结转：

借：资产处置损益——非流动资产处置损失	538 000
贷：固定资产清理	538 000

6.5　租赁资产的核算

《企业会计准则第 21 号——租赁》（财会〔2018〕35 号）第二条规定："租赁，是指在一定期间内，出租人将资产的使用权让与承租人以获取对价的合同。"在此准则下，承租人不再将租赁区分为经营租赁或融资租赁，而是采用统一的会计处理模型，对短期租赁和低价值资产租赁以外的其他所有租赁，均要求确认使用权资产和租赁负债，并分别计提折旧和利息费用。

6.5.1　承租人的会计处理

承租人使用的相关会计科目包括使用权资产、使用权资产累计折旧、使用权资产减值准备、租赁负债等。

使用权资产是指承租人可在租赁期内使用租赁资产的权利。在租赁期开始日，承租人应当按照成本对使用权资产进行初始计量。该成本包括下列四项：

（1）租赁负债的初始计量金额；

（2）在租赁期开始日或之前支付的租赁付款额（扣除已享受的租赁激励）；

（3）承租人发生的初始直接费用；

（4）承租人为拆卸及移除租赁资产、复原租赁资产所在场地或将租赁资产恢复至租赁条款约定状态预计将发生的成本。

租赁资产初始计量及后续计量账务处理如下。

（1）初始计量账务处理。

借：使用权资产（尚未支付的租赁付款额的现值等）

　　租赁负债——未确认融资费用（差额）

　　贷：租赁负债——租赁付款额（尚未支付的租赁付款额）

　　　　预付账款（租赁期开始日之前支付的租赁付款额，扣除已享受的租赁激励）

　　　　银行存款（初始直接费用）

　　　　预计负债（预计将发生的为拆卸及移除租赁资产、复原租赁资产所在场地或将租赁资产恢复至租赁条款约定状态等成本的现值）

（2）后续计量账务处理。

①确认租赁负债的利息时。

借：财务费用——利息费用

　　在建工程等

　　贷：租赁负债——未确认融资费用（增加租赁负债的账面金额）

②支付租赁付款额时：

借：租赁负债——租赁付款额（减少租赁负债的账面金额）

　　贷：银行存款等

（3）因重估或租赁变更等原因导致租赁付款额发生变动时，重新计量租赁负债的账面价值。

【例6-14】向明房地产公司从乙公司租入10部大型挖掘机，签订了为期5年的租赁协议，并拥有4年续租选择权。相关资料如下。

（1）初始租赁期内不含税租金为200 000元/年，续租期为24 000元/年，所有款项应于每年年初支付；

（2）为获得此项租赁，向明房地产公司发生初始直接费用为8 000元；

（3）在租赁期开始日，向明房地产公司认为，不能合理确定将行使续租选择权，因此将租赁期确定为5年；

（4）向明房地产公司无法确定租赁内含利率，其增量借款年利率为 4％。

为简化处理，本题不考虑相关税费的影响。

向明房地产公司会计处理如下。

第一步，计算租赁期开始日租赁付款额的现值，并确认租赁负债和使用权资产。在租赁期开始日，向明房地产公司支付第一年租金 200 000 元，剩余 4 年租赁付款额＝200 000×4＝800 000（元）

租赁负债＝200 000×（P/A，4％，4）＝200 000×3.629 9＝725 980（元）

未确认融资费用＝剩余 4 年租赁付款额－剩余 4 年租赁付款额

$$＝800 000－725 980＝74 020（元）$$

借：使用权资产 925 980

  租赁负债——未确认融资费用 74 020

  贷：租赁负债——租赁付款额 800 000

    银行存款（第 1 年的租赁付款额） 200 000

第二步，将初始直接费用计入使用权资产的初始成本。

借：使用权资产 8 000

  贷：银行存款 8 000

向明房地产公司使用权资产的初始成本为：925 980＋8 000＝933 980（元）

后续利息费用计算：800 000×4％＝32 000（元）

借：财务费用 32 000

  贷：租赁负债——未确认融资费用 32 000

6.5.2 出租人的会计处理

出租人应当在租赁开始日将租赁分为融资租赁和经营租赁。一项租赁属于融资租赁还是经营租赁取决于交易的实质，而不是合同的形式。如果一项租赁实质上转移了与租赁资产所有权有关的几乎全部风险和报酬，出租人应当将该项租赁分类为融资租赁。出租人应当将除融资租赁以外的其他租赁分类为经营租赁。

1. 初始计量

初始计量账务处理如下。

借：应收融资租赁款——租赁收款额（尚未收到的租赁收款额）

  应收融资租赁款——未担保余值（预计租赁期结束时的未担保余值）

银行存款（已经收取的租赁款）

 贷：融资租赁资产（账面价值）（业务不多，也可通过固定资产核算）

  资产处置损益（公允价值——账面价值）（或借）

  银行存款（发生的初始直接费用）

  应收融资租赁款——未实现融资收益

2. 后续计量

后续计量账务处理如下。

借：银行存款

 贷：应收融资租赁款——租赁收款额

借：应收融资租赁款——未实现融资收益

 贷：租赁收入/其他业务收入

【例6-15】2023年12月1日，向阳机械厂与永晖设备厂签订一份租赁合同，从永晖设备厂租入全新切割机，使用寿命为5年。租赁合同主要条款如下：

（1）租赁开始日：2024年1月1日。

（2）租赁期为4年。

（3）固定租金支付：自2024年1月1日，每年年末支付租金100 000元。

（4）租赁开始日租赁资产的公允价值：该设备在2023年12月31日的公允价值为380 000元，账面价值300 000元。

（5）初始直接费用：签订租赁合同过程中永晖设备公司发生可归属于租赁项目的费用为8 000元。

（6）承租人的购买选择权：租赁期满时，向阳机械厂享有优惠购买该机器的选择权，购买价为10 000元，估计该日租赁资产的公允价值为50 000元。

（7）担保余值和未担保余值均为0。

（8）合同约定内含利率为2.4%。

解析：①本项租赁为融资租赁。租赁收款额包括租金、承租人购买选择权的行权价格10 000元。

租赁收款额＝100 000×4＋10 000＝410 000（元）

本例中租赁投资总额＝100 000×4＋10 000＋0＝410 000（元）

②确认租赁投资净额的金额和未实现融资收益。

租赁投资净额等于租赁资产在租赁期开始日公允价值380 000元加上出

租人发生的租赁初始费用 8 000 元，即 388 000 元。

$$未实现融资收益＝租赁投资总额－租赁投资净额$$

$$＝410 000－388 000＝22 000（元）$$

③2024 年 1 月 1 日，永晖设备厂账务处理如下。

借：应收融资租赁款——租赁收款额　　　　　　　　　　410 000

　　贷：融资租赁资产　　　　　　　　　　　　　　　　300 000

　　　　资产处置损益（资产公允价值与账面价值差额）　80 000

　　　　银行存款（初始费用）　　　　　　　　　　　　8 000

　　　　应收融资租赁款——未实现融资收益　　　　　　22 000

④计算租赁期内各期利息收入，见表 6-5。

表 6-5　租赁期内各期利息收入

日　　　期	租金 A	利息收入 B＝C×2.4%	租赁投资净额余额 C＝C－A＋B
2024 年 1 月 1 日	—	—	388 000
2024 年 12 月 31 日	100 000	9 312	297 312
2025 年 12 月 31 日	100 000	7 135.49	204 447.49
2026 年 12 月 31 日	100 000	4 906.74	109 354.23
2027 年 12 月 31 日	100 000	645.77*	10 000
2027 年 12 月 31 日	10 000	—	—
合计	410 000	—	—

注：* 尾数调整 645.77＝100 000＋10 000－109 354.23

⑤2024 年 12 月 31 日收到第一期租金时。

借：银行存款　　　　　　　　　　　　　　　　　　　100 000

　　贷：应收融资租赁款——租赁收款额　　　　　　　　100 000

借：应收融资租赁款——未实现融资收益　　　　　　　　9 312

　　贷：租赁收入　　　　　　　　　　　　　　　　　　9 312

第 7 章
企业无形资产的核算

无形资产，是指企业为生产商品或者提供劳务、出租给他人，或为管理而持有的、没有实物形态的非货币性长期资产。

7.1 无形资产科目的具体运用

企业设置无形资产科目以核算企业持有的无形资产成本，包括专利权、非专利技术、商标权、著作权、土地使用权等。本科目可按无形资产项目进行明细核算，期末借方余额，反映企业无形资产的成本，如图 7-1 所示。

图 7-1　无形资产分类

无形资产同时满足下列条件的，才能予以确认。

（1）与该无形资产有关的经济利益很可能流入企业。

（2）该无形资产的成本能够可靠地计量。

无形资产科目的设置，见表 7-1。

表 7-1　无形资产会计科目编码的设置

科目代码	总分类科目（一级科目）	明细分类科目		是否辅助核算	辅助核算类型
		二级明细科目	三级明细科目		
1701	无形资产	—	—	—	—
170101	无形资产	土地使用权	项目	是	部门
170102	无形资产	著作权	项目	是	部门
170103	无形资产	商标权	项目	是	部门
170104	无形资产	非专利技术	项目	是	部门
170105	无形资产	特许使用权	项目	是	部门
170106	无形资产	其他	项目	是	部门

【例 7-1】2023 年 1 月 1 日，维达制药有限公司开始自行研究开发一项新技术，截至当年年末该项目研究各项工作已经完成，共发生费用 240 000 元（假定均以银行存款支付）。2023 年 1 月进入开发阶段，共发生费用 420 000 元，并符合开发支出予以资本化的条件，其中材料费用 200 000 元、研发人员薪酬 120 000 元、以银行存款支付相关费用 100 000 元。2024 年 3 月末，研发的新技术达到预定使用用途，形成一项非专利技术，确认为企业的无形资产。

（1）2023 年项目研发阶段发生的支出。

借：研发支出——费用化支出　　　　　　　　　　　240 000

　　贷：银行存款　　　　　　　　　　　　　　　　　　240 000

（2）2023 年年末结转项目费用化支出。

借：管理费用　　　　　　　　　　　　　　　　　　240 000

　　贷：研发支出——费用化支出　　　　　　　　　　240 000

（3）2024 年，项目开发阶段发生的、符合资本化条件的支出。

借：研发支出——资本化支出　　　　　　　　　　　420 000

　　贷：原材料　　　　　　　　　　　　　　　　　　200 000

　　　　应付职工薪酬　　　　　　　　　　　　　　　120 000

　　　　银行存款　　　　　　　　　　　　　　　　　100 000

（4）2024 年 3 月末，研究开发的新技术达到预定用途。

借：无形资产——非专利技术　　　　　　　　　　　420 000

　　贷：研发支出——资本化支出　　　　　　　　　　420 000

7.2   无形资产的摊销

企业应当按月对无形资产进行摊销。无形资产的摊销额一般应当计入当期损益。企业自用的无形资产，其摊销金额计入管理费用，出租的无形资产，其摊销金额计入其他业务成本，某项无形资产包含的经济利益通过所生产的产品或其他资产实现的，其摊销金额应当计入相关资产成本，如图 7-2 所示。

账面净值＝账面余额－累计摊销

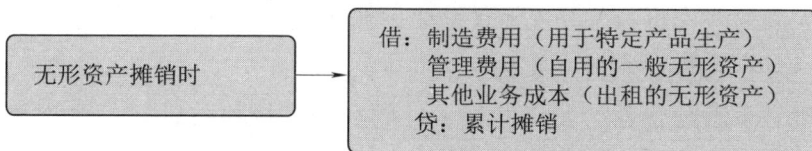

```
┌─────────────────┐      ┌────────────────────────────────────┐
│  无形资产摊销时   │ ───▶ │ 借：制造费用（用于特定产品生产）         │
└─────────────────┘      │     管理费用（自用的一般无形资产）        │
                         │     其他业务成本（出租的无形资产）        │
                         │   贷：累计摊销                         │
                         └────────────────────────────────────┘
```

图 7-2   无形资产摊销的账务处理

【例 7-2】2024 年 1 月 26 日，维达制药有限公司从其他公司购入一项商标权，以银行存款支付买价和有关费用合计 89 000 元。估计该项商标权的使用寿命为 10 年。假定这项无形资产的净残值均为零，并按直线法摊销。

假定按年进行摊销时。

借：管理费用   8 900
　　贷：累计摊销   8 900

7.3   无形资产的处置

企业出售无形资产，应将所得价款与该项无形资产的账面价值之间的差额，计入当期损益（营业外收入或营业外支出），如图 7-3 所示。

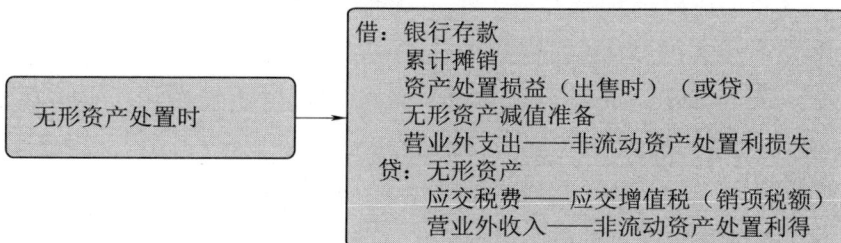

```
┌─────────────────┐      ┌────────────────────────────────────────┐
│  无形资产处置时   │ ───▶ │ 借：银行存款                              │
└─────────────────┘      │     累计摊销                              │
                         │     资产处置损益（出售时）（或贷）            │
                         │     无形资产减值准备                        │
                         │     营业外支出——非流动资产处置利损失         │
                         │   贷：无形资产                            │
                         │       应交税费——应交增值税（销项税额）        │
                         │       营业外收入——非流动资产处置利得          │
                         └────────────────────────────────────────┘
```

图 7-3   无形资产处置的账务处理

【例7-3】维达制药有限公司拥有 A 专利技术，根据市场调查，用其生产的产品已没有市场，决定应予转销。转销时，该项专利技术的账面余额为 468 000 元，摊销期限为 10 年，采用直线法进行摊销，已累计摊销 135 600 元，假定该项专利权的残值为零，已累计计提的减值准备为 230 000 元，假定不考虑其他相关因素。

借：累计摊销　　　　　　　　　　　　　　　135 600
　　无形资产减值准备　　　　　　　　　　　230 000
　　营业外支出——处置非流动资产损失　　　102 400
　　贷：无形资产——专利权　　　　　　　　　　　468 000

为进一步激励企业加大研发投入，更好地支持科技创新，财政部、国家税务总局等部门先后颁布政策。

《关于提高集成电路和工业母机企业研发费用加计扣除比例的公告》（财政部 税务总局 国家发展改革委 工业和信息化部公告 2023 年第 44 号）规定：

"为进一步鼓励企业研发创新，促进集成电路产业和工业母机产业高质量发展，现就有关企业研发费用税前加计扣除政策公告如下：

一、集成电路企业和工业母机企业开展研发活动中实际发生的研发费用，未形成无形资产计入当期损益的，在按规定据实扣除的基础上，在 2023 年 1 月 1 日至 2027 年 12 月 31 日期间，再按照实际发生额的 120% 在税前扣除；形成无形资产的，在上述期间按照无形资产成本的 220% 在税前摊销。"

《关于进一步完善研发费用税前加计扣除政策的公告》（财政部 税务总局公告 2023 年第 7 号）规定：

"一、企业开展研发活动中实际发生的研发费用，未形成无形资产计入当期损益的，在按规定据实扣除的基础上，自 2023 年 1 月 1 日起，再按照实际发生额的 100% 在税前加计扣除；形成无形资产的，自 2023 年 1 月 1 日起，按照无形资产成本的 200% 在税前摊销。"

例如，天天公司是一家科研公司，2023 年发生研发费用 1 400 万元，加计扣除额＝1 400×100%＝1 400（万元）。

第8章

企业应付及预收款项的核算

流动负债是指在一年或超过一年的一个营业周期内，需要用流动资产归还或者以新的融资所获得的资金来抵偿的各种债务，如应付票据、应付账款、合同负债、应付职工薪酬、应交税费、应付利息、其他应付款等。

8.1 应付票据的核算

应付票据是由出票人出票，委托付款人在指定日期无条件支付特定的金额给收款人或者持票人的票据，包括商业承兑汇票和银行承兑汇票。应付票据按是否带息分为不带息应付票据和带息应付票据两种。

企业应通过"应付票据"科目核算应付票据的发生、偿付等情况。

8.1.1 应付票据科目的具体应用

1. 应付票据科目设置

企业应设置"应付票据备查簿"，详细登记每一笔应付票据的种类、号码、出票日期、到期日、票面金额、交易合同号、收款单位名称等详细资料。
应付票据到期付清时，应在备查簿内逐笔注销。企业支付的银行承兑汇票手
续费应计入当期财务费用。具体科目设置，见表 8-1。

表 8-1　应收票据会计科目编码的设置

科目代码	总分类科目（一级科目）	明细分类科目		是否辅助核算	辅助核算类别
		二级明细科目	三级明细科目		
2201	应付票据	—	—	—	—
220101	应付票据	银行承兑汇票	种类	是	客户往来
220102	应付票据	商业承兑汇票	种类	是	客户往来

2. 应付票据的账务处理

应付票据的核算主要包括开出并承兑商业汇票、期末计提票据利息、到
期支付票款。企业因购买材料、商品和接受劳务供应等而开出、承兑的商业
汇票，应当按其票面金额作为应付票据的入账金额。企业开出、承兑的带息
票据，通常应在期末对尚未支付的应付票据计提利息，计入当期财务费用。

应付票据的主要账务处理如图 8-1 所示。

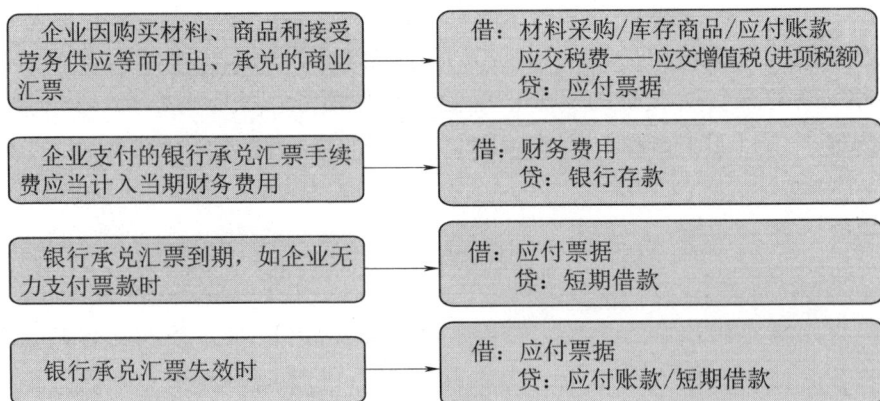

图 8-1　应付票据的账务处理

8.1.2　应付票据的账务处理

1. 不带息票据账务处理

不带息票据是指债务人到期还款时，只偿还面值金额，即票据到期值等

于面值，应按到期面额记账，借记"材料采购""库存商品""应交税费"等账户，贷记"应付票据"账户。

【例 8-1】2024 年 3 月 16 日，维达制药有限公司开出期限为 3 个月、票面金额为 45 200 元的不带息商业承兑汇票支付绿地公司货款，增值税专用发票上列明价款 40 000 元，增值税额 5 200 元，商品验收入库，如图 8-2 所示。

2024 年 3 月 16 日，开出不带息商业汇票时：

借：库存商品　　　　　　　　　　　　　　　　　40 000
　　应交税费——应交增值税（进项税额）　　　　　5 200
　　　贷：应付票据——商业承兑汇票——绿地公司　　　　　45 200

2024 年 6 月 15 日，支付票款时：

借：应付票据——商业承兑汇票——绿地公司　　　45 200
　　　贷：银行存款　　　　　　　　　　　　　　　　　45 200

商业承兑汇票

出票日期（大写）：贰零贰肆年零叁月壹拾陆日　　　汇票号码××

收款人	全　　称	绿地公司			付款人	全　　称	维达制药有限公司		
	账　　号	1023451909234287453				账　　号	1121001909234213345		
	开户银行	深圳宝山路支行	行号	234		开户银行	中国工商银行深圳宝安支行	行号	123

出票金额	人民币（大写）⊗ 肆万伍仟贰佰元整	千	百	十	万	千	百	十	元	角	分
				¥	4	5	2	0	0	0	0

汇票到期日（大写）	贰零贰肆年零陆月壹拾伍日	付款人开户行	行号	123
交易合同号码	×××		地址	深圳市宝安区龙华宝山路 123 号

本汇票已经承兑，到期无条件支付票款。	本汇票予以承兑，于到期日付款。
承兑人签章 陈丽 承兑日期 2024 年 6 月 15 日	出票人签章 王桐

此联签发人存查

图 8-2　商业承兑汇票

2. 带息票据账务处理

带息票据是指债务人到期还款时，除了偿还面值金额外，同时要偿还票据利息，即票据到期值等于面值加利息。利息为债务人由于延期支付款项所付出的代价，记入"财务费用"账户。

【例8-2】2024年5月1日，维达制药有限公司从乙公司购进一批原材料，不含税价格900 000元，增值税率13%，开出一张期限4个月等值的带息商业汇票，年利率为8%。

①2024年5月1日，开出商业汇票时。

借：原材料   900 000

    应交税费——应交增值税（进项税额）   117 000

        贷：应付票据——商业承兑汇票——乙公司   1 017 000

②2024年6月30日，计提2个月应计利息。

应计利息＝1 017 000×8%÷12×2＝13 560（元）

借：财务费用   13 560

        贷：应付票据——商业承兑汇票——乙公司   13 560

③2024年8月31日到期付款时。

应计利息＝1 017 000×8%÷12×2＝13 560（元）

借：应付票据——商业承兑汇票——乙公司   1 030 560

    财务费用   13 560

        贷：银行存款   1 044 120

8.2 合同负债的核算

新收入准则引入"履约义务"，它构成了收入确认的核心条件："企业应当在履行了合同中的履约义务，即在客户取得相关商品控制权时确认收入"。因此，合同负债可以理解为：企业在履约义务履行之前（也就是达到收入确认条件前），先行收取了（包括已收取和应收取）客户支付的对价，在会计上以合同负债科目对其进行核算和反映。

预收款不构成履约义务时，原则上不能以合同负债进行核算，仍需以预收账款进行计量。

8.2.1 合同负债科目的具体运用

"合同负债"科目核算企业已收或应收客户对价而应向客户转让商品的义务。本科目应按合同进行明细核算。期末贷方余额，反映企业在向客户转让商品之前，已经收到的合同对价或已经取得的无条件收取合同对价权利的金额，见表8-2。

表 8-2　合同负债会计科目编码的设置

总分类科目（一级科目）	明细分类科目		是否辅助核算	辅助核算类别
	二级明细科目	三级明细科目		
合同负债	—	—	—	—
合同负债	预收的账款	商品、劳务类别	是	购货单位名称
合同负债	预收的定金	商品、劳务类别	是	购货单位名称
合同负债	预收原料款	商品、劳务类别	是	购货单位名称
合同负债	预收工程款	商品、劳务类别	是	购货单位名称

合同负债的主要账务处理，具体如图 8-3 所示。

借：银行存款/应收账款/应收票据等
　　贷：合同负债

企业在向客户转让商品之前

借：合同负债
　　贷：主营业务收入/其他业务收入等

企业向客户转让相关商品时

借：合同负债
　　贷：应交税费——待转销项税额

涉及增值税时

图 8-3　合同负债的账务处理

8.2.2　合同负债的账务处理

【例 8-3】2023 年 2 月 4 日，义利面包厂向客户销售了 3 000 张储值卡，每张卡的面值为 400 元，总额为 1 200 000 元。客户可在义利面包厂经营的任何一家门店使用该储值卡进行消费。根据历史经验，义利面包厂预期客户购买的储值卡中将有大约相当于储值卡面值金额 5%（即 60 000 元）的部分不会被消费。截至 2023 年 12 月 31 日，客户使用该储值卡消费的金额为 1 000 000 元。义利面包厂为增值税一般纳税人，在客户使用该储值卡消费时发生增值税纳税义务。

本例中，义利面包厂预期将有权获得与客户未行使的合同权利相关的金额 60 000 元，该金额应当按照客户行使合同权利的模式按比例确认为收入。

因此，义利面包厂在 2023 年销售的储值卡应当确认的收入金额
= （1 000 000 + 60 000 × 1 000 000 ÷ 1 140 000）÷（1 + 13%）
= 931 532.37（元）

义利面包厂的账务处理为：

（1）销售储值卡。

借：库存现金　　　　　　　　　　　　　　　　　　1 200 000

　　贷：合同负债［1 200 000÷（1＋13％）］　　　1 061 946.90

　　　　应交税费——待转销项税额　　　　　　　　138 053.10

（2）根据储值卡的消费金额确认收入，同时将对应的待转销项税额确认
为销项税额。

借：合同负债　　　　　　　　　　　　　　　　　931 532.37

　　应交税费——待转销项税额　　　　　　　　　138 053.10

　　贷：主营业务收入　　　　　　　　　　　　　931 532.37

　　　　应交税费——应交增值税（销项税额）　　138 053.10

8.3　应付职工薪酬的核算

职工薪酬，是指企业为获得职工提供的服务或解除劳动关系而给予的各
种形式的报酬或补偿。

8.3.1　应付职工薪酬科目的具体运用

职工薪酬包括短期薪酬、离职后福利、辞退福利和其他长期职工福利。
企业提供给职工配偶、子女、受赡养人、已故员工遗属及其他受益人等的福
利，也属于职工薪酬。职工薪酬的内容如图 8-4 所示。

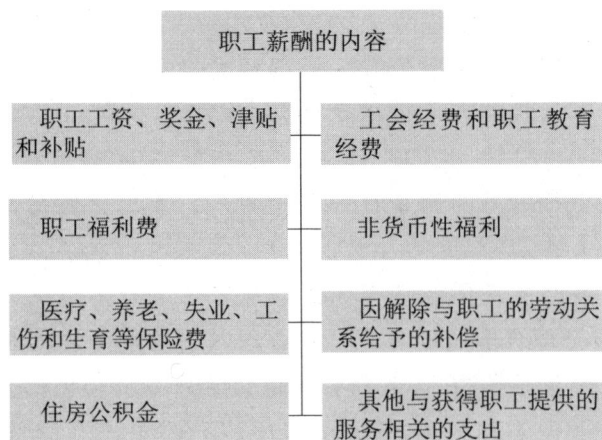

図 8-4　职工薪酬的内容

为了核算应付给职工的各种薪酬，企业应设置"应付职工薪酬"科目。本科目应当按照"工资""职工福利""社会保险费""非货币性福利""住房公积金""工会经费""职工教育经费""解除职工劳动关系补偿"等应付职工薪酬项目进行明细核算，见表 8-3。

表 8-3　应付职工薪酬会计科目编码的设置

科目代码	总分类科目（一级科目）	明细分类科目		是否辅助核算	辅助核算类别
		二级明细科目	三级明细科目		
2211	应付职工薪酬	—	—	—	—
221101	应付职工薪酬	工资、奖金、津贴、补贴	项目	是	部门
221102	应付职工薪酬	职工福利	项目	是	部门
221103	应付职工薪酬	社会保险费	项目	是	部门
221104	应付职工薪酬	非货币性福利	项目	是	部门
221105	应付职工薪酬	住房公积金	项目	是	部门
221106	应付职工薪酬	工会经费	项目	是	部门
221107	应付职工薪酬	职工教育经费	项目	是	部门
221108	应付职工薪酬	解除职工劳动关系补偿	项目	是	部门
221109	应付职工薪酬	其他	项目	是	部门

8.3.2　应付职工薪酬的账务处理

企业应当通过"应付职工薪酬"科目，核算应付职工薪酬的提取、结算、使用等情况。

1. 计时工资的计算

计时工资的计算公式如下：

计时工资＝（岗位工资÷月平均天数）×出勤天数

通常来讲，由于计算时采用的时间单位不同，计时工资可分为三种具体形式：小时工资制、日工作制及月工资制。以月工资制为例来讲，采用月薪制计时工资时，其计算公式如下所示：

应付计时工资＝月标准工资－日工资额×不应付工时

　　　　　　＝月标准工资－日工资额×缺勤天数

其中，月标准工资可以根据工资卡片的记录取得，缺勤记录可以根据考勤记录取得，日工资率的计算方法有如下两种。

①1月固定按30天计算，日工资率为每月标准工资除以30天，即：

日工资率＝月标准工资÷30

采用这种方法计算日工资率时，缺勤期间的节假日也视为缺勤，照样要扣工资。

②每月按21.75天计算（全年365天扣除104个公休日，再用12个月平均），日工资率为全月标准工资除以21.75天，即：

月工作天数＝（365－104）÷12＝21.75（天）

日工资率＝月标准工资÷21.75

采用这种方法计算日工资率时，缺勤期间的节假日、星期天不算缺勤，不扣工资。

2. 计件工资的计算

所谓计件工资制，是按照工人生产的合格产品的数量或完成的一定作业量，根据一定的计件单价计算劳动报酬的一种工资形式。

一般来讲，计件工资是根据工长开具的施工任务完成单和工种综合单价，先计算出整个班组的劳动报酬，再根据职工个人工作时数计算出职工个人的劳动报酬。

计件工资的计算公式如下：

班组计件工资＝班组实际完成合格工程量×计件单价

个人计件工资＝该职工工作时数×（班组计件工资÷班组总工作时数）

事实上，在具体的应用中，计件工资还可以按完成定额工时乘以工时单价（经测算确定的小时工资率）计算。首先，计算月份内完成的各种产品的定额工时数，公式为：

完成定额工时数＝∑（每种产品完成数量×该种产品单位定额工时）

其中，产品完成数包括合格产品数量和废品数量。

其次，根据定额工时数和小时工资率计算应付计件工资，公式为：

应付计件工资＝完成定额工时数×应付计件工资

＝完成定额工时数×工时单价

3. 工资单的编制

在工资结算表中，要根据工资卡、考勤记录、产量记录及代扣款项等资料按人名填列"应付工资""代扣款项""实发金额"三大部分。一般情况下，工资结算表一般应编制一式三份：一份由劳动工资部门存查；一份裁成"工资条"，连同工资一起发给职工；一份在发放工资时由职工签章后交财会部门作为工资核算的凭证，并用以代替工资的明细核算。由于工资结算表是按各个车间、部门分别编制的，因此，只能反映各个车间、部门工资结算和支付的情况。

企业工资的账务处理，如图 8-5 所示。

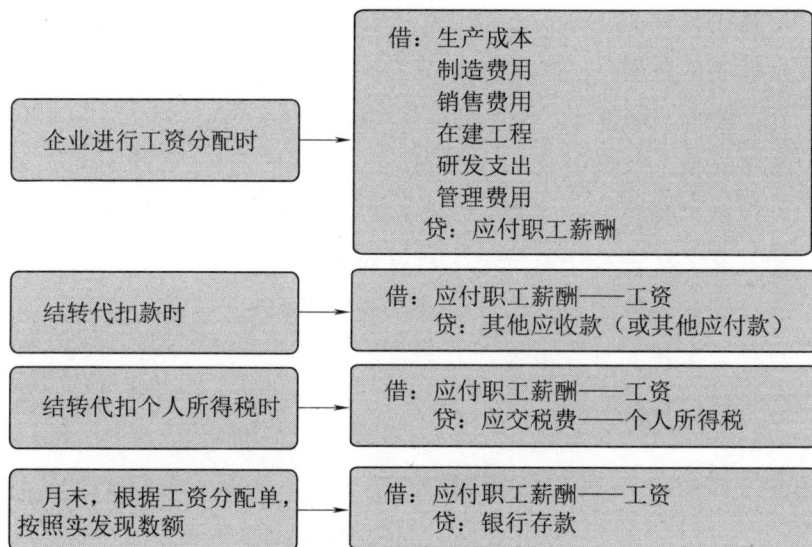

图 8-5　应付职工薪酬的账务处理

【例 8-4】鑫业建筑公司 2024 年 1 月工资结算表，见表 8-4。

表 8-4　工资结算汇总表

2024 年 1 月　　　　　　　　　　　　　　　　单位：元

人员类别	计时工资	计件工资	奖金	津贴和补贴	加班加点工资	其他工资	合计	代扣款项	代扣个人所得税	实发工资
生产工人	340 000	80 000	10 200	8 000	8 000	2 200	448 400	27 900	12 000	408 500
机械作业人员	20 000	—	1 000	700	—	—	21 700	450	1 800	19 450
企业管理人员	112 000	—	7 800	12 500	—	—	132 300	2 000	10 800	119 500
合计	472 000	80 000	19 000	21 200	8 000	2 200	602 400	30 350	24 600	547 450

根据工资结算业务，做会计分录如下：

（1）分配工资。

借：生产成本 448 400

    机械作业 21 700

    管理费用 132 300

    贷：应付职工薪酬 602 400

（2）结转代扣款 30 350 元。

借：应付职工薪酬——工资 30 350

    贷：其他应收款 30 350

（3）结转代扣个人所得税 24 600 元。

借：应付职工薪酬——工资 24 600

    贷：应交税费——应交个人所得税 24 600

（4）通过银行转账方式，实际发放工资 547 450。

借：应付职工薪酬——工资 547 450

    贷：银行存款 547 450

8.3.3 应付社会保险费和住房公积金

应由职工个人负担的社会保险费和住房公积金，属于职工工资的组成部分应根据职工工资的一定比例计算，应由企业负担的社会保险费和住房公积金，应在职工为其提供服务的会计期间，根据职工工资的一定比例计算。账务处理如图 8-6 所示。

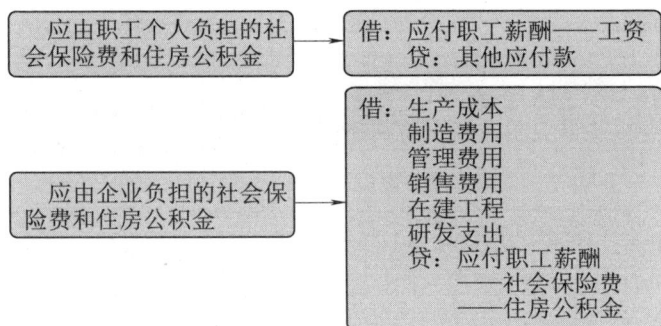

图 8-6　应付社会保险费和住房公积金的账务处理

【例 8-5】维达制药有限公司本月向社会保险经办机构缴纳职工医疗保险费共计 66 560 元，其中生产人员的金额为 44 500 元，销售人员的金额为

9 900元，企业管理人员的金额为 12 160 元。会计分录如下。

借：生产成本	44 500
销售费用	9 900
管理费用	12 160
贷：应付职工薪酬——社会保险费	66 560

8.3.4 应付工会经费和职工教育经费的计提与使用

1. 应付工会经费和职工教育经费的计提与使用

工会经费是按照国家规定由企业负担的用于工会活动方面的经费（2%），职工教育经费是按国家规定由企业负担的用于职工教育方面的经费（8%）。

为了反映工会经费和职工教育经费的提取和使用情况，应在"应付职工薪酬"科目下设"工会经费"和"职工教育经费"明细科目。账务处理如图 8-7所示。

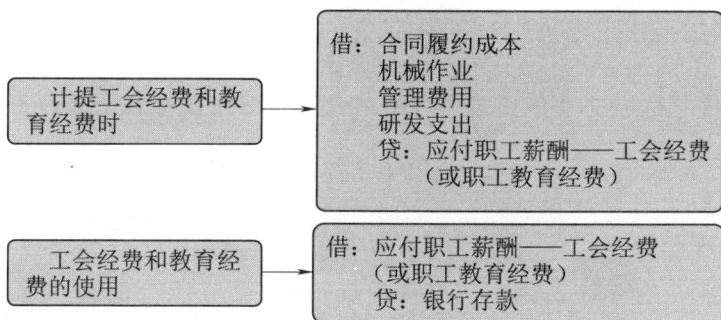

图 8-7 应付工会经费和职工教育经费的账务处理

2. 非货币性职工薪酬

（1）企业以其自产产品作为非货币性福利发放给职工的，应当根据受益对象，按照该产品的公允价值，计入相关资产成本或当期损益，同时确认应付职工薪酬，如图 8-8 所示。

（2）企业将拥有的房屋等资产无偿提供给职工使用的，应当根据受益对象，将该住房每期应计提的折旧计入相关资产成本或当期损益，同时确认应付职工薪酬。租赁住房等资产职工无偿使用的，应当根据受益对象，将每期应付的租金计入相关资产成本或当期损益，并确认应付职工薪酬。基本账务处理如图 8-9 所示。

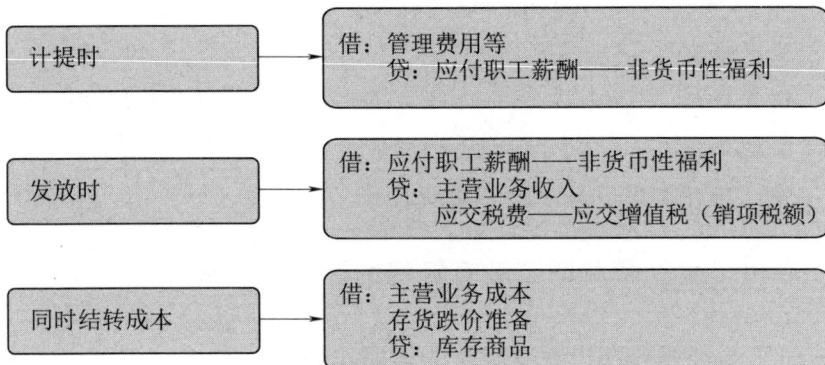

图 8-8　非货币性职工薪酬的账务处理

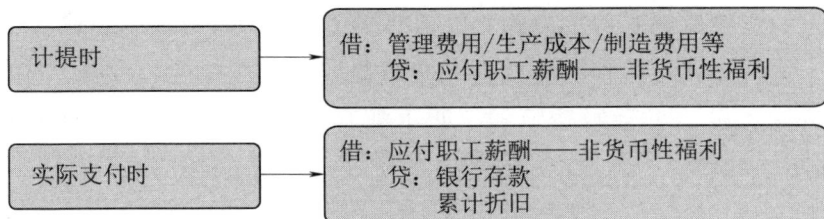

图 8-9　非货币性福利费的账务处理

【例8-6】维达制药有限公司为部分单身员工租用宿舍，每月租金55 000元，编制会计分录如下：

①确认非货币性福利。

借：管理费用　　　　　　　　　　　　　　　　　　　55 000

　　贷：应付职工薪酬——非货币性福利　　　　　　　　　　　55 000

②支付租金时。

借：应付职工薪酬——非货币性福利　　　　　　　　　55 000

　　贷：银行存款　　　　　　　　　　　　　　　　　　　　55 000

（3）企业在职工劳动合同到期之前解除与职工的劳动关系，或者为鼓励职工自愿接受裁减而提出给予补偿的建议，同时满足下列条件的，应当确认因解除与职工的劳动关系给予补偿而产生的应付职工薪酬，同时计入当期损益。

①企业已制定正式的解除劳动关系计划或提出自愿裁减建议，并即将实施。该计划或建议应当包括拟解除劳动关系或裁减的职工所在部门、职位及数量；根据有关规定按工作类别或职位确定的解除劳动关系或裁减补偿金额；拟解除劳动关系或裁减的时间。

②企业不能单方面撤回解除劳动关系计划或裁减建议。为了反映解除劳

动关系补偿的提取和支付情况，应在"应付职工薪酬"科目下设置"辞退福利"明细科目。

由于被辞退职工不能再给企业带来任何经济利益，辞退福利应当计入当期费用而不是资产成本。账务处理如图8-10所示。

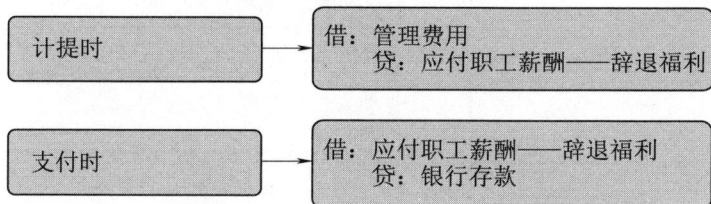

图 8-10　因解除与职工劳动关系给予的补偿账务处理

8.4　应付账款的核算

应付账款是指一般纳税人因购买材料、商品或接受劳务供应等业务应支付给供应者的账款。应付账款是由于在购销活动中买卖双方取得物资与支付货款在时间上的不一致而产生的负债。企业的其他应付账款，如应付赔偿款、应付租金、存入保证金等，不属于应付账款的核算内容。

8.4.1　应付账款科目的设置

应付账款按债权单位和个人设置明细账户进行明细核算。"应付账款"属于负债类账户，该账户的贷方反映应付账款的实际发生数，借方反映应付账款的实际偿还数；期末余额在贷方，表示尚未还清的款项，见表8-5。

表 8-5　应付账款会计科目编码的设置

科目代码	总分类科目 （一级科目）	明细分类科目		是否辅助核算	辅助核算类别
		二级明细科目	三级明细科目		
2202	应付账款	—	—	—	—
220201	应付账款	人民币	种类	是	债权人名称
220202	应付账款	外币	种类	是	债权人名称

8.4.2　应付账款的账务处理

为了核算企业因购买材料、接受劳务等而应向供应方支付的款项，企业应当设置"应付账款"账户。"应付账款"属于负债类账户，一般按供应单位设置明细账进行明细核算。其具体账户结构如图 8-11 所示。

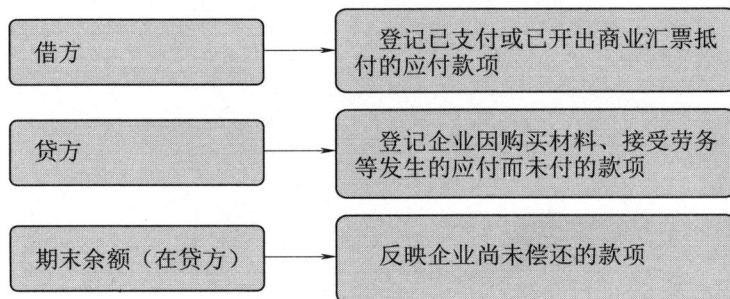

图 8-11　应付账款账户核算方法

应付账款账务处理，具体见表 8-6。

表 8-6　应付账款的账务处理

财务情况		账务处理
采购的材料已入库，但货款尚未支付，则根据发票所记载已到的收料凭证入账		借：原材料、库存商品（按实际应付金额） 　　应交税费——应交增值税（进项税额） 　贷：应付账款
所购材料已到，但月终发票单据未到，货款尚未支付	月终暂估计所购材料的成本和增值税	借：材料采购（按暂估价） 　　应交税费——应交增值税（进项税额） 　贷：应付账款
	下月初用红字予以冲销，待发票单据到达后再付款	借：材料采购（按实际支付额） 　　应交税费——应交增值税（进项税额） 　贷：银行存款
接受供应单位提供劳务而发生的应付未付款项		借：生产成本/管理费用 　贷：应付账款
采用售后回购方式融资的	在发出商品等资产时	借：银行存款/应收账款 　贷：应交税费——应交增值税（销项税额） 　　应付账款 售后回购期间内按期计提利息费用时 借：财务费用 　贷：应付账款
	购回该项商品等时，应按回购商品等的价款	借：应付账款 　　应交税费——应交增值税（进项税额） 　贷：银行存款

财务情况		账务处理
企业与债权人进行债务重组	以低于应付债务账面价值的现金清偿债务的	借：应付账款 　　贷：银行存款 　　　　营业外收入——债务重组利得
	企业以非现金资产清偿债务的	借：应付账款 　　营业外支出 　　贷：交易性金融资产/其他业务收入/主营业务收入/固定资产清理/无形资产/长期股权投资 　　　　应交税费——应交增值税（销项税额） 　　　　营业外收入
	以债务转为资本	借：应付账款 　　贷：实收资本/股本/资本公积——资本溢价或股本溢价 　　　　营业外收入——债务重组利得
	以修改其他债务条件进行清偿的	借：应付账款 　　贷：营业外收入——债务重组利得
应付账款划转出去或者确实无法支付的应付账款		借：应付账款 　　贷：营业外收入

【例 8-7】2024 年，某企业发生的应付账款业务如下。

（1）4 月 1 日，从 A 公司购入一批材料，货款为 400 000 元，增值税为 52 000 元。材料已运达企业并已验收入库（公司材料采用实际成本计价核算），款项尚未支付。

①应付账款发生时。

借：原材料　　　　　　　　　　　　　　　　　　400 000

　　应交税费——应交增值税（应交进项税）　　　52 000

　　贷：应付账款——A 公司　　　　　　　　　　　　452 000

②支付应付账款时。

借：应付账款　　　　　　　　　　　　　　　　　452 000

　　贷：银行存款　　　　　　　　　　　　　　　　　452 000

（2）5 月 30 日，根据用电部门通知，该企业本月应支付的电费为 53 000 元。其中生产车间电费 42 000 元，管理部门电费 11 000 元，款项尚未支付。

①应付账款发生时。

借：制造费用　　　　　　　　　　　　　　　　42 000

　　管理费用　　　　　　　　　　　　　　　　11 000

　　贷：应付账款 ——供电公司　　　　　　　　　　　　53 000

②6 月 1 日，通过银行存款支付应付账款款项时。

借：应付账款　　　　　　　　　　　　　　　　53 000

　　贷：银行存款　　　　　　　　　　　　　　　　　53 000

（3）12 月 31 日，经企业调查取证，原欠 B 公司的应付账款 38 000 元，因 B 公司的注销无法支付，予以转销。

借：应付账款——B 公司　　　　　　　　　　　38 000

　　贷：营业外收入　　　　　　　　　　　　　　　　38 000

第 9 章
企业借款业务的核算

本章介绍短期借款、长期借款会计科目的设置及账务处理。

9.1 短期借款的核算

短期借款是企业向银行或其他金融机构等借入的期限在 1 年以下（含 1 年）的各种借款，通常是为了满足正常生产经营的需要。

9.1.1 短期借款的取得

企业应通过"短期借款"科目，核算短期借款的取得及偿还情况。账务处理如图 9-1 所示。

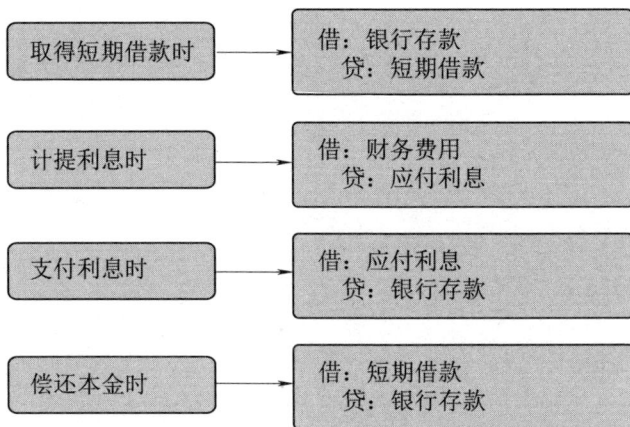

图 9-1 短期借款的账务处理

9.1.2 短期借款科目的具体运用

企业的短期借款主要有：经营周转借款、临时借款、结算借款、票据贴现借款、卖方信贷、预购定金借款和专项储备借款等，见表 9-1。

表 9-1 短期借款会计科目编码的设置

科目代码	总分类科目（一级科目）	明细分类科目		是否辅助核算	辅助核算项目
		二级明细科目	三级明细科目		
2001	短期借款	—	—	—	—
200101	短期借款	人民币	经营周转借款	是	贷款人
200102	短期借款	人民币	临时借款	是	贷款人
200103	短期借款	人民币	结算借款	是	贷款人
200104	短期借款	人民币	票据贴现借款	是	贷款人
200105	短期借款	人民币	卖方信贷	是	贷款人
200106	短期借款	人民币	预购定金借款	是	贷款人
200107	短期借款	人民币	专项储备借款	是	贷款人
200108	短期借款	外币	美元	是	贷款人
200109	短期借款	外币	欧元	是	贷款人
200110	短期借款	外币	其他	是	贷款人

短期借款利息较大需要计提的，在资产负债表日，按照应计的金额，借记"财务费用"账户，贷记"应付利息"账户；若利息不大无须计提，在支付利息时记入"财务费用"账户。

【例 9-1】维达制药有限公司取得短期借款 280 000 元，年利率 7%，借款期限 6 个月。利息数额较少，不进行计提，一直到期还本付息。

6 个月的利息＝280 000×7%÷12×6＝9 800（元）

（1）2024 年 1 月 1 日，取得借款时，如图 9-2 所示。

借：银行存款　　　　　　　　　　　　　　　　280 000

　　贷：短期借款　　　　　　　　　　　　　　　　280 000

中国工商银行流动资金借款收据（回单）

2024 年 1 月 1 日

借款单位全称	维达制药有限公司		存款账号			11210019092342133345						
贷款种类		年利率	贷款户账号			11210019092342133345						
贷款金额	人民币（大写）⊗ 贰拾捌万元整			百	十	万	千	百	十	元	角	分
				￥	2	8	0	0	0	0	0	0
借款原因或用途：流动资金转讫			约定还款期限			2024 年 6 月 30 日						
备注：			上列贷款已转入你单位存款户									

图 9-2　借款收据

（2）2024 年 6 月 30 日，还本付息时，如图 9-3、图 9-4 所示。

借：短期借款　　　　　　　　　　　　　　　　280 000

　　财务费用　　　　　　　　　　　　　　　　　　9 800

　　贷：银行存款　　　　　　　　　　　　　　　　289 800

存（贷）款利息传票

2024 年 6 月 30 日

借方	户名	维达制药有限公司		贷方	户名	维达制药有限公司	
	账号	11210019092342133345			账号	11210019092342133345	
备注	起息日期	止息日期	积数		利率		利息
	2024.01.01	2024.06.30			7%		9 800
	调整利息：		冲正利息：				
	应收（付）利息合计：玖仟捌佰元整						

图 9-3　利息传票

中国工商银行进账单（回单或收账通知）

进账日期：2024 年 6 月 30 日　　　　　　　　第××号

<table>
<tr><td rowspan="3">收款人</td><td>全　　称</td><td>深圳工商银行宝安支行</td><td rowspan="3">付款人</td><td>全　　称</td><td colspan="9">维达制药有限公司</td><td rowspan="9">此联给收款人的收账通知</td></tr>
<tr><td>账　　号</td><td>0200001909234254367</td><td>账　　号</td><td colspan="9">1121001909234213345</td></tr>
<tr><td>开户银行</td><td>深圳工商银行宝安支行</td><td>开户银行</td><td colspan="9">深圳工商银行龙华支行</td></tr>
<tr><td colspan="3" rowspan="2">美元（大写）：⊗ 贰拾捌万玖仟捌佰元整</td><td></td><td>千</td><td>百</td><td>十</td><td>万</td><td>千</td><td>百</td><td>十</td><td>元</td><td>角</td><td>分</td></tr>
<tr><td></td><td></td><td>¥</td><td>2</td><td>8</td><td>9</td><td>8</td><td>0</td><td>0</td><td>0</td><td>0</td><td>0</td></tr>
<tr><td>票据种类</td><td>转账支票</td><td rowspan="3" colspan="11">深圳工商银行宝安支行
2024.6.30
转讫

收款人开户银行盖章</td></tr>
<tr><td>票据张数</td><td>1</td></tr>
<tr><td colspan="2">主管　曲漫　会计　杨森　复核　记账</td></tr>
</table>

图 9-4　银行进账单

9.2　长期借款的核算

长期借款是指一般纳税人企业向银行或其他经营机构借入的期限在一年以上（不含一年）的各种借款。为了核算借入的长期借款，一般纳税人企业应设置"长期借款"科目，该科目应按借款单位和借款种类设明细账，分别以"本金""利息调整"等进行明细核算。长期借款科目的具体结构如图 9-5 所示。

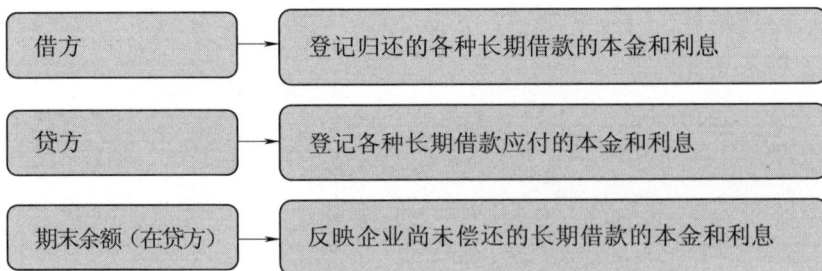

图 9-5　长期借款科目结构

9.2.1　长期借款的科目设置

企业应通过"长期借款"科目，核算长期借款的取得和偿还情况，并分别设置"本金""应计利息""利息调整"等二级科目进行明细核算。本科目期末贷方余额，反映企业尚未偿还的长期借款的摊余成本，见表9-2。

表9-2　长期借款会计科目编码的设置

科目代码	总分类科目（一级科目）	明细分类科目		是否辅助核算	辅助核算类别
		二级明细科目	三级明细科目		
2501	长期借款	—	—	—	—
250101	长期借款	本金	贷款种类	是	贷款单位
250102	长期借款	利息调整	贷款种类	是	贷款单位
250103	长期借款	应计利息	贷款种类	是	贷款单位
250104	长期借款	交易费用	贷款种类	是	贷款单位
250105	长期借款	其他	贷款种类	是	贷款单位

9.2.2　长期借款的账务处理

长期借款的账务处理，如图9-6所示。

长期借款利息的计算有两种方式，即单利计算法和复利计算法两种。

（1）单利计算法。

单利计算法是指只按本金计算利息，其所生成利息不再加入本金重复计算利息。其计算公式为：

本利和＝本金＋利息

　　　　＝本金＋本金×利率×期数

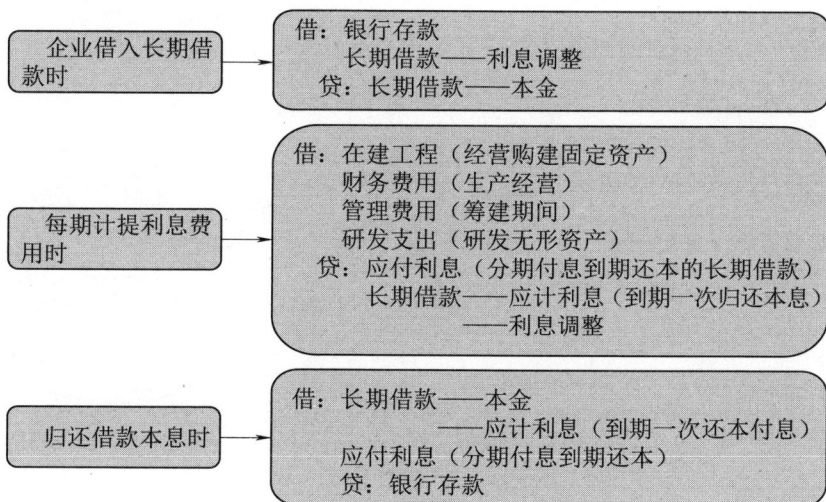

图9-6　长期借款的账务处理

【例9-2】维达制药有限公司向银行借入一笔1 400 000元的借款，银行借款利率为8%，借款期限为4年，采用单利方式计息。则维达制药有限公司每年应付的长期借款利息为：

$$每年的利息＝本金×利率×期数＝1\ 400\ 000×8\%×1＝112\ 000（元）$$

$$四年利息总额＝112\ 000×4＝448\ 000（元）$$

四年到期时，维达公司需偿还银行的资金总额为：

$$本利和＝1\ 400\ 000＋448\ 000＝1\ 848\ 000（元）$$

（2）复利计算法。

复利是指不仅对借款的本金计算利息，其前期所发生的利息也要加入本金重复计算利息，也就是根据本金和前期利息之和计算各期利息，俗称"利滚利"。

其计算公式为：

$$本利和＝本金×（1＋利率）^{期数}$$

$$利息＝本利和－本金$$

$$＝本金×[（1＋利率）^{期数}－1]$$

【例9-3】维达制药有限公司向银行借入一笔160 000元的借款，年利率为10%，借款期限为5年，采用复利方式计息，如图9-7所示。

中国银行　借款凭证	
日期：2020年1月1日	
借款人：维达制药有限公司	贷款账号：×××
借款种类：一般企业流动性资金贷款	利率：10%
借款用途：材料款 借款合同科目代码：No45673 担保合同科目代码：No8436 借款日期：2020年1月1日 金额：人民币壹拾陆万元整	到期日：2024年12月31日 存款账号
上述贷款已入借款人账户	中国人民银行深圳市支行 2020.1.01 业务办讫章
制单：	复核：

图9-7　借款凭证

维达制药有限公司每年应付的长期借款利息为：

第一年的利息＝160 000×10%＝16 000（元）

第二年的利息＝（160 000＋16 000）×10％＝17 600（元）

第三年的利息＝（160 000＋16 000＋17 600）×10％＝19 360（元）

第四年的利息＝（160 000＋16 000＋17 600＋19 360）×10％＝21 296（元）

第五年的利息＝（160 000＋16 000＋17 600＋19 360＋21 296）×10％

      ＝23 425.60（元）

根据上述计算结果，编制借款利息计提表，见表9-3。

表9-3 中国银行借款利息计提表   单位：元

序号	年份	借款金额	年利率	年利息金额
1	2020 年	160 000	10％	16 000
2	2021 年	—	10％	17 600
3	2022 年	—	10％	19 360
4	2023 年	—	10％	21 296
5	2024 年	—	10％	23 425.60
合计	—	160 000	—	97 681.60

审核   制单

5 年到期时维达制药有限公司需偿还银行的资金总额为：

本利和＝160 000×（1＋10％）^{5}＝160 000×1.610 51＝257 681.60（元）

五年利息总额＝16 000 ＋17 600＋ 19 360＋ 21 296＋ 23 425.60＝97 681.60（元）

还款付息凭证，如图9-8所示。

中国银行存（贷）款利息凭证

币种：人民币（本位币）   2024 年 12 月 31 日   单位：元

付款人	户名	维达制药有限公司	收款人	户名	普通长期贷款利息收入		
	账号	211565435678512546		账号	211565435678512341		
金额		壹拾陆万元整	计息账号		211565435678517621		
借据科目代码		—	借据序号		—		
备注		起息日	止息日	积数	利率	利息	
		2020.1.1	2024.12.31	—	10％	97 681.60	
		调整利息：			冲正利息：		
银行章			经办人				

图9-8 利息凭证

第 10 章
一般纳税人应交税费的核算

目前，我国企业涉及的应纳税种较多，主要有增值税、消费税、城市维护建设税、教育费附加、房产税、城镇土地使用税、耕地占用税、印花税、土地增值税和企业所得税。本章着重介绍增值税的税率及计算方法。另外，也包括其他税率种的计算与缴纳。

10.1　应交增值税的核算

增值税是指对从事销售货物或者加工、修理修配劳务以及进口货物的单位和个人取得的增值额为计税依据征收的一种流转税。

10.1.1　增值税税率

增值税均实行比例税率：绝大多数一般纳税人适用基本税率、低税率或零税率。

增值税税率表，见表 10-1。

表 10-1　最新增值税税率表

征收项目	税率	征收项目	征收率
销售或者进口货物（另有列举的货物除外）；提供加工、修理修配劳务	13%	一般纳税人销售自己使用过固定资产（符合简易计税方法条件的）	按照简易办法依照3%征收率，减按2%征收增值税。计算公式：含税价÷（1+3%）×2%
		纳税人销售旧货	
粮食、食用植物油、鲜奶	9%	县级及县级以下小型水力发电单位生产的电力	依照3%征收率
自来水、暖气、冷气、热气、煤气、石油液化气、天然气、沼气，居民用煤炭制品		建筑用和生产建筑材料所用的砂、土、石料	
		以自己采掘的砂、土、石料或其他矿物连续生产的砖、瓦、石灰（不含黏土实心砖、瓦）	
图书、报纸、杂志		用微生物、微生物代谢产物、动物毒素、人或动物的血液或组织制成的生物制品	依照3%征收率
饲料、化肥、农药、农机（整机）、农膜		自来水	
		商品混凝土（仅限于以水泥为原料生产的水泥混凝土）	
农产品（指各种动、植物初级产品）；音像制品；电子出版物；二甲醚		寄售商店代销寄售物品（包括居民个人寄售的物品在内）	依照3%征收率
		典当业销售死当物品	
		经国务院或国务院授权机关批准的免税商店零售的免税品	
		销售其按照规定不得抵扣且未抵扣进项税额的固定资产	征收率3%，减按2%征收
出口货物	0	—	—
交通运输业	9%	陆路（含铁路）运输、水路运输、航空运输和管道运输服务	3%
邮政业	9%	邮政普遍服务、邮政特殊服务、其他邮政服务、基础电信服务、增值电信服务	3%
建筑服务	9%	安装、修缮、装饰、其他建筑服务	3%

征收项目	税率	征收项目	征收率
金融服务	6%	贷款服务、直接收费金融服务、保险服务、金融商品转让	3%
现代服务业	6%	研发和技术服务、信息技术服务、文化创意服务、物流辅助服务、鉴证咨询服务、广播影视服务、有形动产租赁服务	—
租赁服务	9%	不动产融资租赁（1）	5%（小规模）
	9%	不动产融资租赁（2）	5%（一般老项目）
	9%	不动产经营租赁（1）	5%（一般老项目）
	9%	不动产经营租赁（2）	5%（小规模）
	13%	有形动产融资租赁	3%
	13%	有形动产经营租赁	3%
物流辅助服务	6%	航空服务、港口码头服务、货运客运场站服务、打捞救助服务、装卸搬运服务、仓储服务、收派服务	3%
鉴证咨询服务	6%	认证服务、鉴证服务、咨询服务	3%
生活服务	6%	文化体育服务	3%
		教育医疗服务	
		旅游娱乐服务	
		餐饮住宿服务	
		居民日常服务	
		其他生活服务	
销售无形资产	6%	专利或非专利技术	3%
	6%	商标和著作权	3%
	9%	土地使用权	5%（一般老项目或小规模）
	6%	其他自然资源使用权	3%
	6%	其他权益性无形资产	3%

征收项目	税率	征收项目		征收率
销售不动产	9%	建筑物	建筑物（1）	5%（小规模）
	9%		建筑物（2）	5%（一般老项目）
	9%	构筑物	构筑物（1）	5%（小规模）
	9%		构筑物（2）	5%（一般老项目）

10.1.2 当期进项税额的确定

当期进项税额是指纳税人当期购进货物或者应税劳务已缴纳的增值税税额。它主要体现在从销售方取得的增值税专用发票上或海关进口增值税专用缴款书上。

当期进项税额计算公式：

当期进项税额＝不含税销售额×适用税率

其中，不含税销售额＝含税销售额÷（1＋适用税率）

（1）购进农产品，除取得增值税专用发票或者海关进口增值税专用缴款书外，按照农产品收购发票或者销售发票上注明的农产品买价和9%的扣除率计算的进项税额。

其计算公式为：进项税额＝买价×扣除率

（2）购进或者销售货物及在生产经营过程中支付运输费用的，按照运输费用结算单据上注明的运输费用金额和9%的扣除率计算的进项税额。

其计算公式为：进项税额＝运输费用金额×扣除率

（3）一般纳税人兼营免税项目或者非增值税应税劳务而无法划分不得抵扣的进项税额的，按下列公式计算不得抵扣的进项税额：

不得抵扣的进项税额＝当月无法划分的全部进项税额×当月免税项目销售额、非增值税应税劳务营业额合计÷当月全部销售额、营业额

（4）合计购进货物或者应税劳务，取得的增值税扣税凭证不符合法律、行政法规或者国务院税务主管部门有关规定的，其进项税额不得从销项税额中抵扣。

10.1.3 增值税进项税额的账务处理

增值税一般纳税人的账务处理，见表10-2。

表 10-2　增值税一般纳税人进项税额的账务处理

财务情景		账务处理
采购等业务进项税额允许抵扣的账务处理	一般纳税人购进货物、加工修理修配劳务、服务、无形资产或不动产	借：在途物资/原材料/库存商品/生产成本/无形资产/固定资产/管理费用等 应交税费——应交增值税（进项税额） ——待认证进项税额 贷：应付账款/应付票据/银行存款等
采购等业务进项税额不得抵扣的账务处理		借：相关成本费用或资产科目 应交税费——待认证进项税额 贷：银行存款/应付账款等科 经税务机关认证后。 借：相关成本费用或资产科目 贷：应交税费——应交增值税（进项税额转出）
购进不动产或不动产在建工程进项税额抵扣的账务处理		借：固定资产/在建工程等 应交税费——应交增值税（进项税额） 贷：应付账款/应付票据/银行存款等
货物等已验收入库但尚未取得增值税扣税凭证的账务处理		借：原材料/库存商品/固定资产/无形资产 应交税费——应交增值税（进项税额） 贷：应付账款 尚未抵扣的进项税额待以后期间允许抵扣时 借：应交税费——应交增值税（进项税额） 贷：应交税费——待抵扣进项税额
购买方作为扣缴义务人的账务处理		借：生产成本/无形资产/固定资产/管理费用 应交税费——应交增值税（进项税额） 贷：应付账款等 应交税费——代扣代交增值税 实际缴纳代扣代缴增值税时，按代扣代缴的增值税额 借：应交税费——代扣代交增值税 贷：银行存款

10.1.4　可以抵扣增值税进项税额的政策规定

按照税法规定，企业购进货物或应税劳务，按照规定取得并保存增值税扣税凭证，其进项税额可以从销项税额中抵扣。

1. 一般购进货物或应税劳务

准予抵扣的进项税额如下：

（1）从销售方取得的增值税专用发票上注明的增值税额；

（2）从海关取得的海关进口增值税专用缴款书上注明的增值税额；

（3）购进农产品，除取得增值税专用发票或者海关进口增值税专用缴款书外，按照农产品收购发票或者销售发票上注明的农产品买价和9%的扣除率计算的进项税额；

（4）购进或者销售货物，以及在生产经营过程中支付运输费用的，按照运输费用结算单据上注明的运输费用金额计算的进项税额，运输企业按适用9%的税率计算进项税额；

（5）准予计算进项税额抵扣的货物运费金额是指运输费用结算单据上注明的运输费用（包括铁路临管线及铁路专线运输费用）、建设基金，不包括装卸费、保险费等其他杂费。

2. 可抵扣进项税额凭证

增值税一般纳税人购进国内旅客运输服务，可以作为进项税额抵扣凭证，如注明旅客身份信息的航空运输电子客票行程单、铁路车票及公路、水路等其他客票，再加上之前可以认证抵扣或者计算抵扣的凭证"增值税专用发票""机动车销售统一发票"，进口环节取得的"海关进口增值税缴款书""中华人民共和国税收缴款凭证""农产品销售发票""农产品收购发票"，以及道路、桥、闸通行费"××地方税务机关监制发票"等。

进项税额抵扣有认证抵扣和计算抵扣两种方式，企业一般在日常办公管理、职工福利、生产经营过程会产生大量的增值税专用发票，符合政策规定抵扣范围内的经济管理事项，需要抵扣凭证以及相应票据的支持。

3. 可抵扣进项税额图解

企业一般在日常办公管理、职工福利、生产经营过程会产生大量的增值税专用发票，符合政策规定抵扣范围内的经济管理事项，需要抵扣凭证以及相应票据的支持。

可抵扣的进项税额主要分为凭票抵扣税额和计算抵扣税额，凭票抵扣又分为当期抵扣和分期抵扣，计算抵扣主要是针对收购农产品而言。全部适用简易计税方法的一般纳税人不可以抵扣进项税额，只有一般纳税人采取一般计税方法或二者兼而有之的才可以按规定抵扣进项税额，如图10-1所示。

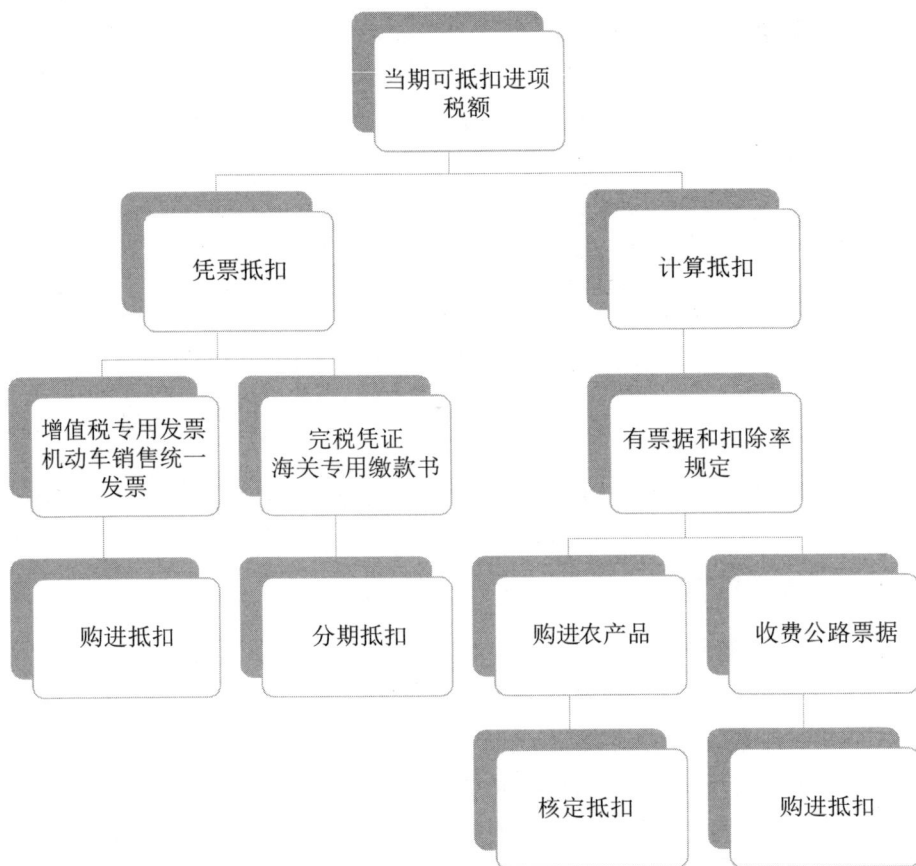

图 10-1　可抵扣进项税额图解

（1）凭票抵扣税额。目前可抵扣增值税进项税额的扣税凭证见表 10-3。

表 10-3　可抵扣增值税进项税额的扣税凭证

扣税凭证	适用情形	备　注	认证方式
增值税专用发票	境内采购货物和接受应税劳务、服务，购买无形资产、不动产的增值税一般纳税人	由境内供货方或提供劳务方、转让方开具，亦或由其主管税务机关代开	认证申报抵扣，当月认证当月抵扣
机动车销售统一发票	购买机动车	由境内供货方开具，或由其主管税务机关代开	
农产品收购发票	收购免税农产品	收购方开具	计算抵扣没有认证期限
农产品销售发票		销售方开具	

扣税凭证	适用情形	备　注	认证方式
海关进口增值税缴款书	进口货物	报关地海关开具	（1）认证申报抵扣，当月认证当月抵扣 （2）取得的海关进口增值税专用缴款书
完税凭证	从境外单位或者个人购进服务、无形资产或者不动产	自税务机关或者扣缴义务人取得的解缴税款的完税凭证	申报抵扣税额没有认证期限
收费公路通行费增值税电子普通发票（征税发票）	纳税人支付的收费公路通行费	收费公路经营管理单位	自开具之日起 360 日内勾选
一级、二级公路通行费、桥、闸通行费	纳税人支付的通行费	收费站	桥、闸通行费无期限，一二级公路通行费 12 月 31 日前取得的
航空运输电子客票行程单	国内旅客运输服务	—	注明旅客身份信息的客票才能抵扣进项
铁路车票	国内旅客运输服务		
公路、水路等其他客票	国内旅客运输服务		

（2）计算抵扣。购进方没有取得增值税专用发票、海关进口增值税专用缴款书、完税凭证，但可以自行计算进项税额抵扣的情形——购进农产品，除取得增值税专用发票或者海关进口增值税专用缴款书外，按照农产品收购发票或者销售发票上注明的农产品买价和扣除率计算进项税额抵扣。计算公式为：

进项税额＝买价×扣除率

（3）扩大抵扣进项税范围。

《关于深化增值税改革有关政策的公告》明确将此前不能抵扣的公司员工出差机票、火车票、汽车票等都纳入抵扣范围。而不动产改为一次性全额抵扣，进一步增加了企业当期可抵扣进项税。

①已抵扣进项税额的不动产，发生非正常损失，或者改变用途，专用于简易计税方法计税项目、免征增值税项目、集体福利或者个人消费的，按照下列公式计算不得抵扣的进项税额：

不得抵扣的进项税额＝已抵扣进项税额×不动产净值率

不动产净值率＝（不动产净值÷不动产原值）×100％

②按照规定不得抵扣进项税额的不动产，发生用途改变，用于允许抵扣进项税额项目的，按照下列公式在改变用途的次月计算可抵扣进项税额。

可抵扣进项税额＝增值税扣税凭证注明或计算的进项税额×不动产净值率

10.1.5　不可以抵扣增值税进项税额的实务操作

不可以抵扣增值税进项税的实务操作如下：

（1）用于非增值税应税项目、免征增值税项目、集体福利或者个人消费的购进货物或者应税劳务；

（2）非正常损失的在产品、产成品所耗用的购进货物或者应税劳务；

（3）国务院财政、税务主管部门规定的纳税人自用消费品；

（4）进口货物，在海关计算缴纳进口环节增值税额时，不得抵扣发生在中国境外的各种税金；

（5）因进货退出或折让而收回的进项税额，应从发生进货退出或折让当期的进项税额中扣减；

（6）非正常损失的购进货物，以及相关的加工修理修配劳务和交通运输服务；

（7）非正常损失的购入产品、产成品所耗用的购进货物（不包括固定资产）、加工修理配劳务和交通运输服务；

（8）非正常损失的不动产，以及该不动产所耗用的购进货物、设计服务和建筑服务；

（9）非正常损失的不动产在建工程所耗用的购进货物、设计服务和建筑服务（纳税人新建、改建、扩建、修缮、装饰不动产，均属于不动产在建工程）；

（10）财政部和国家税务总局规定的其他情形。

有下列情形之一者，应当按照销售额和增值税税率计算应纳税额，不得抵扣进项税额，也不得使用增值税专用发票：

（1）一般纳税人会计核算不健全，或者不能够提供准确税务资料的。

（2）应当办理一般纳税人登记资格而未办理的。

（3）属于购入货物时不能直接认定其进项税额能否抵扣的，先记入"应交税费——应交增值税（进项税额）"账户，如果这部分购入货物以后用于按规定不得抵扣进项税额项目的，应将原已计入进项税额并已支付的增值税转入有关的承担者予以承担，通过"应交税费——应交增值税（进项税额转出）"账户转入有关资产及劳务成本，如图 10-2 所示。

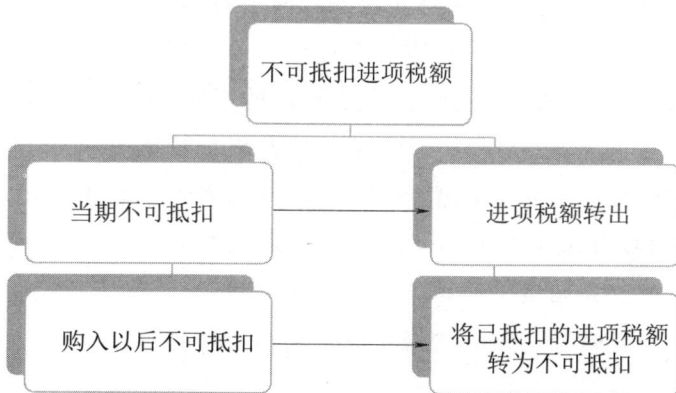

图 10-2　不可抵扣进项税额

【例 10-1】深圳顺星有限公司 8 月某在建工程领用甲材料一批，材料实际成本为 30 000 元，进项税额为 3 900 元，见表 10-4。

借：在建工程　　　　　　　　　　　　　　　　　　33 900
　　贷：原材料　　　　　　　　　　　　　　　　　30 000
　　　　应交税费——应交增值税（进项税额转出）　 3 900

表 10-4　出　库　单

2024 年 8 月

月	日	品名	规格型号	数量	单位	单价	金额（元）	签字
8	10	甲材料					33 900	××
合		计					33 900	

（4）货物非正常损失及改变用途的增值税会计处理。

企业购进的货物、在产品、产成品发生非正常损失，以及购进货物改变用途等原因，其进项税额，应相应转入有关科目，借记"待处理财产损溢""在建工程""应付职工薪酬"等科目，贷记"应交税费——应交增值税（进项税额转出）"科目。属于转做待处理财产损失的部分，应与遭受非正常损失的购进货物、在产品、产成品成本一并处理。

【例10-2】百利公司8月购进包装物4 000个，每个不含税单价20元，10月份实际验收入库3 500个。该包装物的定额损耗率为1%，包装物已验收入库，取得增值税专用发票且货款已付。存货盘存单见表10-5。

不得抵扣进项税额＝（4 000－3 500－4 000×1%）×20×13%＝1 196（元）

借：待处理财产损溢——待处理非流动资产损溢　　　　10 396

　　贷：应交税费——应交增值税（进项税额转出）　　　　　1 196

　　　　周转材料——包装物　　　　　　　　　　　　　　　9 200

表10-5　存货盘存单

存货名称	计量单位	数量（个）		单位成本（元）	盘　盈		盘　亏	
		实存	账存		数量（个）	金额（元）	数量（个）	金额（元）
包装物	个	3 500	4 000	20	—	—	460	10 396
原因								
处理意见	会计部门							
	审批部门							

（5）购入货物及接受应税劳务用于非应税项目或免税项目的增值税会计处理。

企业购入货物及接受应税劳务直接用于非应税项目，或直接用于免税项目以及直接用于集体福利和个人消费的，其专用发票上注明的增值税额，计入购入货物及接受劳务的成本。借记"在建工程""应付职工薪酬"等科目，贷记"银行存款"等科目。

若购进货物部分用于免税项目，按免税项目销售额占全部销售额的比例将进项税额应转出。

【例10-3】某自行车厂某月全部进项税额为34 000元，销售总额为500 000元，其中自行车销售额为400 000元，供残疾人专用的轮椅销售额100 000元。

进项税额转出＝34 000×（100 000÷500 000）＝6 800（元）

借：主营业务成本   6 800

　　贷：应交税费——应交增值税（进项税额转出）   6 800

10.2 增值税销售额

根据《中华人民共和国增值税暂行条例》第六条规定："销售额为纳税人发生应税销售行为收取的全部价款和价外费用，但是不包括收取的销项税额。"

10.2.1 销售额的一般认定

销售额包括收取的全部价款和价外费用。向购买方收到的各种价外费用包括手续费、补贴、基金、集资费、返还利润、奖励费、违约金（延期付款利息）、包装费、包装物租金、储备费、优质费、运输装卸费、代收款项、代垫款项及其他各种性质的价外收费。上述价外费用无论其会计制度如何核算，都应并入销售额计税。

但上述价外费用不包括以下各项费用。

（1）向购买方收取的销项税额。

（2）受托加工应征消费税的货物，而由受托方向委托方代收代缴的消费税。

（3）同时符合以下两个条件的代垫运费：即承运部门的运费发票开具给购货方，并且由纳税人将该项发票转交给购货方的。

（4）同时符合以下条件代为收取的政府性基金或者行政事业性收费：由国务院或者财政部批准设立的政府性基金，由国务院或者省级人民政府及其财政、价格主管部门批准设立的行政事业性收费；收取时开具省级以上财政部门印制的财政收据且所收款项全额上缴财政。

（5）销售货物的同时代办保险等而向购买方取的保险费，以及向购买方收取得代购买方缴纳的车辆购置税、车辆牌照费。

10.2.2 兼营与混合销售的销售额确定

1. 兼营业务

试点纳税人销售货物、加工修理修配劳务、服务、无形资产或者不动产适用不同税率或者征收率的，应当分别核算适用不同税率或者征收率的销售额，未分别核算销售额的，按照以下方法适用税率或者征收率。

（1）兼有不同税率的销售货物、加工修理修配劳务、服务、无形资产或者不动产，从高适用税率。

（2）兼有不同征收率的销售货物、加工修理修配劳务、服务、无形资产或者不动产，从高适用征收率。

（3）兼有不同税率和征收率的销售货物、加工修理修配劳务、服务、无形资产或者不动产，从高适用税率。

（4）纳税人兼营免税、减税项目的，应当分别核算免税、减税项目的销售额；未分别核算的，不得免税、减税。

2. 混合销售

一项销售行为如果既涉及服务又涉及货物，为混合销售。例如，A公司向B公司销售货物的同时，也为B公司送货到家提供运输服务，那么此时A公司的销售与运输行为属于混合销售。

从事货物的生产、批发或者零售的单位和个体工商户的混合销售行为，按照销售货物缴纳增值税，其中，包括以从事货物的生产、批发或者零售为主，并兼营销售服务的单位和个体工商户在内。

其他单位和个体工商户的混合销售行为，按照销售服务缴纳增值税。

10.2.3　视同销售情形下销售额的确定

纳税人发生应税行为价格明显偏低或者偏高且不具有合理商业目的，主管税务机关有权按照下列顺序确定销售额。

（1）按照纳税人最近时期销售同类服务、无形资产或者不动产的平均价格确定。

（2）按照其他纳税人最近时期销售同类服务、无形资产或者不动产的平均价格确定。

（3）按照组成计税价格确定。组成计税价格的公式为：

组成计税价格＝成本×（1＋成本利润率）

成本利润率由国家税务总局确定，目前可参考依据一般为10%，具体比例由主管税务机关确定。

10.2.4 差额计税方法销售额的确定

虽然全行业纳入了增值税的征收范围，但是目前仍然有无法通过抵扣机制避免重复征税的情况存在，因此引入了差额征税的办法，解决部分行业税收负担增加问题。以下属于差额确定销售额的项目。

1. 金融商品转让

金融商品转让，是指转让外汇、有价证券、非货物期货和其他金融商品所有权的业务活动。

其他金融商品转让，包括基金、信托、理财产品等各类资产管理产品和各种金融衍生品的转让。

金融商品转让按照卖出价扣除买入价后的余额为销售额。转让金融商品出现的正负差，按盈亏相抵后的余额为销售额。若相抵后出现负差，可结转下一纳税期与下期转让金融商品销售额相抵，但年末时仍出现负差的，不得转入下一个会计年度。

销项税额的计算公式如下：

$$销项税额 = 销售额 \div (1 + 6\%) \times 6\%$$

2. 经纪代理服务

经纪代理服务，是指各类经纪、中介、代理服务。包括金融代理、知识产权代理、货物运输代理、代理报关、法律代理、房地产中介、职业中介、婚姻中介、代理记账、拍卖等。

（1）销售额的确定。

经纪代理服务以取得的全部价款和价外费用，扣除向委托方收取并代为支付的政府性基金或者行政事业性收费后的余额为销售额。销项税额计算公式如下：

$$销项税额 = (含税的全部价款 + 价外费用 - 代为支付的政府性基金或者行政事业性收费后的余额) \div (1 + 6\%) \times 6\%$$

需要注意的是，计算纳税人提供经纪代理服务的销售额时，可扣除的项目为委托方收取并代为支付的政府性基金或者行政事业性收费，并非所有向委托方收取的费用均能扣除。另外，向委托方收取的并代为支付的政府性基金或者行政事业性收费为代收代付性质，不得开具增值税专用发票，可以开具增值税普通发票。

（2）人力资源外包服务的差额征税。

纳税人提供人力资源外包服务，按照经纪代理服务缴纳增值税，其销售额不包括受客户单位委托代为向客户单位员工发放的工资和代理缴纳的社会保险、住房公积金（注意此处不能扣除向员工发放的福利费）。向委托方收取并代为发放的工资和代理缴纳的社会保险、住房公积金，不得开具增值税专用发票，可以开具普通发票。

一般纳税人提供人力资源外包服务，可以选择适用简易计税方法，按照5%的征收率计算缴纳增值税。销项税额计算公式如下：

销项税额＝（含税的全部价款＋价外费用－受客户单位委托代为向客户单位委托代为向客户单位员工发放的工资和代理缴纳的社会保险、住房公积金后）÷（1＋6%）×6%

注意：人力资源外包服务计算销售额时工资可以扣除，但不能扣除支付的福利费。

3. 融资租赁和融资性售后回租业务

（1）融资租赁销售额的确认。

经中国人民银行、国家金融监督管理总局或者中华人民共和国商务部（以下简称商务部）批准从事融资租赁业务的试点纳税人，提供融资租赁服务，以取得的全部价款和价外费用，扣除支付的借款利息（包括外汇借款和人民币借款利息）、发行债券利息和车辆购置税后的余额为销售额。

（2）融资性售后回租服务。

经中国人民银行、国家金融监督管理总局或者商务部批准从事融资租赁业务的试点纳税人，提供融资性售后回租服务，以取得的全部价款和价外费用（不含本金），扣除对外支付的借款利息（包括外汇借款和人民币借款利息）、发行债券利息后的余额作为销售额。

4. 航空运输服务

航空运输企业的销售额，不包括代收的机场建设费和代售其他航空运输企业客票而代收转付的价款。销项税额计算公式如下：

销项税额＝（含税的销售额－机场建设费后的余额）÷（1＋9%）×9%

需要注意的是：

（1）旅客运输服务不得开具增值税专用发票，理论上，按照"发票管理办法"的要求，应该开具增值税普通发票。但是实务中往往只提供行程单，不单独注明税款，企业也用行程单入账。

（2）货物运输服务可以开具增值税专用发票，发票可以采取差额开票功能，税额显示上面计算的销项税额。

5. 客运场站服务

试点纳税人中的一般纳税人（以下称一般纳税人）提供客运场站服务，以其取得的全部价款和价外费用，扣除支付给承运方运费后的余额为销售额。销项税额计算公式如下：

销项税额＝（含税的全部价款＋价外费用－支付给承运方运费后的余额）÷（1＋6%）×6%

6. 旅游服务

试点纳税人提供旅游服务，可以选择以取得的全部价款和价外费用，扣除向旅游服务购买方收取并支付给其他单位或者个人的住宿费、餐饮费、交通费、签证费、门票费和支付给其他接团旅游企业的旅游费用后的余额为销售额。销项税额计算公式如下：

销项税额＝（含税的全部价款＋价外费用－支付给其他单位或个人的住宿费、餐饮费、交通费、签证费、门票费和支付给其他接团旅游企业的旅游费）÷（1＋6%）×6%

选择上述办法计算销售额的试点纳税人，向旅游服务购买方收取并支付的上述费用，不得开具增值税专用发票，可以开具普通发票。余额可以开具专用发票，销项税额计算公式如下：

销项税额＝余额部分÷（1＋6%）×6%

7. 建筑服务及不动产销售服务

（1）建筑服务老项目。

纳税人提供建筑服务适用简易计税方法的，以取得的全部价款和价外费用扣除支付的分包款后的余额为销售额，销项税额计算公式如下：

销项税额＝（含税的全部价款＋价外费用－支付分包款）÷（1＋3%）×3%

（2）销售房地产开发新项目。

房地产开发企业中的一般纳税人销售其开发的房地产项目（选择简易计税方法的房地产老项目除外），以取得的全部价款和价外费用，扣除受让土地时向政府部门支付的土地价款后的余额为销售额，销项税额计算公式如下：

销项税额＝（含税的全部价款＋价外费用－受让土地使用权时向政府支付的土地价款）÷（1＋9％）×9％

（3）销售不动产老项目。

一般纳税人销售其 2016 年 4 月 30 日前取得（不含自建）的不动产，可以选择适用简易计税方法，以取得的全部价款和价外费用减去该项不动产购置原价或者取得不动产时的作价后的余额为销售额。

小规模纳税人销售其取得（不含自建）的不动产（不含个体工商户销售购买的住房和其他个人销售不动产），应以取得的全部价款和价外费用减去该项不动产购置原价或者取得不动产时的作价后的余额为销售额。销项税额计算公式如下：

销项税额＝（含税的全部价款＋价外费用－不动产原价或取得不动产时的作价）÷（1＋5％）×5％

8. 劳务派遣

一般纳税人提供劳务派遣服务，以取得的全部价款和价外费用为销售额，按照一般计税方法计算缴纳增值税；也可以选择差额纳税，以取得的全部价款和价外费用，扣除代用工单位支付给劳务派遣员工的工资、福利和为其办理社会保险及住房公积金后的余额为销售额，按照简易计税方法依 5％的征收率计算缴纳增值税。

小规模纳税人提供劳务派遣服务，以取得的全部价款和价外费用为销售额，按照简易计税方法依 3％的征收率计算缴纳增值税；也可以选择差额纳税，以取得的全部价款和价外费用，扣除代用工单位支付给劳务派遣员工的工资、福利和为其办理社会保险及住房公积金后的余额为销售额，按照简易计税方法依 5％的征收率计算缴纳增值税。销项税额计算公式如下：

销项税额＝（含税的全部价款＋价外费用－代用工单位支付给劳务派遣员工的工资、福利和为其办理社会保险及住房公积金后的余额）÷（1＋5％）×5％

10.2.5 当期销项税额的计算

当期销项税额，是指当期销售货物或提供应税劳务的纳税人，依其销售额和法定税率计算并向购买方收取的增值税税款。

其计算公式为：

当期销项税额＝不含税销售额×税率

或，当期销项税额＝组成计税价格×税率

如果销售收入中包含了销项税额，则应将含税销售额换算成不含税销售额。这是因为增值税是价外税，在计税的销售额中不能含有增值税税款。属于含税销售收入的有普通发票的价款、零售价格、价外收入、非应税劳务征收增值税。

不含税销售额的计算公式为：

不含税销售额＝含税销售额÷（1＋增值税税率）

10.2.6　增值税销项税额的账务处理

增值税销项税额的账务处理，见表 10-6。

表 10-6　增值税销项税额的账务处理

财务情景	会计处理
企业销售货物、加工修理修配劳务、服务、无形资产或不动产	借：应收账款/应收票据/银行存款等 　　贷：主营业务收入/其他业务收入/固定资产清理/合同结算 　　　　应交税费——应交增值税（销项税额） 　　　　　　　　——简易计税 　　　　　　　　——应交增值税（小规模纳税人）
收入或利得的时点早于按照增值税制度确认增值税纳税义务发生时点的	应将相关销项税额计入"应交税费——待转销项税额"科目，待实际发生纳税义务时再转入"应交税费——应交增值税（销项税额）"或"应交税费——简易计税"科目
增值税纳税义务发生时点早于按照国家统一的会计制度确认收入或利得的时点的	借：应收账款 　　贷：应交税费——应交增值税（销项税额）/应交税费——简易计税
视同销售的账务处理	借：应付职工薪酬/利润分配/在建工程等 　　贷：应交税费——应交增值税（销项税额）/应交税费——简易计税 　　（小规模纳税人应计入"应交税费——应交增值税"）

财务情景		会计处理
差额征税的账务处理	企业发生相关成本费用允许扣减销售额的账务处理	借：主营业务成本/存货/合同履约成本 　贷：应付账款/应付票据/银行存款
	按照允许抵扣的税额	一般纳税人账务处理 借：应交税费——应交增值税（销项税额抵减） 　　应交税费——简易计税 　　贷：主营业务成本/库存商品/合同履约成本 小规模纳税人账务处理 借：应交税费——应交增值税 　　贷：主营业务成本/存货/合同履约成本
出口退税的账务处理	未实行"免、抵、退"办法的一般纳税人出口货物按规定退税的	借：应收出口退税款 　贷：应交税费——应交增值税（出口退税） ①收到出口退税时 借：银行存款 　贷：应收出口退税款 ②退税额低于购进时取得的增值税专用发票上的增值税额的差额 借：主营业务成本 　贷：应交税费——应交增值税（进项税额转出）
出口退税的账务处理	实行"免、抵、退"办法的一般纳税人出口货物	借：主营业务成本 　贷：应交税费——应交增值税（进项税额转出） ①按规定计算的当期出口货物的进项税抵减内销产品的应纳税额 借：应交税费——应交增值税（出口抵减内销产品应纳税额） 　贷：应交税费——应交增值税（出口退税） ②在规定期限内，内销产品的应纳税额不足以抵减出口货物的进项税额，不足部分按有关税法规定给予退税的，应在实际收到退税款时 借：银行存款 　贷：应交税费——应交增值税（出口退税）

10.3　增值税会计处理

一般纳税人应该在"应交税费"总账，设置二级科目共 10 个，其中，应交增值税设置三级科目便于业务核算，如图 10-3 所示。

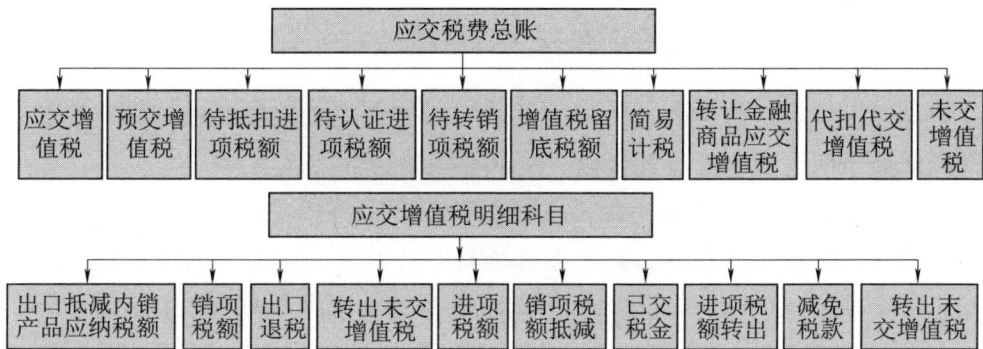

图 10-3　增值税应设子目

应交增值税的账务处理，见表 10-7。

表 10-7　应交增值税的账务处理

缴纳时间	账务处理
当月缴纳税款	借：应交税费——应交增值税（已交税金） 　贷：银行存款
当月缴纳以前月份税款	借：应交税费——未交增值税 　贷：银行存款
税款减免的账务处理	借：应交税费——应交增值税（减免税款） 　贷：营业外收入
税款返还	借：银行存款 　贷：营业外收入
当月应交未交的增值税	借：应交税费——应交增值税（转出未交增值税） 　贷：应交税费——未交增值税
当月多交的增值税	借：应交税费——未交增值税 　贷：应交税费——转出多交增值税
当月预缴应交增值税	借：应交税费——预交增值税 　贷：银行存款 借：应交增值税——未交增值税 　贷：应交增值税——预交增值税
发生期末留抵税额时	借：应交税费——增值税留抵税额 　贷：应交税费——应交增值税（进项税额转出）
期末留抵税额待以后期间允许抵扣时	借：应交税费——应交增值税（进项税额） 　贷：应交税费——增值税留抵税额

10.3.1 一般计税方法的计算

我国目前对一般纳税人采用的是国际上通行的购进扣税法，即当期销项税额抵扣当期进项税额后的余额。应纳税额的计算公式为：

应纳税额＝当期销项税额－当期进项税额

计税销售额＝（取得的全部含税价款和价外费用－支付给其他单位或个人的含税价款）÷（1＋对应征税应税服务适用的增值税税率或征收率）

当期销项税额小于当期进项税额不足抵扣时，其不足部分可以结转下期继续抵扣。

【例 10-4】深圳某广告公司已认定为增值税一般纳税人。2024 年 2 月，该公司取得广告制作费 800 万元（含税），支付给山西某媒体的广告发布费为 400 万元，所取得的发票为合法有效凭证。当期该广告公司可抵扣的进项税额为 15 万元。

该广告公司 2 月需缴纳的增值税为：（800－400）÷（1＋6%）×6%－15＝7.64（万元）

10.3.2 特殊计税方法的计算

特殊计税方法计算公式如下：

当期应交增值税＝销项税额－（进项税额－进项税额转出－出口退税）－出口抵减内销产品应纳税额－减免税款

【例 10-5】深圳海天有限公司为增值税一般纳税人，1 月购进货物取得增值税专用发票注明价款 220 000 元，增值税额 28 600 元，当月实现销售收入 350 000 元，销项税额 45 500 元。经企业申请，主管税务机关批准，该企业减半征收增值税 1 年。缴税凭证如图 10-4 所示。

（1）属于直接减免的账务处理。

①购进材料时。

借：原材料	220 000
应交税费——应交增值税（进项税额）	28 600
贷：银行存款	248 600

②销售实现时。

借：银行存款	395 500

  贷：主营业务收入   350 000

    应交税费——应交增值税（销项税额）   45 500

③计算缴纳税款时。

应纳税额＝（45 500－28 600）×50％＝8 450（元）。

  借：应交税费——应交增值税（已交税金）   8 450

    贷：银行存款   8 450

  借：应交税费——应交增值税（减免税款）   8 450

    贷：营业外收入   8 450

中国工商银行电子缴税付款凭证

转账日期：2024 年 5 月 5 日   凭证字号：×××

付款人全称	深圳海天有限公司	征收机关名称	丽邑区税务
付款人账号	6200004309234216342	收款国库名称	—
付款人开户银行	深圳工商银行北蜂窝支行营业室	小写（合计）金额	￥8 450
缴款书交易流水号	23554	大写（合计）金额	捌仟肆佰伍拾元整
税（费）种名称	所属日期		实缴金额
增值税	2024 年 4 月		8 450

第 次打印 作付款回单 无银行收讫章无效 复核 打印日期：年 月 日

图 10-4 电子缴税付款凭证

（2）先征后退办法。

计算缴纳税金：应纳税额＝45 500－28 600＝16 900（元）

  借：应交税费——应交增值税（已交税金）   16 900

    贷：银行存款   16 900

借：银行存款   8 450
　　贷：营业外收入   8 450

10.3.3　出口货物退税的计算

现行出口货物的增值税退税率有 13%、9%、8%、6%、0 等。

"免、抵、退"税的计算方法，见表 10-8。

表 10-8　免、抵、退税的计算方法

计算内容	公　　式
当期应纳税额的计算	当期应纳税额＝当期内销货物的销项税额－（当期进项税额－当期免抵退税不得免征和抵扣税额）－上期留抵税额 其中： 当期免抵退税不得免征和抵扣税额＝出口货物离岸价×外汇人民币牌价×（出口货物征税率－出口货物退税率）－免抵退税不得免征和抵扣税额 免抵退税不得免征和抵扣税额抵减额＝免税购进原材料价格×（出口货物征税率－出口货物退税率）
免抵退税额的计算	当期免抵退税额＝出口货物离岸价×外汇人民币牌价×出口货物退税率－免抵退税额抵减额 其中： 当期免抵退税额抵减额＝当期免税购进原材料价格×出口货物退税率
当期应退税额和免抵税额的计算	①当期期末留抵税额≤当期免抵退税额，则： 当期应退税额＝当期期末留抵税额 当期免抵税额＝当期免抵退税额－当期应退税额 ②当期期末留抵税额＞当期免抵退税额，则： 当期应退税额＝当期免抵退税额 当期免抵税额＝0

【例 10-6】新飞有限公司为自营出口的生产企业，出口货物的增值税税率为 13%，退税税率为 9%。2024 年 4 月的有关经营业务如下：购进原材料一批，取得的增值税专用发票注明的价款 2 500 000 元，外购货物准予抵扣的进项税额 400 000 元通过认证。上月末留抵税款 35 000 元，本月内销货物不含税销售额 1 200 000 元，收款 1 356 000 元存入银行，本月出口货物的销售额折合人民币 2 800 000 元。计算该企业当期的"免、抵、退"税额。

（1）当期"免、抵、退"税不得免征和抵扣税额＝2 800 000×（13％－9％）＝112 000（元）

（2）当期应纳税额＝1 200 000×13％－（400 000－112 000）－35 000＝156 000－288 000－35 000＝－167 000（元）

（3）出口货物"免、抵、退"税额＝2 800 000×9％＝252 000（元）

（4）按规定，如当期末留抵税额≤当期"免、抵、退"税额时：

当期应退税额＝当期期末留抵税额，即该企业当期应退税额＝167 000（元）

（5）当期免抵税额＝当期"免、抵、退"税额－当期应退税额

当期免抵税额＝252 000－167 000＝85 000（元）

①购进材料。

借：原材料   2 500 000

　应交税费——应交增值税（进项税额）   325 000

　　贷：银行存款   2 825 000

②销售货物。

借：银行存款   1 356 000

　　贷：主营业务收入   1 200 000

　　　应交税费——应交增值税（销项税额）   156 000

借：银行存款   2 800 000

　　贷：主营业务收入   2 800 000

③不得减免、抵扣税额。

借：主营业务成本   112 000

　　贷：应交税费——应交增值税（进项税额转出）   112 000

④抵减税额。

借：应交税费——应交增值税（抵减内销产品应纳税额）

                                                                       85 000

　　贷：应交税费——应交增值税（出口退税）   85 000

⑤应退税额。

借：其他应收款   167 000

　　贷：应交税费——应交增值税（出口退税）   167 000

税收退还书如图10-5所示。

中华人民共和国
税收退还书

国退：

注册类型：　　　　　　填发日期：2024 年 5 月 5 日　　　　　　税务机关：

预算科目	编码	7621949		收款单位（人）	代码：769206										
	名称	中央金库			全称：新飞有限公司										
	级次	预算级			开户银行：工行天河路支行										
退款国库					账号：746326676884										
退库性质		原税款征收品目名称			千	百	十	万	千	百	十	元	角	分
出口退税		××××			¥	1	6	7	0	0	0	0	0	0
金额（合计）（大写）壹拾陆万柒仟元整					备注（盖章） 工行深圳支行 2024-05-05 转讫										
税务机关				上列款项已办妥退库手续 并划转收款单位账户 国库（银行）盖章　　　年　月　日											
盖章	负责人（章）		填票人（章）												

图 10-5　税收退还书

《财政部　税务总局关于增值税小规模纳税人减免增值税政策的公告》（财政部　税务总局公告 2023 年第 19 号）规定：

"为进一步支持小微企业和个体工商户发展，现将延续小规模纳税人增值税减免政策公告如下：

一、对月销售额 10 万元以下（含本数）的增值税小规模纳税人，免征增值税。

二、增值税小规模纳税人适用 3% 征收率的应税销售收入，减按 1% 征收率征收增值税；适用 3% 预征率的预缴增值税项目，减按 1% 预征率预缴增值税。

三、本公告执行至 2027 年 12 月 31 日。"

《国家税务总局关于增值税小规模纳税人减免增值税等政策有关征管事项的公告》（国家税务总局公告 2023 年第 1 号）第一条规定：

"增值税小规模纳税人发生增值税应税销售行为,合计月销售额未超过10万元(以1个季度为1个纳税期的,季度销售额未超过30万元)的,免征增值税。

第九条规定:"按照现行规定应当预缴增值税税款的小规模纳税人,凡在预缴地实现的月销售额未超过10万元的,当期无需预缴税款。在预缴地实现的月销售额超过10万元的,适用3%预征率的预缴增值税项目,减按1%预征率预缴增值税。"

《国家税务总局关于增值税小规模纳税人减免增值税等政策有关征管事项的公告》(国家税务总局公告2023年第1号)第七条规定:

"小规模纳税人发生增值税应税销售行为,合计月销售额未超过10万元的,免征增值税的销售额等项目应填写在《增值税及附加税费申报表(小规模纳税人适用)》'小微企业免税销售额'或者'未达起征点销售额'相关栏次;减按1%征收率征收增值税的销售额应填写在《增值税及附加税费申报表(小规模纳税人适用)》'应征增值税不含税销售额(3%征收率)'相应栏次,对应减征的增值税应纳税额按销售额的2%计算填写在《增值税及附加税费申报表(小规模纳税人适用)》'本期应纳税额减征额'及《增值税减免税申报明细表》减税项目相应栏次。"

10.4　城市维护建设税

城市维护建设税,是国家对缴纳增值税、消费税的单位和个人就其实际缴纳的税额为计税依据而征收的一种税。

2020年8月11日,第十三届全国人民代表大会常务委员会第二十一次会议通过《中华人民共和国城市维护建设税法》,自2021年9月1日起施行。

城市维护建设税采用地区差别比例税率,纳税人所在地区不同,适用税率的档次也不同。具体规定见表10-9。

表10-9　城市维护建设税税率

城建税纳税人所在地	税　率
市区的	7%
县城、镇	5%
不在市区、县城或镇的	1%

1. 计税依据

城市维护建设税的计税依据为纳税人实际缴纳的增值税、消费税税额，以及出口货物、劳务或者跨境销售服务、无形资产增值税免抵税额。

城建税计算公式如下：

应纳税额＝（实际缴纳的增值税税额＋实际缴纳消费税税额）×适用税率

2. 税收优惠

根据《财政部 税务总局关于增值税期末留抵退税有关城市维护建设税 教育费附加和地方教育附加政策的通知》（财税〔2018〕80 号）规定，"对实行增值税期末留抵退税的纳税人，允许其从城市维护建设税 教育费附加和地方教育附加的计税（征）依据中扣除退还的增值税税额。"

（1）对实行增值税期末留抵退税的纳税人，允许其从城市维护建设税的计税依据中扣除退还的增值税税额。

（2）对进口货物或境外单位和个人向境内销售劳务、服务、无形资产缴纳的增值税、消费税，不征收城市维护建设税。

3. 城市维护建设税纳税义务发生时间、地点

纳税义务发生时间、地点如图 10-6 所示。

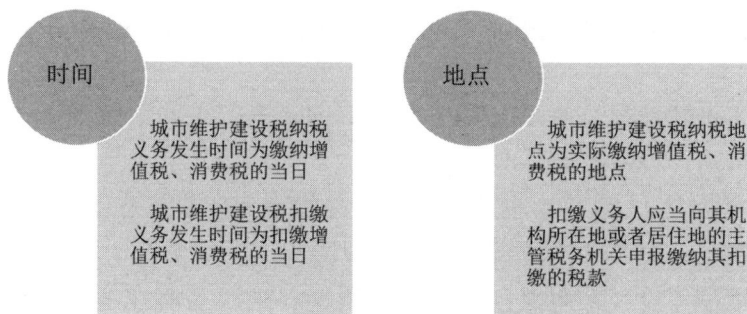

图 10-6　纳税义务发生时间、地点

10.5　教育费附加

教育费附加是对缴纳增值税、消费税的单位和个人，就其实际缴纳的税额为计税依据征收的一种附加费，见表 10-10。

表 10-10　教育费附加税率

征收范围	征收比率	计税依据	计算公式
缴纳增值税、消费税的单位和个人	3%（地方教育费附加 2%）	实际缴纳的增值税、消费税税额为计税依据，与"增值税、消费税"同时缴纳	应纳教育费附加＝实际缴纳的"增值税、消费税"税额×3% 应交地方教育附加＝实际缴纳的"增值税、消费税"税额×2%

（1）教育费附加出口不退，进口不征。

（2）对由于减免增值税、消费税而发生的退税，可同时退还已征收的教育费附加。

（3）对实行增值税期末留抵退税的纳税人，允许其从城市维护建设税、教育费附加和地方教育附加的计税（征）依据中扣除退还的增值税税额。

企业按规定计算应缴的教育费附加时，借记"税金及附加"科目，贷记"应交税费"科目。缴纳时，借记"应交税费"，贷记"银行存款"。

【例 10-7】2024 年 1 月，维达制药有限公司实际缴纳增值税 400 000 元，缴纳消费税 300 000 元。计算该企业应纳的城建税税额。城市维护建设税税率 7%，教育费附加 3%，地方教育附加 2%，缴税付款凭证如图 10-7 所示。

应缴纳城市维护建设税税额＝（400 000＋300 000）×7%＝700 000×7%＝49 000（元）。

应缴纳教育费附加＝700 000×3%＝21 000（元）。

应缴纳地方教育附加＝700 000×2%＝14 000（元）。

①计提城市维护建设税和教育费附加。

借：税金及附加 84 000
　　贷：应交税费——应交城市维护建设税 49 000
　　　　　　　　——应交教育费附加 21 000
　　　　　　　　——应交地方教育附加 14 000

②缴纳城建税。

借：应交税费——应交城市维护建设税 49 000
　　　　　　——应交地方教育附加 14 000
　　　　　　——应交教育费附加 21 000
　　　　　　——应交增值税 400 000
　　　　　　——应交消费税 300 000
　　贷：银行存款 784 000

××银行电子缴税付款凭证

转账日期：2024 年 2 月 10 日   凭证字号：0023095729371

付款人全称	维达制药有限公司	征收机关名称	地方税务局
付款人账号	0200001909234213213	收款国库名称	××中心支库
付款人开户银行	深圳工商银行龙华支行	小写（合计）金额	￥784 000
缴款书交易流水号	023642-834	大写（合计）金额	柒拾捌万肆仟元整
税（费）种名称	所属日期		实缴金额
增值税	2024 年 1 月 1 日至 2024 年 1 月 31 日		400 000
消费税	2024 年 1 月 1 日至 2024 年 1 月 31 日		300 000
城市维护建设税	2024 年 1 月 1 日至 2024 年 1 月 31 日		49 000
教育费附加	2024 年 1 月 1 日至 2024 年 1 月 31 日		21 000
地方教育附加	2024 年 1 月 1 日至 2024 年 1 月 31 日		14 000

图 10-7　缴税付款凭证

《关于进一步支持小微企业和个体工商户发展有关税费政策的公告》（财政部 税务总局公告 2023 年第 12 号）规定：

"二、自 2023 年 1 月 1 日至 2027 年 12 月 31 日，对增值税小规模纳税人、小型微利企业和个体工商户减半征收资源税（不含水资源税）、城市维护建设税、房产税、城镇土地使用税、印花税（不含证券交易印花税）、耕地占用税和教育费附加、地方教育附加。

…………

五、本公告所称小型微利企业，是指从事国家非限制和禁止行业，且同时符合年度应纳税所得额不超过 300 万元、从业人数不超过 300 人、资产总额不超过 5 000 万元等三个条件的企业。

从业人数，包括与企业建立劳动关系的职工人数和企业接受的劳务派遣用工人数。所称从业人数和资产总额指标，应按企业全年的季度平均值确定。具体计算公式如下：

季度平均值＝（季初值＋季末值）÷2

全年季度平均值＝全年各季度平均值之和÷4

年度中间开业或者终止经营活动的，以其实际经营期作为一个纳税年度确定上述相关指标。

小型微利企业的判定以企业所得税年度汇算清缴结果为准。登记为增值税一般纳税人的新设立的企业，从事国家非限制和禁止行业，且同时符合申报期上月末从业人数不超过 300 人、资产总额不超过 5 000 万元等两个条件的，可在首次办理汇算清缴前按照小型微利企业申报享受第二条规定的优惠政策。"

办理以上税收优惠政策，首先登录电子税务局：通过"我要办税→税费申报及缴纳→申报税（费）清册→按期应申报"模块中的增值税申报功能填报增值税及附加税费申报表及附表附加税费情况表时，需填报本期减免税费额栏次→减免税代码及减免税项目，选择相应减免税费政策。

办税服务厅：纳税人在办税服务厅办理增值税申报时填报增值税及附加税费申报表及附表附加税费情况表，需填报城市维护建设税本期减免税费额栏次，填写减免税代码及减免税额。

不同情形填报方式也不同，下面详细介绍。

（1）增值税差额征税。适用增值税差额征税政策的小规模纳税人，以差额后的销售额确定是否可以享受本条政策规定的免征增值税政策。

在增值税及附加税费申报表（小规模纳税人适用）中的"免税销售额"相关栏次，填写差额后的销售额。

（2）月销售额不超过 10 万元。小规模纳税人发生增值税应税销售行为，合计月销售额超过 10 万元，但扣除本期发生的销售不动产的销售额后未超过 10 万元的，其销售货物、劳务、服务、无形资产取得的销售额免征增值税。申报时，将不含税销售额填写在增值税及附加税费申报表（小规模纳税人适用）第 10 行"小微企业免税销售额"和第 9 行"免税销售额"中。

（3）季度销售额超过了 30 万元。增值税小规模纳税人除销售不动产外，自开普票季度销售额超过了 30 万元，应全额申报缴纳增值税。

申报时，将不含税销售额填写在增值税及附加税费申报表（小规模及附加税费人适用）第 3 行"其他增值税发票不含税销售额"和第 1 行"应征增值税不含税销售额（3%征收率）"栏次中。对应的增值税应纳税额按销售额的 2%计算填写在第 16 行"本期应纳税额减征额"及增值税减免税明细表减税项目相应栏次。

（4）季度销售额未超过 30 万元。

增值税小规模纳税人自开了部分增值税专用发票，但季度销售额未超过

30 万元，那么专用发票部分应申报缴纳增值税，普通发票部分可以享受免征增值税。

申报时，专用发票部分将不含税销售额填写在增值税及附加税费申报表（小规模纳税人适用）第 2 行"增值税专用发票不含税销售额"和第 1 行"应征增值税不含税销售额（3％征收率）"栏次中。对应减征的增值税应纳税额按销售额的 2％计算填写在第 16 行"本期应纳税额减征额"及增值税减免税明细表减税项目相应栏次；普通发票部分将不含税销售额填写在增值税及附加税费申报表（小规模及附加税费人适用）第 10 行"小微企业免税销售额"和第 9 行"免税销售额"中。

（以上填报方式仅供参考，具体填报关注当地税务局的规定）

10.6 土地增值税

土地增值税是对有偿转让国有土地使用权及地上建筑物和其他附着物产权，并取得增值性收入的单位和个人所征收的一种税。

1. 纳税义务人

土地增值税的纳税义务人为转让国有土地使用权、地上的建筑及其附着物（以下简称转让房地产）并取得收入的单位和个人。

单位包括各类企业、事业单位、国家机关和社会团体及其他组织。个人包括个体经营者。

2. 税率

土地增值税实行四级超率累进税率，见表 10-11。

表 10-11　土地增值税实行四级超率累进税率

级别	增值额与扣除项目金额的比率	税率	速算扣除系数（％）
1	增值额未超过扣除项目金额 50％的部分	30％	0
2	增值额超过扣除项目金额 50％、未超过扣除项目金额 100％的部分	40％	5
3	增值额超过扣除项目金额 100％、未超过扣除项目金额 200％的部分	50％	15
4	增值额超过扣除项目金额 200％的部分	60％	35

3. 应纳税额的计算

土地增值税计算的基本原理：

①以出售房地产的总收入减除扣除项目金额，求得增值额。

②再以增值额同扣除项目相比，其比值即为土地增值率。

③根据土地增值率的高低确定适用税率，用增值额和适用税率相乘，求得应纳税额。

（1）计算增值额：

增值额＝房地产转让收入—扣除项目金额

（2）计算增值率：

增值率＝增值额÷扣除项目金额×100％

（3）确定适用税率：

依据计算的增值率，按其税率表确定适用税率。

（4）依据适用税率计算应纳税额：

应纳税额＝增值额×适用税率—扣除项目金额×速算扣除系数

土地增值税应纳税额的计算，见表 10-12。

表 10-12 土地增值税应纳税额的计算

计算步骤	各项目核算内容		
计算应税收入	转让房地产取得的应税收入		货币收入 实物收入 其他收入
计算扣除项目金额	房地产开发企业	①取得土地使用权所支付的金额	◆以出让方式取得土地使用权的，为支付的土地出让金 ◆以行政划拨方式取得土地使用权的，为转让土地使用权时按规定补缴的出让金 ◆以转让方式取得土地使用权的，为支付的土地价款
		②房地产开发成本	
		③房地产开发利息	能够按转让房地产项目计算分摊利息支出，并能提供金融机构的贷款证明 开发费用＝利息＋（①＋②）×5％以内
			不能按转让房地产项目计算分摊利息支出或不能提供金融机构贷款证明的： 开发费用＝（①＋②）×10％以内

计算步骤	各项目核算内容		
计算扣除项目金额	房地产开发企业	④与转让房地有关的税金	城市维护建设税、教育费附加、地方教育附加
		⑤土地成本与房地产开发成本之和加计扣除	（①+②）×20%以内
	非房地产开发企业	①取得土地使用权所支付的金额 ②房地产开发成本 ③房地产开发费用 ④与转让房地产有关的税金	
	转让旧房	①取得土地使用权所支付的金额 ②与转让房地产有关的税金	

【**例 10-8**】某房地产开发公司出售一幢写字楼，收入总额为 100 000 000 元。开发该写字楼有关支出为：支付土地价款及各种费用 15 000 000 元；房地产开发成本 35 000 000 元；财务费用中的利息支出为 6 000 000 元（可按转让项目计算分摊并提供金融机构证明），但其中有 650 000 元属于加罚的利息；转让环节缴纳的有关税费共计为 5 800 000 元；该单位所在地政府规定的其他房地产开发费用计算扣除比例为 20%。试计算该房地产开发公司应纳的土地增值税。

（1）取得土地使用权支付的土地价款及有关费用为 15 000 000 元。

（2）房地产开发成本为 35 000 000 元。

（3）房地产开发费用＝6 000 000−650 000＋（15 000 000＋35 000 000）×5%

＝5 350 000＋2 500 000

＝7 850 000（元）

（4）允许扣除的税费为 5 800 000 元。

（5）从事房地产开发的纳税人加计扣除 20%。

加计扣除额＝（15 000 000＋35 000 000）×20%＝10 000 000（元）

（6）允许扣除的项目金额合计＝15 000 000＋35 000 000＋7 850 000＋5 800 000＋10 000 000＝73 650 000（元）

（7）增值额＝100 000 000−73 650 000＝26 350 000（元）

（8）增值率＝25 700 065÷73 650 000×100％＝35.78％

（9）应纳税额＝26 350 000×30％＝7 905 000（元）

《中华人民共和国土地增值税暂行条例》第八条："有下列情形之一的，免征土地增值税：

（一）纳税人建造普通标准住宅出售，增值额未超过扣除项目金额20％的；

（二）因国家建设需要依法征收、收回的房地产。"

《关于继续实施企业改制重组有关土地增值税政策的公告》（财政部 税务总局公告2023年第51号）规定：

"一、企业按照《中华人民共和国公司法》有关规定整体改制，包括非公司制企业改制为有限责任公司或股份有限公司，有限责任公司变更为股份有限公司，股份有限公司变更为有限责任公司，对改制前的企业将国有土地使用权、地上的建筑物及其附着物（以下称房地产）转移、变更到改制后的企业，暂不征收土地增值税。

本公告所称整体改制是指不改变原企业的投资主体，并承继原企业权利、义务的行为。

二、按照法律规定或者合同约定，两个或两个以上企业合并为一个企业，且原企业投资主体存续的，对原企业将房地产转移、变更到合并后的企业，暂不征收土地增值税。

三、按照法律规定或者合同约定，企业分设为两个或两个以上与原企业投资主体相同的企业，对原企业将房地产转移、变更到分立后的企业，暂不征收土地增值税。

四、单位、个人在改制重组时以房地产作价入股进行投资，对其将房地产转移、变更到被投资的企业，暂不征收土地增值税。"

10.7 城镇土地使用税

城镇土地使用税是以开征范围的土地为征税对象，以实际占用的土地面积为计税标准，按规定税额对拥有土地使用权的单位和个人征收的一种税。

1. 征税范围

城镇土地使用税的征税范围为城市、县城、建制镇和工矿区。不论是国家所有的土地，还是集体所有的土地，都属于城镇土地使用税的征税范围。

（1）征税范围不包括农村的土地。

（2）建立在城市、县城、建制镇和工矿区以外的工矿企业则不需要缴纳城镇土地使用税。

（3）自 2009 年 1 月 1 日起，公园、名胜古迹内的索道公司经营用地，应按规定缴纳城镇土地使用税。

2. 城镇土地使用税纳税人

凡在城市、县城、建制镇、工矿区范围内使用土地的单位和个人，为城镇土地使用税的纳税义务人。城镇土地使用税的纳税人通常包括以下几类。

（1）拥有土地使用权的单位或个人纳税。

（2）拥有土地使用权的单位和个人不在土地所在地的，其土地的实际使用人和代管人为纳税人。

（3）土地使用权未确定或权属纠纷未解决的，其实际使用人为纳税人。

（4）土地使用权共有的，共有方都是纳税人，以共有各方实际使用土地的面积占总面积的比例，分别计算缴纳城镇土地使用税。

3. 适用税额

城镇土地使用税采用定额税率，即采用有幅度的差别税额。

城镇土地使用税实行分级幅度税额。每平方米土地年税额规定如下：大城市 1.5 元至 30 元；中等城市 1.2 元至 24 元；小城市 0.9 元至 18 元；县城、建制镇、工矿区 0.6 元至 12 元。

（注：人口在 50 万以上的为大城市；人口在 20 万～50 万的为中等城市；人口在 20 万以下为小城市）

4. 计税依据

城镇土地使用税以纳税人实际占用的土地面积（平方米）为计税依据。

纳税人实际占用的土地面积，以房地产管理部门核发的土地使用证书与确认的土地面积为准；尚未核发土地使用证书的，应由纳税人据实申报土地面积，据以纳税，待核发土地使用证以后再做调整。

5. 应纳税额的计算

城镇土地使用税的应纳税额依据纳税人实际占用的土地面积和适用单位税额计算。

年应纳税额＝计税土地面积（平方米）×适用税额

【例 10-9】设在某城市的一家企业使用土地面积为 40 000 平方米，经税务机关核定，该土地为应税土地，每平方米年税额为 4 元。请计算其全年应纳的土地使用税税额。

年应纳土地使用税税额＝40 000×4＝160 000（元）

借：税金及附加 160 000
  贷：应交税费——应交城镇土地使用税 160 000

缴纳时。

借：应交税费——应交城镇土地使用税 160 000
  贷：银行存款 160 000

10.8　耕地占用税

根据《中华人民共和国耕地占用税法》第二条："在中华人民共和国境内占用耕地建设建筑物、构筑物或者从事非农业建设的单位和个人，为耕地占用税的纳税人，应当依照本法规定缴纳耕地占用税。"

1. 征税范围

耕地占用税的征税范围包括纳税人为建房或从事其他非农业建设而占用的国家所有和集体所有的耕地。

2. 适用税率

耕地占用税实行定额税率如下：

（1）人均耕地不超过 1 亩的地区（以县、自治县、不设区的市、市辖区为单位，下同），每平方米为 10～50 元；

（2）人均耕地超过 1 亩但不超过 2 亩的地区，每平方米为 8～40 元；

（3）人均耕地超过 2 亩但不超过 3 亩的地区，每平方米为 6～30 元；

（4）人均耕地超过 3 亩以上的地区，每平方米为 5～25 元。

经济特区、经济技术开发区和经济发达、人均耕地特别少的地区，适用税额可以适当提高，但最多不得超过上述规定税额的 50%。

各省、自治区、直辖市具体税额如图 10-8 所示。

上海	每平方米平均税额45元
北京	每平方米平均税额40元
天津	每平方米平均税额35元
江苏、浙江、福建、广东	每平方米平均税额30元
辽宁、湖北、湖南	每平方米平均税额25元
河北、安徽、江西、山东、河南、重庆、四川	每平方米平均税额22.5元
广西、海南、贵州、云南、山西、吉林、黑龙江	每平方米平均税额20元

图 10-8 税额

3. 应纳税额计算

耕地占用税以纳税人实际占用的耕地面积为计税依据，以每平方米土地为计税单位，按适用的定额税率计税。

应纳税额＝实际占用耕地面积（平方米）×适用定额税率

【例 10-10】假设某市一家企业新占用 24 800 平方米耕地用于工业建设，所占耕地适用的定额税率为 20 元/平方米。计算该企业应纳的耕地占用税。

应纳税额＝24 800×20 ＝496 000（元）

借：税金及附加　　　　　　　　　　　　　　496 000
　　贷：应交税费——应交耕地占用税　　　　　　　496 000
缴纳时。

借：应交税费——应交耕地占用税　　　　　496 000
　　贷：银行存款　　　　　　　　　　　　　　　496 000

10.9　车辆购置税

《中华人民共和国车辆购置税法》第一条规定："在中华人民共和国境内购置汽车、有轨电车、汽车挂车、排气量超过一百五十毫升的摩托车（以下统称应税车辆）的单位和个人，为车辆购置税的纳税人，应当缴纳车辆购置税。"

1. 计税价格

应税车辆的计税价格,按照下列规定确定:

(1)纳税人购买自用应税车辆的计税价格,为纳税人实际支付给销售者的全部价款,不包括增值税税款。

(2)纳税人进口自用应税车辆的计税价格,为关税完税价格加上关税和消费税。

(3)纳税人自产自用应税车辆的计税价格,按照纳税人生产的同类应税车辆的销售价格确定,不包括增值税税款。

(4)纳税人以受赠、获奖或者其他方式取得自用应税车辆的计税价格,按照购置应税车辆时相关凭证载明的价格确定,不包括增值税税款。

车辆购置税的征收方式、税率、应纳税额如图 10-9 所示。

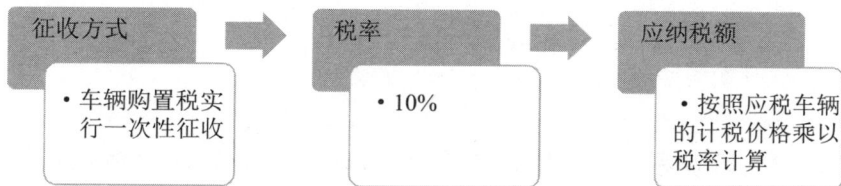

图 10-9 车辆购置税征收方式、税率、应纳税额

2. 税收优惠

下列车辆免征车辆购置税:

(1)依照法律规定应当予以免税的外国驻华使馆、领事馆和国际组织驻华机构及其有关人员自用的车辆。

(2)中国人民解放军和中国人民武装警察部队列入装备订货计划的车辆。

(3)悬挂应急救援专用号牌的国家综合性消防救援车辆。

(4)设有固定装置的非运输专用作业车辆。

(5)城市公交企业购置的公共汽电车辆。

(6)免税、减税车辆因转让、改变用途等原因不再属于免税、减税范围的,纳税人应当在办理车辆转移登记或者变更登记前缴纳车辆购置税。计税价格以免税、减税车辆初次办理纳税申报时确定的计税价格为基准,每满一年扣减百分之十。

3. 纳税时间、地点

纳税人购置应税车辆，应当向车辆登记地的主管税务机关申报缴纳车辆购置税；购置不需要办理车辆登记的应税车辆的，应当向纳税人所在地的主管税务机关申报缴纳车辆购置税。

车辆购置税的纳税义务发生时间为纳税人购置应税车辆的当日。纳税人应当自纳税义务发生之日起 60 日内申报缴纳车辆购置税。

【例 10-11】2024 年 3 月，某外贸进出口公司从国外进口 10 辆宝马公司生产的某型号小轿车。该公司报关进口这批小轿车时。经报关地海关对有关报关资料的审查，确定关税完税价格为每辆 295 000 元，海关按关税政策规定每辆征收关税 73 750 元，并按消费税、增值税有关规定代征每辆小轿车的进口消费税 24 500 元和增值税 93 245 元。由于联系业务需要，该公司将一辆小轿车留在本单位使用。根据以上资料，计算应纳车辆购置税。

(1) 计税依据＝295 000＋73 750＋24 500＝393 250（元）

(2) 应纳税额＝393 250×10％＝39 325（元）

10.10 印花税

2021 年 6 月 10 日，第十三届全国代表大会常务委员会第二十九次会议通过《中华人民共和国印花税法》，自 2022 年 7 月 1 日施行。

1. 征税范围

现行印花税采取正列举的形式，只对列举的凭证征收，没有列举的凭证不征税。

具体征税范围，见表 10-13。

表 10-13　印花税征税范围

类　型	具体内容
合同类	购销合同、承揽合同、建设工程合同、租赁合同、运输合同、仓储保管合同、借款合同、财产保险合同、技术合同、融资租赁合同
产权转移书据	土地使用权出让书据，土地使用权、房屋等建筑物和构筑物所有权转让书据，股权转让书据，商标专用权，著作权，专利权，专有技术使用权转让书据
营业账簿	记载实收资本、资本公积账簿
证券交易	股票、基金、债券、期货、期权等

2. 纳税人

在中华人民共和国境内书立应税凭证、进行证券交易的单位和个人，为印花税的纳税人，应当依照规定缴纳印花税。在中华人民共和国境外书立在境内使用的应税凭证的单位和个人，应当依照本法规定缴纳印花税。

3. 计税依据

计税依据如下：

（1）应税合同的计税依据，为合同列明的金额，不包括列明的增值税税款。

（2）应税产权转移书据的计税依据，为产权转移书据列明的价款，不包括增值税税款。

（3）应税营业账簿的计税依据，为营业账簿记载的实收资本（股本）、资本公积合计金额。

（4）证券交易的计税依据，为成交金额。

应税合同、产权转移书据未列明金额的，印花税的计税依据按照实际结算的金额确定。计税依据按照前款规定仍不能确定的，按照书立合同、产权转移书据时的市场价格确定；依法应当执行政府定价或者政府指导价的，按照国家有关规定确定。

4. 印花税税率

证券交易印花税税率仍维持成交额的千分之一，而且只对证券交易的出让方征收，不对证券交易的受让方征收。证券登记结算机构为证券交易印花税的扣缴义务人。证券交易印花税的纳税人或者税率调整，由国务院决定，并报全国人民代表大会常务委员会备案。

印花税税率见表 10-14。

表 10-14　印花税税目税率表

税　　目		税　　率	备　注
合同	买卖合同	支付价款的万分之三	指动产买卖合同
	借款合同	借款金额的万分之零点五	指银行业金融机构和借款人（不包括银行同业拆借）订立的借款合同

税 目		税 率	备 注
合同	融资租赁合同	租金的万分之零点五	—
	租赁合同	租金的千分之一	—
	承揽合同	支付报酬的万分之三	—
	建设工程合同	支付价款的万分之三	—
	运输合同	运输费用的万分之三	指货运合同和多式联运合同（不包括管道运输合同）
	技术合同	支付价款、报酬或者使用费的万分之三	—
	保管合同	保管费的千分之一	—
	仓储合同	仓储费的千分之一	—
	财产保险合同	保险费的千分之一	不包括再保险合同
产权转移书据	土地使用权出让和转让书据；房屋等建筑物、构筑物所有权、股权（不包括上市和挂牌公司股票）	支付价款的万分之五	—
	商标专用权、著作权、专利权、专有技术使用权转让书据	支付价款的万分之三	—
营业账簿		实收资本（股本）、资本公积合计金额的万分之二点五	—
证券交易		成交金额的千分之一	—

5. 印花税应纳税额的计算

（1）按比例税率计算的公式：

应纳税额＝应税凭证计税金额×适用税率

（2）营业账簿中记载资金的账簿，印花税应纳税额的计算公式：

应纳税额＝（实收资本＋资本公积）×0.25‰

同一应税凭证载有两个以上税目事项并分别列明金额的，按照各自适用的税目税率分别计算应纳税额；未分别列明金额的，从高适用税率。

【例 10-12】红河百货有限公司按月汇总缴纳印花税。2024 年 1 月涉及印花税的业务，见表 10-15。

表 10-15　2024 年 1 月涉及印花税的业务

种类	数量与金额	缴纳方式
账簿	设置账簿 20 本，其中包括实收资本、资本公积账簿 1 本，当年实收资本增加 1 200 000 元	自行贴花
以物易物交易合同 1 份	用棉布换入空调，公允价值相等，均价 140 000 元	汇总缴纳
运输合同两份	合同载明的运输费用分别是 50 000 元、30 000 元	汇总缴纳
保管合同 3 份	合同载明的运输费用分别是 65 000 元、55 000 元、32 000 元	汇总缴纳
与中国银行签订贴息贷款合同 1 份	贷款金额 2 000 000 元，贷款期限是 1 年，贷款年利率 7%	自行贴花

根据上述资料，计算印花税额。

账簿应缴纳印花税＝1 200 000×0.25‰＝300（元）

以物易物交易合同应缴纳印花税＝140 000×0.3‰＝42（元）

运输合同应缴纳印花税＝80 000×0.3‰＝24（元）

保管合同应缴纳印花税＝（65 000＋55 000＋32 000）×1‰＝152（元）

贷款合同应缴纳印花税＝2 000 000×0.05‰＝100（元）

借：税金及附加——印花税　　　　　　　　　　　　618

　　贷：银行存款　　　　　　　　　　　　　　　　618

根据上述计算，填写申报表 10-16。

表 10-16　印花税纳税申报表

统一社会信用代码：34270100580997548A

纳税人名称（盖章）红河百货有限公司　　　　　　　　　　　　单位：元（列至角分）

应税凭证	是否汇总缴纳	计税金额或件数	核定征收		适用税率	本期应纳税额	减免税额	本期已缴税额	本期应补（退）税额
			核定依据	核定比例					
		1	2	3	4	5＝(1+2×3)×4	6	7	8＝5-6-7
交易合同	—	140 000	—	—	0.3‰	42	—	—	—
货物运输合同	—	80 000	—	—	0.3‰	24	—	—	—

应税凭证	是否汇总缴纳	计税金额或件数	核定征收		适用税率	本期应纳税额	减免税额	本期已缴税额	本期应补（退）税额
			核定依据	核定比例					
		1	2	3	4	5＝(1＋2×3)×4	6	7	8＝5－6－7
仓储保管合同	—	152 000	—	—	1‰	152	—	—	—
借款合同	—	2 000 000	—	—	0.05‰	100	—	—	—
营业账簿（记载资金的账簿）	—	1 200 000	—	—	0.25‰	300	—	—	—
营业账簿（其他账簿）	—	19	—	—	免征	—	—	—	—
合计						618	—	—	—

如纳税人填报，由纳税人填写以下各栏		如委托税务代理机构填报，由税务代理机构填写以下各栏	
会计主管（签章）	经办人（签章）	税务代理机构名称	
		税务代理机构地址	
申报声明	此纳税申报表是根据国家税收法律的规定填报的，我确信它是真实的、可靠的、完整的。	代理人（签章）	
	申明人：	以下由税务机关填写	
		受理日期	受理人
	（法定代表人签字或盖章）	审核日期	审核人
	（公章）	审核记录	

6. 税收减免

根据《中华人民共和国印花税法》第十二条：

"下列凭证免征印花税：

（一）应税凭证的副本或者抄本；

（二）依照法律规定应当予以免税的外国驻华使馆、领事馆和国际组织驻华代表机构为获得馆舍书立的应税凭证；

（三）中国人民解放军、中国人民武装警察部队书立的应税凭证；

（四）农民、家庭农场、农民专业合作社、农村集体经济组织、村民委员会购买农业生产资料或者销售农产品书立的买卖合同和农业保险合同；

（五）无息或者贴息借款合同、国际金融组织向中国提供优惠贷款书立的借款合同；

（六）财产所有权人将财产赠与政府、学校、社会福利机构、慈善组织书立的产权转移书据；

（七）非营利性医疗卫生机构采购药品或者卫生材料书立的买卖合同；

（八）个人与电子商务经营者订立的电子订单。

根据国民经济和社会发展的需要，国务院对居民住房需求保障、企业改制重组、破产、支持小型微型企业发展等情形可以规定减征或者免征印花税，报全国人民代表大会常务委员会备案。"

7. 印花税如何申报

（1）申报时间：凡印花税纳税单位均应按季进行申报，于每季度终了后10日内向所在地方税务机关报送印花税纳税申报表或监督代表报告表。只办理税务注册登记的机关、团体、部队、学校等印花税纳税单位，可在次年一月底前到当地税务机关申报上年税款。

（2）印花税的纳税期限是在印花税应税凭证书立、领受时贴花完税的。对实行印花税汇总缴纳的单位，缴款期限最长不得超过1个月。

10.11 企业所得税

企业所得税，又称公司所得税或法人所得税，是国家对企业生产经营所得和其他所得征收的一种所得税。

10.11.1 企业所得税要素

企业所得税的纳税人又分别是哪些人呢，税法规定，在中华人民共和国境内，企业和其他取得收入的组织（以下统称企业）为企业所得税的纳税人，依照企业所得税法的规定缴纳企业所得税。但个人独资企业、合伙企业不交企业所得税。

企业所得税的纳税人分为居民企业和非居民企业，各自承担不同的纳税义务。

1. 企业所得税的税率

企业所得税基本税率 25%，居民企业中符合条件的小型微利企业减按 20%税率征税，国家重点扶持的高新技术企业减按 15%税率征税。具体规定见表 10-17。

表 10-17 企业所得税税率具体规定

序号	税　　目	税　率
1	一般企业所得税税率	25%
2	符合条件的小型微利企业	20%
3	国家需要重点扶持的高新技术企业	15%
4	技术先进型服务企业（中国服务外包示范城市）	15%
5	线宽小于 0.25 微米的集成电路生产企业	15%
6	投资额超过 80 亿元的集成电路生产企业	15%
7	设在西部地区的鼓励类产业企业	15%
8	广东横琴、福建平潭、深圳前海等地区的鼓励类产业企业	15%
9	国家规划布局内的重点软件企业和集成电路设计企业	10%
10	非居民企业在中国境内未设立机构、场所的，或者虽设立机构、场所但取得的所得与其所设机构、场所没有实际联系的，应当就其来源于中国境内的所得缴纳企业所得税	10%

财政部、国家税务总局颁布一系列企业所得税税率优惠政策。

《关于进一步支持小微企业和个体工商户发展有关税费政策的公告》（财政部 税务总局公告 2023 年第 12 号）规定：

"三、对小型微利企业减按 25%计算应纳税所得额，按 20%的税率缴纳企业所得税政策，延续执行至 2027 年 12 月 31 日。"

《关于延续西部大开发企业所得税政策的公告》（财政部 公告 2020 年第 23 号）规定：

"一、自 2021 年 1 月 1 日至 2030 年 12 月 31 日，对设在西部地区的鼓励类产业企业减按 15％的税率征收企业所得税。"

《关于海南自由贸易港企业所得税优惠政策的通知》（财税〔2020〕31 号）规定：

"一、对注册在海南自由贸易港并实质性运营的鼓励类产业企业，减按 15％的税率征收企业所得税。

············

四、本通知自 2020 年 1 月 1 日起执行至 2024 年 12 月 31 日。"

《关于进一步扶持自主就业退役士兵创业就业有关税收政策的公告》（财政部 税务总局 退役军人事务部公告 2023 年第 14 号）规定：

"二、自 2023 年 1 月 1 日至 2027 年 12 月 31 日，企业招用自主就业退役士兵，与其签订 1 年以上期限劳动合同并依法缴纳社会保险费的，自签订劳动合同并缴纳社会保险当月起，在 3 年内按实际招用人数予以定额依次扣减增值税、城市维护建设税、教育费附加、地方教育附加和企业所得税优惠。定额标准为每人每年 6 000 元，最高可上浮 50％，各省、自治区、直辖市人民政府可根据本地区实际情况在此幅度内确定具体定额标准。"

《关于进一步支持重点群体创业就业有关税收政策的公告》（财政部 税务总局 人力资源社会保障部 农业农村部公告 2023 年第 15 号）规定：

"二、自 2023 年 1 月 1 日至 2027 年 12 月 31 日，企业招用脱贫人口，以及在人力资源社会保障部门公共就业服务机构登记失业半年以上且持《就业创业证》或《就业失业登记证》（注明"企业吸纳税收政策"）的人员，与其签订 1 年以上期限劳动合同并依法缴纳社会保险费的，自签订劳动合同并缴纳社会保险当月起，在 3 年内按实际招用人数予以定额依次扣减增值税、城市维护建设税、教育费附加、地方教育附加和企业所得税优惠。定额标准为每人每年 6 000 元，最高可上浮 30％，各省、自治区、直辖市人民政府可根据本地区实际情况在此幅度内确定具体定额标准。城市维护建设税、教育费附加、地方教育附加的计税依据是享受本项税收优惠政策前的增值税应纳税额。

按上述标准计算的税收扣减额应在企业当年实际应缴纳的增值税、城市维护建设税、教育费附加、地方教育附加和企业所得税税额中扣减，当年扣减不完的，不得结转下年使用。"

《关于从事污染防治的第三方企业所得税政策问题的公告》（财政部 税务总局 国家发展改革委 生态环境部公告 2023 年第 38 号）规定：

"一、对符合条件的从事污染防治的第三方企业（以下称第三方防治企业）减按 15％的税率征收企业所得税。

本公告所称第三方防治企业是指受排污企业或政府委托，负责环境污染治理设施（包括自动连续监测设施，下同）运营维护的企业。"

《关于设备、器具扣除有关企业所得税政策的公告》（财政部 税务总局公告 2023 年第 37 号）规定：

"一、企业在 2024 年 1 月 1 日至 2027 年 12 月 31 日期间新购进的设备、器具，单位价值不超过 500 万元的，允许一次性计入当期成本费用在计算应纳税所得额时扣除，不再分年度计算折旧；单位价值超过 500 万元的，仍按企业所得税法实施条例、《财政部 国家税务总局关于完善固定资产加速折旧企业所得税政策的通知》（财税〔2014〕75 号）、《财政部 国家税务总局关于进一步完善固定资产加速折旧企业所得税政策的通知》（财税〔2015〕106 号）等相关规定执行。

二、本公告所称设备、器具，是指除房屋、建筑物以外的固定资产。"

2. 企业所得税的应纳税所得额

企业所得税的计税依据是应纳税所得额，即指企业每一纳税年度的收入总额，减除不征税收入、免税收入、各项扣除以及允许弥补的以前年度亏损后的余额。如果计算出的数额小于零，为亏损。

10.11.2　收入的确定

1. 销售货物收入

除法律法规另有规定外，企业销售收入的确认，必须遵循权责发生制和实质重于形式原则。销售货物收入确认的时间，见表 10-18。

表 10-18　销售货物收入时间的确认

销售方式	确认收入的时间
托收承付	办妥托收手续时确认收入
预收款	在发出商品时确认收入
销售商品需要安装和检验	在购买方接受商品以及安装和检验完毕时确认收入。如果安装程序比较简单，可在发出商品时确认收入
以支付手续费方式委托代销	在收到代销清单时确认收入
售后回购	销售的商品按售价确认收入，回购的商品作为购进商品处理
以旧换新	销售商品应当按照销售商品收入确认条件确认收入，回收的商品作为购进商品处理
商业折扣	应当按照扣除商业折扣后的金额确定销售货物收入金额
销售折让	应当在发生时冲减当期销售货物收入
销售退回	应当在发生时冲减当期销售货物收入
有合同或协议价款的	购货方已收或应收的确定销售货物收入金额
现金折扣	应当按照扣除现金折扣前的金额确定销售货物收入金额。现金折扣在实际发生时计入当期损益

2. 提供劳务所得

提供劳务所得是指企业从事建筑安装、修理修配、交通运输、仓储租赁、金融保险、邮电通信、咨询经纪、文化体育、科学研究、技术服务、教育培训、餐饮住宿、中介代理、卫生保健、社区服务、旅游、娱乐、加工以及其他劳务服务活动取得的所得。

提供劳务收入确认的方法，见表 10-19。

表 10-19　劳务收入的确认

依据	劳务收入的确认
安装费	应根据安装完工进度确认收入。安装工作是商品销售附带条件的，安装费在确认商品销售实现时确认收入
宣传媒介的收费	应在相关广告或商业行为出现于公众面前时确认收入。广告的制作费，应根据制作广告的完工进度确认收入
软件费	为特定客户开发软件的收费，应根据开发的完工进度确认收入
服务费	包含在商品售价内可区分的服务费，在提供服务的期间分期确认收入
艺术表演、招待宴会和其他特殊活动	在相关活动发生时确认收入，收费涉及几项活动的，预收的款项应合理分配给每项活动，分别确认收入

依　据	劳务收入的确认
会员费	申请入会或加入会员，只允许取得会籍，所有其他服务或商品要另行收费的，在取得会员费时确认收入。申请入会或加入会员后，会员在会员期内不再付费就可得到各种服务或商品，或者以低于非会员的价格销售商品或提供服务的，该会员应在整个受益期内分期确认收入
特许权费	属于提供设备和其他有形资产的特许权费，在交付资产或转移资产所有权时确认收入；属于提供初始及后续服务的特许权费，在提供服务时确认收入
劳务费	长期为客户提供重复的劳务收取的劳务费，在相关劳务活动发生时确认收入
转让财产收入	是指企业转让固定资产、投资性房地产、生物资产、无形资产、股权、债权等所取得的收入，均应一次性计入确认收入的年度
股息、红利等权益性投资收益	按照被投资方做出利润分配决定的日期确认收入的实现
利息收入	利息收入，按照合同约定的债务人应付利息的日期确认收入的实现
租金收入	租金收入，按照合同约定的承租人应付租金的日期确认收入的实现
接受捐赠收入	接受捐赠收入，按照实际收到捐赠资产的日期确认收入的实现
其他收入	包括企业资产溢余收入、逾期未退包装物没收的押金、确实无法偿付的应付款项、企业已作坏账损失处理后又收回的应收账款、债务重组收入、补贴收入、教育费附加返还款、违约金收入、汇兑收益等

3. 不征税收入

不征税收入，是指从性质和根源上不属于企业营利性活动带来的经济利益、不负有纳税义务并不作为应税所得额组成部分的收入，见表 10-20。

表 10-20　不征税收入

项目	释义
财政拨款	是指各级政府对纳入预算管理的事业单位、社会团体等组织拨付的财政资金，但国务院和国务院财政、税务主管部门另有规定的除外
依法收取并纳入财政管理的行政事业性收费和政府性基金	行政事业性收费
	政府性基金

10.11.3 准予扣除的项目

1. 一般扣除项目

企业实际发生的与取得收入有关的、合理的支出，包括成本、费用、税金、损失和其他支出，准予在计算应纳税所得额时扣除，见表10-21。

税前扣除的确认原则：权责发生制原则、配比原则、相关性原则、确定性原则、合理性原则、资本性支出与收益性支出原则。

表 10-21　准予扣除的项目

合理支出	内　　容
成本	企业在生产经营活动中发生的成本、业务支出以及其他耗费
费用	企业在生产经营活动中发生的销售费用、管理费用和财务费用，已经计入成本的有关费用除外
税金	企业发生的除企业所得税和允许抵扣的增值税以外的各项税金及其附加
损失	①企业发生的损失，减除责任人赔偿和保险赔款后的余额，依照国务院财政、税务主管部门的规定扣除 ②企业已经作为损失处理的资产，在以后纳税年度又全部收回或者部分收回时，应当计入当期收入
捐赠	①只有公益性捐赠才能在企业所得税前扣除 ②非公益性捐赠不能在企业所得税前扣除 企业当期实际发生的公益性捐赠支出在年度利润总额12%以内（含）的，准予扣除
工资	①企业实际发生的合理的职工工资薪金和基本社会保险费和住房公积金，准予在税前扣除 ②企业提取的年金，在国务院财政、税务主管部门规定的标准范围内，准予扣除 ③企业为其投资者或雇员个人向商业保险机构投保的人寿保险、财产保险等商业保险，不得扣除 ④企业按国家规定为特殊工种职工支付的法定人身安全保险费，准予扣除
职工福利费	企业发生的满足职工共同需要的集体生活、文化、体育等方面的职工福利费支出，不超过工资薪金总额14%的部分，准予扣除
工会经费	企业拨缴的工会经费，不超过工资薪金总额2%的部分，准予扣除
教育费附加	除国务院财政、税务主管部门另有规定外，企业实际发生的职工教育经费支出，在职工工资总额8%（含）以内的，准予据实扣除。超过部分，准予在以后纳税年度结转扣除

合理支出	内　容
业务招待费	企业实际发生的与经营活动有关的业务招待费，按实际发生额的60％扣除，但最高不得超过当年销售（营业）收入额的0.5％
广告费和业务宣传费	企业每一纳税年度实际发生的符合条件的广告支出，不超过当年销售（营业）收入15％（含）的部分准予扣除，超过部分准予在以后年度结转扣除
利息支出	①企业为购置、建造固定资产、无形资产和经过12个月以上的建造才能达到预定可销售状态的存货而发生的借款，在有关资产购建期间发生的借款费用，应作为资本性支出计入有关资产的成本；有关资产竣工结算并交付使用后或达到预定可销售状态后发生的借款费用，可在发生当期扣除 ②企业发生的不需要资本化的借款费用，符合税法和本条例对利息水平限定条件的，准予扣除
环保等专项基金及费用的扣除	①专项资金支出 ②两类特别保险支出

《关于广告费和业务宣传费支出税前扣除有关事项的公告》（财政部 税务总局公告2020年第43号）规定：

"一、对化妆品制造或销售、医药制造和饮料制造（不含酒类制造）企业发生的广告费和业务宣传费支出，不超过当年销售（营业）收入30％的部分，准予扣除；超过部分，准予在以后纳税年度结转扣除。

二、对签订广告费和业务宣传费分摊协议（以下简称分摊协议）的关联企业，其中一方发生的不超过当年销售（营业）收入税前扣除限额比例内的广告费和业务宣传费支出可以在本企业扣除，也可以将其中的部分或全部按照分摊协议归集至另一方扣除。另一方在计算本企业广告费和业务宣传费支出企业所得税税前扣除限额时，可将按照上述办法归集至本企业的广告费和业务宣传费不计算在内。

三、烟草企业的烟草广告费和业务宣传费支出，一律不得在计算应纳税所得额时扣除。

四、本通知自2021年1月1日起至2025年12月31日止执行。《财政部 税务总局关于广告费和业务宣传费支出税前扣除政策的通知》（财税〔2017〕41号）自2021年1月1日起废止。"

《关于延长部分扶贫税收优惠政策执行期限的公告》（财政部 税务总局 人力资源社会保障部 国家乡村振兴局公告2021年第18号）规定：

"为贯彻落实《中共中央 国务院关于实现巩固拓展脱贫攻坚成果同乡村振兴有效衔接的意见》精神，严格落实过渡期内'四个不摘'的要求，现将有关税收政策公告如下：

《财政部 税务总局 人力资源社会保障部 国务院扶贫办关于进一步支持和促进重点群体创业就业有关税收政策的通知》（财税〔2019〕22号）、《财政部 税务总局 国务院扶贫办关于企业扶贫捐赠所得税税前扣除政策的公告》（财政部 税务总局 国务院扶贫办公告2019年第49号）、《财政部 税务总局 国务院扶贫办关于扶贫货物捐赠免征增值税政策的公告》（财政部 税务总局 国务院扶贫办公告2019年第55号）中规定的税收优惠政策，执行期限延长至2025年12月31日。"

2. 税前不得扣除的项目

税前不得扣除的项目如下：

（1）向投资者支付的股息、红利等权益性投资收益款项；

（2）企业所得税税款；

（3）税收滞纳金；

（4）罚金、罚款和被没收财务的损失；

（5）不符合规定的捐赠支出；

（6）赞助支出；

（7）未经核定的准备金支出；

（8）与取得收入无关的其他支出。

10.11.4　所得税前扣除凭证管理新规

2018年7月1日，国家税务总局正式发布实施《企业所得税税前扣除凭证管理办法》（国家税务总局公告2018年28号）（以下简称"管理办法"），自2018年7月1日起执行。

税前扣除凭证是指企业在计算企业所得税应纳税所得额时，证明与取得收入有关的、合理的支出实际发生，并据以税前扣除的各类凭证。除了之前规定的发票外，收款凭证、内部凭证、分割单等也可以作为税前扣除凭证。遵循以下基本原则：合法性、真实性和关联性。

企业应当在当年度企业所得税法规定的汇算清缴结束前取得符合规定的税前扣除凭证。

1. 凭证的分类

《管理办法》第五条规定："企业发生支出，应取得税前扣除凭证，作为计算企业所得税应纳税所得额时扣除相关支出的依据。"企业所得税税前扣除以"税前扣除凭证"作为依据，间接明确了"发票不是唯一的税前扣除凭证"。由《管理办法》可知，税前扣除凭证按照来源可分为内部凭证和外部凭证，如图10-10所示。

企业内部生产经营活动，以入库单、领料单、资产折旧摊销表、制造费用归集与分配表产品成本计算单等作为扣除依据。

外部凭证指企业发生经营活动和外部事项时，从其他单位、个人取得的用于证明其支出发生的凭证，包括但不限于发票、财政票据、完税凭证、税款凭证、分割单等。

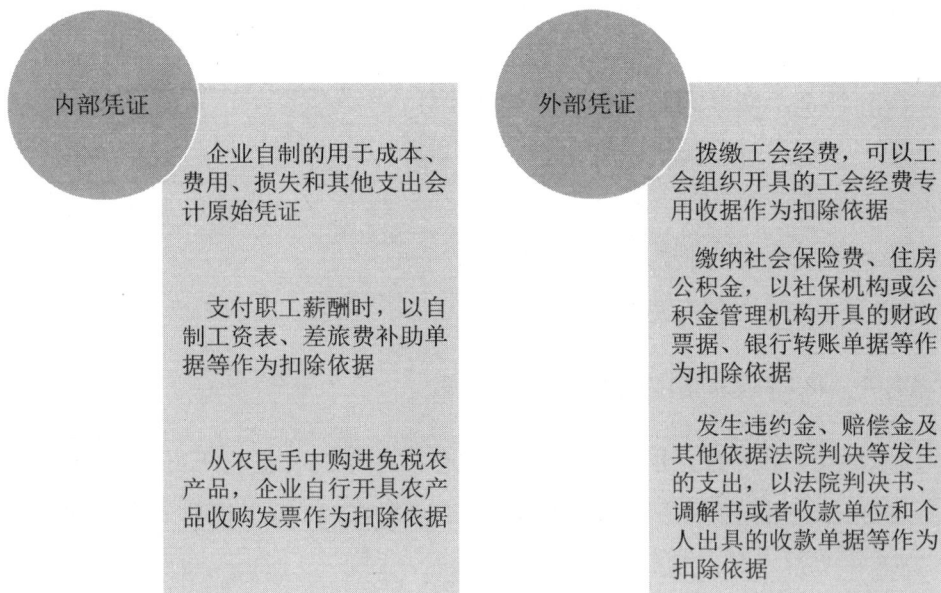

内部凭证

企业自制的用于成本、费用、损失和其他支出会计原始凭证

支付职工薪酬时，以自制工资表、差旅费补助单据等作为扣除依据

从农民手中购进免税农产品，企业自行开具农产品收购发票作为扣除依据

外部凭证

拨缴工会经费，可以工会组织开具的工会经费专用收据作为扣除依据

缴纳社会保险费、住房公积金，以社保机构或公积金管理机构开具的财政票据、银行转账单据等作为扣除依据

发生违约金、赔偿金及其他依据法院判决等发生的支出，以法院判决书、调解书或者收款单位和个人出具的收款单据等作为扣除依据

图 10-10　税前扣除凭证

需要注意的是，统观《管理办法》全文可以知道，发票仍然是扣除凭证的首选凭证，纳税人在发生支出时，对于能够取得发票的支出仍应取得发票。

2. 一般规定

（1）从个人零星采购满足条件不需要发票作为税前扣除凭证。

（2）租房水电费分割单可以作为税前扣除凭证。

（3）企业取得私自印制、伪造、变造、作废、开票方非法取得、虚开、填写不规范等不符合规定的发票，以及取得不符合国家法律、法规等相关规定的其他外部凭证，不得作为税前扣除凭证。

（4）发放给消费者个人的小额电子红包或优惠券等，以内部凭证作为税前扣除凭证，内部凭证的填制和使用企业仍须符合国家会计法律、法规等相关规定。

（5）企业从境外购进货物或者劳务发生的支出，以对方开具的发票或者具有发票性质的收款凭证、相关税费缴纳凭证作为税前扣除凭证。

3. 汇算清缴期结束前的税务处理

企业在补开、换开发票、其他外部凭证过程中，因对方注销、撤销、依法被吊销营业执照、被税务机关认定为非正常户等特殊原因无法补开、换开发票、其他外部凭证的，可凭以下资料证实支出真实性后，其支出允许税前扣除：

无法补开、换开发票、其他外部凭证原因的证明资料（包括工商注销、机构撤销、列入非正常经营户、破产公告等证明资料）；相关业务活动的合同或者协议；采用非现金方式支付的付款凭证；货物运输的证明资料；货物入库、出库内部凭证；企业会计核算记录以及其他资料。

4. 汇算清缴期结束后的税务处理

汇算清缴期结束后，税务机关发现企业应当取得而未取得发票、其他外部凭证或者取得不合规发票、不合规其他外部凭证并且告知企业的，企业应当自被告知之日起 60 日内补开、换开符合规定的发票、其他外部凭证。其中，因对方特殊原因无法补开、换开发票、其他外部凭证的，企业应当自被告知之日起 60 日内提供可以证实其支出真实性的相关资料。

企业在规定的期限未能补开、换开符合规定的发票、其他外部凭证，并且未能规定提供相关资料证实其支出真实性的，相应支出不得在发生年度税前扣除。

10.11.5 企业所得税的计算

我国计算企业所得税时，一般采用资产负债债务法。利润表中的所得税费用由两部分组成：当期所得税和递延所得税费用（或收益）。

1. 当期所得税

当期所得税应当以适用的税收法规为基础计算确定。

应交所得税＝应纳税所得额×所得税税率

应纳税所得额＝会计利润＋纳税调整增加额－纳税调整减少额＋境外应税所得弥补境内亏损－弥补以前年度亏损

当期所得税＝当期应交所得税＝应纳税所得额×适用税额－减免税额－抵免税额

2. 居民企业应纳税额的计算

（1）直接计算法。

应纳税所得额＝收入总额－不征税收入－免税收入－

各项扣除金额－弥补亏损

（2）间接计算法

应纳税所得额＝会计利润总额±纳税调整项目金额

【例 10-13】维达制药有限公司为居民企业，2024 年第一季度发生经营业务如下。

（1）取得产品销售收入 48 000 000 元。

（2）发生产品销售成本 36 000 000 元。

（3）发生销售费用 8 000 000 元（其中，广告费 7 500 000 元）；管理费用 2 000 000 元（其中，业务招待费 800 000 元）；财务费用 700 000 元。

（4）销售税金 1 800 000 元（含增值税 1 000 000 元）。

（5）营业外收入 750 000 元，营业外支出 450 000 元（含通过公益性社会团体向贫困山区捐款 250 000 元，支付税收滞纳金 80 000 元）。

（6）A 固定资产账面价值 200 000 元，计税基础为 260 000 元，产生可抵扣暂时性差异 60 000 元。

（7）计入成本、费用中的实发工资总额 2 500 000 元、拨缴职工工会经费 70 000 元、发生职工福利费 400 000 元、发生职工教育经费 80 000 元。

根据以上业务，先计算企业会计利润总额，然后按照税法的要求，调增或调减各项费用。最后根据企业适用所得税税率，计算实际应纳的企业所得税。

①会计利润总额＝48 000 000＋750 000－36 000 000－8 000 000－2 000 000－700 000－（1 800 000－1 000 000）－450 000＝800 000（元）

②广告费和业务宣传费调增所得额＝7 500 000－48 000 000×15％＝7 500 000－7 200 000＝300 000（元）

③企业发生的与生产经营活动有关的业务招待费支出，按照发生额的60％扣除，但最高不得超过当年销售（营业）收入的0.5％。即48 000 000×0.5％＝240 000（元）。

业务招待费发生额为800 000元，即800 000×60％＝480 000（元）

业务招待费调增所得额＝800 000－240 000＝560 000（元）

④捐赠支出应调增所得额＝250 000－800 000×12％＝154 000（元）

⑤工会经费应调增所得额＝70 000－2 500 000×2％＝20 000（元）

⑥职工福利费应调增所得额＝400 000－2 500 000×14％＝50 000（元）

⑦职工教育经费本期发生额80 000元，未超过120 000元，不用调整，职工教育经费限额＝2 500 000×8％＝120 000（元）

⑧支付税收滞纳金80 000元不得扣除，应调回。

⑨应纳税所得额＝800 000＋300 000＋560 000＋154 000＋20 000＋50 000＋80 000＝1 964 000（元）

⑩第一季度应缴企业所得税＝1 964 000×25％＝491 000（元）

A固定资产递延所得税收益＝60 000×25％＝15 000（元）

确认所得税费用＝491 000－15 000＝476 000（元）

借：所得税费用	476 000	
递延所得税资产	15 000	
贷：应交税费——应交所得税		491 000

根据计算结果，填写所得税申报表，见表10-22。

表 10-22　中华人民共和国企业所得税月（季）度预缴纳税申报表（A 类）

税款所属期间：2024 年 1 月 1 日至 2024 年 3 月 31 日

统一社会信用代码：34270100580997548A

纳税人名称：维达制药有限公司　　　　　　　　　　　金额单位：人民币元（元至角分）

预缴方式	□按照实际利润额预缴　　□按照上一纳税年度应纳税所得额平均额预缴 □按照税务机关确定的其他方法预缴	
企业类型	□一般企业　　□跨地区经营汇总纳税企业总机构 □跨地区经营汇总纳税企业分支机构	
预缴税款计算		
行次	项　　目	本年累计金额
1	营业收入	48 000 000
2	营业成本	36 000 000
3	利润总额	800 000
4	加：特定业务计算的应纳税所得额	1 164 000
5	减：不征税收入	—
6	减：固定资产加速折旧（扣除）调减额	—
7	减：免税收入、减计收入、加计扣除（7.1＋7.2＋…）	—
7.1	（填写优惠事项名称）	—
7.2	（填写优惠事项名称）	—
8	减：所得减免（8.1＋8.2＋…）	—
8.1	（填写优惠事项名称）	—
8.2	（填写优惠事项名称）	—
9	减：弥补以前年度亏损	—
10	实际利润额（3＋4－5－6－7－8－9）＼按照上一纳税年度应纳税所得额平均额确定的应纳税所得额	1 964 000
11	税率（25%）	—
12	应纳所得税额（10×11）	491 000
13	减：减免所得税（13.1＋13.2＋…）	—
13.1	（填写优惠事项名称）	—
13.2	（填写优惠事项名称）	—
14	减：本年实际已缴纳所得税额	—
15	减：特定业务预缴（征）所得税额	—
16	本期应补（退）所得税额（12－13－14－15）＼税务机关确定的本期应纳所得税额	—

行次	项 目		本年累计金额
汇总纳税企业总分机构税款计算			
17	总机构填报	总机构本期分摊应补（退）所得税额（18＋19＋20）	—
18		其中：总机构分摊应补（退）所得税额（16×总机构分摊比例_____％）	—
19		财政集中分配应补（退）所得税额（16×财政集中分配比例_____％）	—
20		总机构具有主体生产经营职能的部门分摊所得税额（16×全部分支机构分摊比例_____％×总机构具有主体生产经营职能部门分摊比例_____％）	—
21	分支机构填报	分支机构本期分摊比例	—
22		分支机构本期分摊应补（退）所得税额	—
附报信息			
实际缴纳企业所得税计算			
23	减：民族自治地区企业所得税地方分享部分：□免征□减征：（减征幅度____％）	本年累计应减免金额〔（12－13－15）×40％×减征幅度〕	—
24	实际应补（退）所得税额		

谨声明：本纳税申报表是根据国家税收法律法规及相关规定填报的，是真实的、可靠的、完整的。

纳税人（签章）： 年 月 日

经办人：×× 经办人身份证号：×× 代理机构签章：×× 代理机构统一社会信用代码：××	受理人：×× 受理税务机关（章）：（略） 受理日期：2024 年 4 月 15 日

国家税务总局监制

10. 12 个人所得税

　　企业个人所得税涉及员工的工资、薪金所得，个体工商户的生产、经营所得，对企业、事业单位的承包经营、承租经营所得，劳务报酬所得，稿酬所得，特许权使用费所得，利息、股息、红利所得，财产租赁所得，财产转让所得，偶然所得，国务院财政部门确定征税的其他所得等。

10.12.1　个人所得税征收范围、税率

个人所得税征收范围的法律界定如下：

（1）工资、薪金、奖金、年终加薪、劳动分红、津贴等个人所得；

（2）个体工商户的生产、经营所得（含个人独资企业和合伙企业）；

（3）对企事业单位的承包经营、承租经营的所得；

（4）劳务报酬所得；

（5）稿酬所得；

（6）特许权使用费所得；

（7）财产租赁所得；

（8）财产转让所得；

（9）偶然所得——中奖、中彩等。

个人所得税的起征点为 5 000 元，年度免征额为 60 000 元。除了提高起征额外，还有专项附加扣除项目。

专项附加扣除项目如图 10-11 所示。

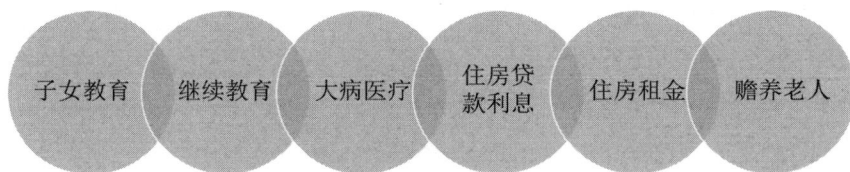

图 10-11　专项附加扣除项目

1. 一般计算方法

居民个人的综合所得，以每一纳税年度的收入额减除费用 60 000 元以及基本扣除项目、专项附加扣除和依法确定的其他扣除后的余额，为应纳税所得额。计算公式如下：

应纳税所得额＝月收入－5 000 元（起征点）－基本扣除项目－专项附加扣除项目－依法确定的其他扣除

2. 预缴个人所得税计算公式

根据《国家税务总局关于完善调整部分纳税人个人所得税预扣预缴方法的公告》（国家税务总局公告 2020 年第 13 号）规定："一、对一个纳税年度

内首次取得工资、薪金所得的居民个人,扣缴义务人在预扣预缴个人所得税时,可按照 5 000 元/月乘以纳税人当年截至本月月份数计算累计减除费用。"

现就完善调整年度中间首次取得工资、薪金所得等人员有关个人所得税预扣预缴公示如下:

本期应预扣预缴税额=(累计收入额-累计减除费用)×预扣率-速算扣除数-累计减免税额-累计已预扣预缴税额

其中,累计减除费用按照 5 000 元/月乘以纳税人在本单位开始实习月份起至本月的实习月份数计算。

上述公式中的预扣率、速算扣除数,按照国家税务总局《关于发布〈个人所得税扣缴申报管理办法(试行)〉的公告》(国家税务总局公告 2018 年第 61 号)附件执行,见表 10-23 至表 10-25。

表 10-23　个人所得税预扣率表一

(居民个人工资、薪金所得预扣预缴适用)

级数	累计预扣预缴应纳税所得额	预扣率（%）	速算扣除数（元）
1	不超过 36 000 元	3	0
2	超过 36 000 元至 144 000 元的部分	10	2 520
3	超过 144 000 元至 300 000 元的部分	20	16 920
4	超过 300 000 元至 420 000 元的部分	25	31 920
5	超过 420 000 元至 660 000 元的部分	30	52 920
6	超过 660 000 元至 960 000 元的部分	35	85 920
7	超过 960 000 元的部分	45	181 920

表 10-24　个人所得税预扣率表二

(居民个人劳务报酬所得预扣预缴适用)

级数	预扣预缴应纳税所得额	预扣率（%）	速算扣除数（元）
1	不超过 20 000 元	20	0
2	超过 20 000 元至 50 000 元的部分	30	2 000
3	超过 50 000 元的部分	40	7 000

表 10-25　个人所得税税率表三

（非居民个人工资、薪金所得，劳务报酬所得，稿酬所得，特许权使用费所得适用）

级数	应纳税所得额	税率（%）	速算扣除数
1	不超过 3 000 元	3	0
2	超过 3 000 元至 12 000 元的部分	10	210
3	超过 12 000 元至 25 000 元的部分	20	1 410
4	超过 25 000 元至 35 000 元的部分	25	2 660
5	超过 35 000 元至 55 000 元的部分	30	4 410
6	超过 55 000 元至 80 000 元的部分	35	7 160
7	超过 80 000 元的部分	45	15 160

【例 10-14】小张在北京工作，每月收入 16 000 元，"五险二金"扣除 5 400元，有一女儿上小学，父母已经退休。

根据政策规定，小张可以享受子女教育 2 000 元扣除、赡养老人 1 500 元扣除（跟姐姐分摊扣除额）。

$$小张本月应交个人所得税＝（16\,000－5\,400－5\,000－2\,000－1\,500）×3\%$$
$$＝63（元）$$

《根据国家税务总局关于贯彻执行提高个人所得税有关专项附加扣除标准政策的公告》（国家税务总局公告 2023 年第 14 号）规定：

"一、3 岁以下婴幼儿照护、子女教育专项附加扣除标准，由每个婴幼儿（子女）每月 1 000 元提高到 2 000 元。

父母可以选择由其中一方按扣除标准的 100％扣除，也可以选择由双方分别按 50％扣除。

二、赡养老人专项附加扣除标准，由每月 2 000 元提高到 3 000 元，其中，独生子女每月扣除 3 000 元；非独生子女与兄弟姐妹分摊每月 3 000 元的扣除额度，每人不超过 1 500 元。

需要分摊享受的，可以由赡养人均摊或者约定分摊，也可以由被赡养人指定分摊。约定或者指定分摊的须签订书面分摊协议，指定分摊优先于约定分摊。"

10.12.2　年度汇算清缴

《中华人民共和国个人所得税法》颁布后，取得收入的居民个人应于第二年 3 月至 6 月办理汇算清缴。

依据规定，年度终了后，居民个人（以下称"纳税人"）需要汇总上一年取得的工资薪金、劳务报酬、稿酬、特许权使用费等四项所得（以下称"综合所得"）的收入额，减除费用 60 000 元以及专项扣除、专项附加扣除，依法确定的其他扣除和符合条件的公益慈善事业捐赠后，计算本年度最终应纳税额，再减去上一年度已预缴税额，得出本年度应退或应补税额，向税务机关申报并办理退税或补税。具体计算公式如下：

上一年度汇算应退或应补税额＝［（综合所得收入额－60 000 元－"社保与个人所得税"等专项扣除－子女教育等专项附加扣除－依法确定的其他扣除－捐赠）×适用税率－速算扣除数］－上一年已预缴税额

1. 需要办理年度汇算的情形

（1）预缴税额高于应纳税额，需要申请退税的纳税人。

（2）符合享受条件的专项附加扣除，但预缴税款时没有申报扣除的。

（3）因年中就业、退休或者部分月份没有收入等原因，减除费用 60 000 元，"社保及住房公积金"等专项扣除、子女教育等专项附加扣除、企业（职业）年金以及商业健康保险、税收递延型养老保险等扣除不充分的。

（4）没有任职受雇单位，仅取得劳务报酬、稿酬、特许权使用费所得，需要通过年度汇算办理各种税前扣除的。

（5）纳税人取得劳务报酬、稿酬、特许权使用费所得，年度中间适用的预扣率高于全年综合所得年适用税率的。

（6）预缴税款时，未申报享受或者未足额享受综合所得税收优惠的，如残疾人减征个人所得税优惠等。

（7）有符合条件的公益慈善事业捐赠支出，但预缴税款时未办理扣除的。

2. 无须办理年度汇算的纳税人

纳税人在本年度已依法预缴个人所得税且符合下列情形之一的，无须办理年度汇算：

（1）纳税人年度汇算需补税但年度综合所得收入不超过 12 万元的；

（2）纳税人年度汇算需补税金额不超过 400 元的；

（3）纳税人已预缴税额与年度应纳税额一致或者不申请年度汇算退税的。

3. 申报方式

纳税人可优先通过网上税务局（包括手机个人所得税 App）办理年度汇算，税务机关将按规定为纳税人提供申报表预填服务；不方便通过上述方式办理的，也可以通过邮寄方式或到办税服务厅办理。

（1）手机申报。

在手机应用宝中下载个人所得税 App，下载完成后打开 App 点击个人中心，先注册后登录。进入首页，直接点击常用业务下面的"综合所得年度汇算"。系统自动识别"简易申报"或者"标准申报"。

①简易申报：查看并点击简易申报须知，核实相关数据。

②标准申报：点击"使用已申报数据填写"，查看并点击标准申报须知，点击"下一步"，逐项核实"工资薪金、劳务报酬、稿酬和特许权使用费"四项所得相关数据。

一般来说，需要补税与退税的情形不多。如果有以上情形，系统有两个选项，申请退税或补税，纳税人按照提示办理即可。

（2）其他申报方式。

纳税人也可以委托代扣代缴单位办理退税。

第11章
期间费用的核算

期间费用是企业日常活动发生的不能计入特定核算对象的成本，而应计入发生当期损益的费用。

期间费用包含以下两种情况。

（1）企业发生的支出不产生经济利益，或者即使产生经济利益但不符合或者不再符合资产确认条件的，应当在发生时确认为费用，计入当期损益。

（2）企业发生的交易或者事项导致其承担了一项负债，而又不确认为一项资产的，应当在发生时确认为费用计入当期损益。

期间费用包括销售费用、管理费用和财务费用。

11.1 销售费用

销售费用是企业销售商品和材料、提供劳务的过程中发生的各种费用，包括保险费、包装费、展览费和广告费、商品维修费、预计产品质量保证损失、运输费、装卸费等，以及为销售本企业商品而专设的销售机构（含销售网点、售后服务网点等）的职工薪酬、业务费、折旧费等经营费用。企业发生的与专设销售机构相关的固定资产修理费用等后续支出属于销售费用。

11.1.1 销售费用科目设置

销售费用是与企业销售商品活动有关的费用，但不包括销售商品本身的成本和劳务成本。销售的产品的成本属于"主营业务成本"，提供劳务所发生的成本属于"劳务成本"。

企业发生的与专设销售机构相关的固定资产日常修理费用等后续支出，应在发生时计入销售费用。生产车间发生的固定资产日常修理费计入制造费用，企业除生产车间外的生产部门、管理部门的日常修理费计入管理费用。

本科目可按费用项目进行明细核算。期末，应将本科目余额转入"本年利润"科目，结转后本科目无余额，见表11-1。

表11-1 销售费用会计科目编码的设置

科目代码	总分类科目（一级科目）	明细分类科目			是否辅助核算	辅助核算类别
		二级明细科目	三级明细科目	四级明细科目		
6601	销售费用	—	—	—	—	—
660101	销售费用	职工薪酬	—	—		
66010101	销售费用	职工薪酬	基本工资	—	是	部门
66010102	销售费用	职工薪酬	劳务费	—	是	部门
66010103	销售费用	职工薪酬	工会经费		是	部门
66010104	销售费用	职工薪酬	职工教育经费	—	是	部门
66010105	销售费用	职工薪酬	社会保险费	—	是	部门
6601010501	销售费用	职工薪酬	社会保险费	养老保险	是	部门
6601010502	销售费用	职工薪酬	社会保险费	工伤保险	是	部门
6601010503	销售费用	职工薪酬	社会保险费	失业保险	是	部门
6601010504	销售费用	职工薪酬	社会保险费	医疗保险	是	部门
6601010505	销售费用	职工薪酬	社会保险费	计划生育保险	是	部门
66010106	销售费用	职工薪酬	住房公积金	—	是	部门
66010107	销售费用	职工薪酬	职工福利	—	是	部门
66010108	销售费用	职工薪酬	辞退费用	—	是	部门
660102	销售费用	折旧费	—		是	部门

科目代码	总分类科目（一级科目）	明细分类科目			是否辅助核算	辅助核算类别
		二级明细科目	三级明细科目	四级明细科目		
660103	销售费用	办公费用	—	—	是	部门
660104	销售费用	车辆费用	—	—	是	部门
660105	销售费用	印刷费	—	—	是	部门
660106	销售费用	快递费	—	—	是	部门
660107	销售费用	业务招待费	—	—	是	部门
660108	销售费用	广告宣传费	—	—	是	部门
660109	销售费用	业务推广费	—	—	是	部门
660110	销售费用	差旅费	—	—	是	部门
660111	销售费用	培训费	—	—	是	部门
660112	销售费用	快递费	—	—	是	部门

11.1.2 销售费用账务处理

企业应通过"销售费用"科目，核算销售费用的发生和结转情况。账务处理如图 11-1 所示。

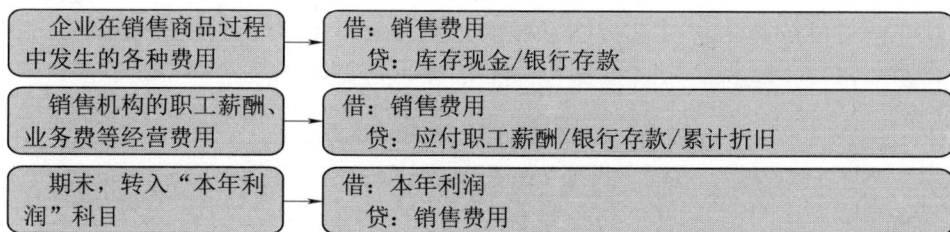

图 11-1 销售费用的账务处理

【例 11-1】2024 年 1 月 18 日，慧文公司支付商品的运杂费，以银行存款 4 550 元支付，会计分录如下。

借：销售费用   4 550

  贷：银行存款   4 550

期末结转销售费用时，公司所做会计处理如下。

借：本年利润   4 550

  贷：销售费用   4 550

管理费用是企业为组织和管理企业生产经营过程中发生的各种费用，包括企业董事会和行政管理部门发生的，或者应由企业统一负担的公司经费（包括行政管理部门职工工资、修理费、物料消耗、低值易耗品摊销、办公费和差旅费等）、工会经费、待业保险费、劳动保险费、董事会会费（包括董事会成员津贴、会议费和差旅费等）、聘请中介机构费、咨询费（含顾问费）、诉讼费、业务招待费、技术转让费、矿产资源补偿费、研究费用、排污费以及除企业生产车间外的生产部门和行政管理部门发生的固定资产日常修理费用等。

11.2.1 管理费用科目设置

生产车间发生的固定资产修理费用等后续支出应计入"制造费用"，其他生产部门和行政管理部门等发生的固定资产修理费用等计入"管理费用"。企业发生的与专设销售机构相关的固定资产日常修理费用等后续支出，应在发生时计入销售费用。

商品流通企业管理费用不多的，可不设本科目，本科目的核算内容可并入"销售费用"科目核算。

本科目可按费用项目进行明细核算。期末，应将本科目的余额转入"本年利润"科目，结转后本科目无余额，见表11-2。

表 11-2　管理费用会计科目编码的设置

科目代码	总分类科目（一级科目）	明细分类科目		是否辅助核算	辅助核算类别
		二级明细科目	三级明细科目		
6602	管理费用	—		—	—
660201	管理费用	职工薪酬	—	—	—
66020101	管理费用	职工薪酬	基本工资	是	部门
66020102	管理费用	职工薪酬	劳务费	是	部门
66020103	管理费用	职工薪酬	工会经费	是	部门
66020104	管理费用	职工薪酬	职工教育经费	是	部门
66020105	管理费用	职工薪酬	社会保险费	是	部门
66020106	管理费用	职工薪酬	养老保险	是	部门

科目代码	总分类科目（一级科目）	明细分类科目		是否辅助核算	辅助核算类别
		二级明细科目	三级明细科目		
66020107	管理费用	职工薪酬	工伤保险	是	部门
66020108	管理费用	职工薪酬	失业保险	是	部门
66020109	管理费用	职工薪酬	医疗保险	是	部门
66020110	管理费用	职工薪酬	计划生育保险	是	部门
66020111	管理费用	职工薪酬	住房公积金	是	部门
66020112	管理费用	职工薪酬	职工福利	是	部门
66020113	管理费用	职工薪酬	辞退费用	是	部门
660202	管理费用	折旧费	—	是	部门
660203	管理费用	无形资产摊销	—	是	部门
660204	管理费用	办公费用	—	是	部门
660205	管理费用	车辆费用	—	是	部门
660206	管理费用	印刷费	—	是	部门
66027	管理费用	业务招待费	—	是	部门
660208	管理费用	会议费	—	是	部门
660209	管理费用	劳动保护费	—	是	部门
660210	管理费用	广告宣传费	—	是	部门
660211	管理费用	业务推广费	—	是	部门
660212	管理费用	差旅费	—	是	部门
660213	管理费用	培训费	—	是	部门
660214	管理费用	快递费	—	是	部门
660215	管理费用	财产保险费	—	是	部门
660216	管理费用	租赁费	—	是	部门
660217	管理费用	技术开发费	—	是	部门
660218	管理费用	董事会费	—	是	部门

11.2.2 管理费用账务处理

企业应通过"管理费用"科目，核算管理费用的发生和结转情况。该科目借方登记企业发生的各项管理费用，贷方登记期末转入"本年利润"科目的管理费用，结转后该科目应无余额。该科目按管理费用的费用项目进行明细核算。账务处理如图11-2所示。

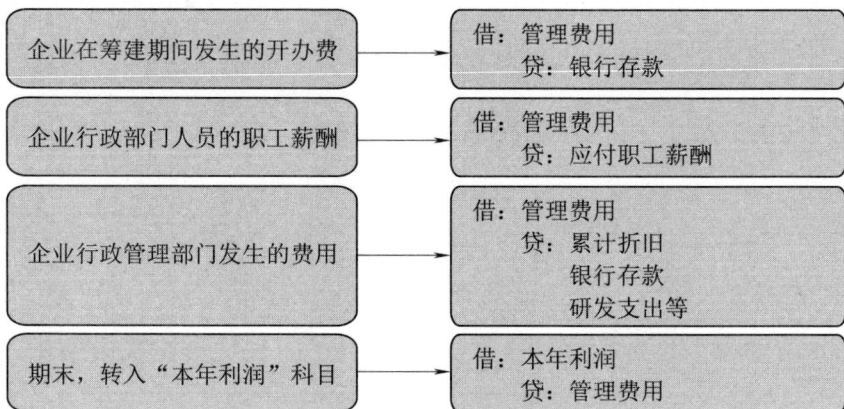

图 11-2　管理费用账务处理

【例 11-2】2024 年 1 月 5 日，维达制药有限公司从绿洲超市购买办公用品，开出一张转账支票，金额为 3 600 元，如图 11-3 所示。

借：管理费用　　　　　　　　　　　　　　　　　　　　　　　3 600

　　贷：银行存款　　　　　　　　　　　　　　　　　　　　　3 600

图 11-3　转账支票

【例 11-3】2024 年 2 月 16 日，东方公司发放职工工资合计 60 000 元，其中管理人员 20 000 元，车间人员 25 000 元，销售人员 15 000 元。管理部门低值易耗品摊销 3 120 元，计提固定资产折旧 1 800 元，按工资总额的 1% 计提待业保险。支付汽车队事故赔偿费 3 000 元。上述费用支出根据"工资汇总表"和有关付款凭证，账务处理如下。

（1）分配职工工资时。

借：管理费用——工资   20 000

  销售费用   15 000

  生产成本——工资   25 000

   贷：应付职工薪酬——工资   60 000

（2）摊销低值易耗品时。

借：管理费用   3 120

   贷：低值易耗品——低值易耗品摊销 3 120

（3）计提固定资产折旧。

借：管理费用——折旧   1 800

   贷：累计折旧   1 800

（4）计提待业保险（按工资总额1%）时。

借：管理费用——待业保险   600

   贷：其他应付款——保险公司   600

（5）支付汽车队事故赔偿费。

借：管理费用   3 000

   贷：银行存款   3 000

（6）月末结转管理费用。

借：本年利润   27 920

   贷：管理费用   27 920

11.3　财务费用

财务费用是企业为筹集生产经营所需资金等而发生的筹资费用，包括利息支出（减利息收入）、汇兑损益以及相关的手续费、企业发生或收到的现金折扣等。利息资本化的支出除外（利息资本化的支出计入在建工程）。

11.3.1　账务费用科目设置

企业发生财务费用时，借记"财务费用"账户，贷记"银行存款"等账户；发生冲减财务费用的利息收入、汇兑损益等，借记"银行存款"等账户，贷记"财务费用"账户；期末将账户余额转入"本年利润"账户，结转后账户无余额，见表11-3。

表 11-3 财务费用会计科目编码的设置

科目代码	总分类科目（一级科目）	明细分类科目	
		二级明细科目	三级明细科目
6603	财务费用	—	—
660301	财务费用	利息收入	项目
660302	财务费用	汇兑损失	项目
660303	财务费用	汇兑收益	项目
660304	财务费用	手续费	项目
660305	财务费用	利息支出	项目
660306	财务费用	往来折现	项目
660307	财务费用	其他	项目

11.3.2 账务费用账务处理

企业应通过"财务费用"科目，核算财务费用的发生和结转情况，如图 11-4 所示。

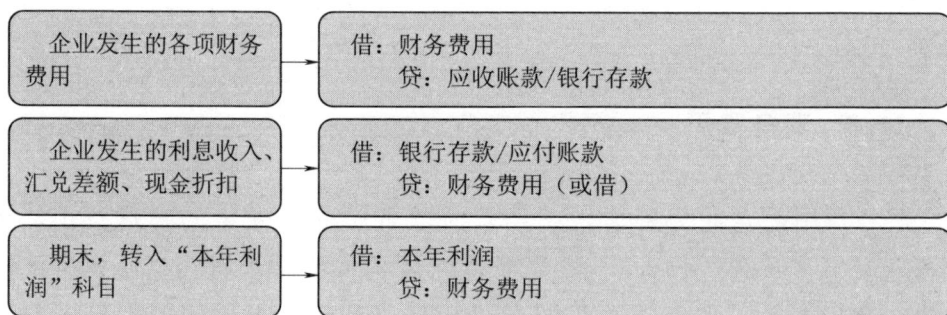

图 11-4 财务费用账务处理

【例 11-4】2024 年 1 月 27 日，维达制药有限公司用现汇 150 000 美元对外付汇，假设支付当日银行市场汇价为 1 美元＝6.95 元人民币。1 月 31 日记账汇率为 1 美元＝6.90 元人民币。账务处理如下，如图 11-5 所示。

外汇会计账簿（结售汇、套汇）

机构号码：091076535　　　　　日期：2024 年 1 月 27 日

业务编号			业务类型	套汇	起息日	
借方或付款单位	名　称	维达制药有限公司		贷方或收款单位	名　称	汇出汇款
	账　号	04322568712			账　号	
	币种与金额	USD150000			币种与金额	USD150000
	汇率/利率	6.95	开户行		汇率/利率	6.95
收汇金额			发票号		挂销单号	
交易摘要	从其美元账户支取 USD150 000，支付货款。			深圳工商银行龙华支行 2024.1.27 业务清讫		
交易代码		授权	复核　李纯		经办　田悦	

图 11-5　外汇会计账簿

月底调整时：

借：应付账款——应付外汇账款（150 000×6.90）　1 035 000

财务费用——汇兑损益　　　　　　　　　　　　7 500

贷：银行存款——美元户（150 000×6.95）　　　1 042 500

第 12 章
所有者权益的核算

所有者权益，是指企业资产扣除负债后，由所有者享有的剩余权益。股份公司的所有者权益又称为股东权益。

所有者权益的来源包括：①所有者投入的资本；②直接计入所有者权益的利得和损失；③留存收益等，通常由股本（实收资本）、资本公积（含股本溢价或资本溢价、其他资本公积）、盈余公积和未分配利润等构成。

12.1 利润结转

利润是企业在一定会计期间的经营成果。利润包括收入减去费用后的净额、直接计入当期利润的利得和损失等。

未计入当期利润的利得和损失扣除所得税影响后的净额计入其他综合收益项目。净利润与其他综合收益的合计金额为综合收益总额。

12.1.1 转入本年利润科目

企业期（月）末结转利润时，应将各损益类科目的金额转入本年利润，结平各损益类科目。结转后本科目的贷方余额为当期实现的净利润；借方余额为当期发生的净亏损。本年利润科目的具体设置，见表12-1。

表12-1　本年利润会计科目编码的设置

科目代码	总分类科目（一级科目）	明细分类科目	
		二级明细科目	三级明细科目
4103	本年利润	—	—
410301	本年利润	主营业务收入	项目
410302	本年利润	其他业务收入	项目
410303	本年利润	主营业务成本	项目
410304	本年利润	其他业务成本	项目
410305	本年利润	税金及附加	项目
410306	本年利润	销售费用	项目
410307	本年利润	管理费用	项目
410308	本年利润	财务费用	项目
410309	本年利润	资产减值损失	项目
410310	本年利润	公允价值变动收益	项目
410311	本年利润	投资收益	项目
410312	本年利润	营业外收入	项目
410313	本年利润	营业外支出	项目
410314	本年利润	所得税费用	项目

期末本年利润的结转，本年利润的会计分录有四个步骤，相关会计分录如图12-1所示。

年度终了，企业应将全年实现的净利润或发生的净亏损，自"本年利润"科目转入"利润分配——未分配利润"科目，并将"利润分配"科目所属其他明细科目的余额，转入"未分配利润"明细科目。结转后，"利润分配——未分配利润"科目如为贷方余额，表示累积未分配的利润数额；如为借方余额，则表示累积未弥补的亏损数额。

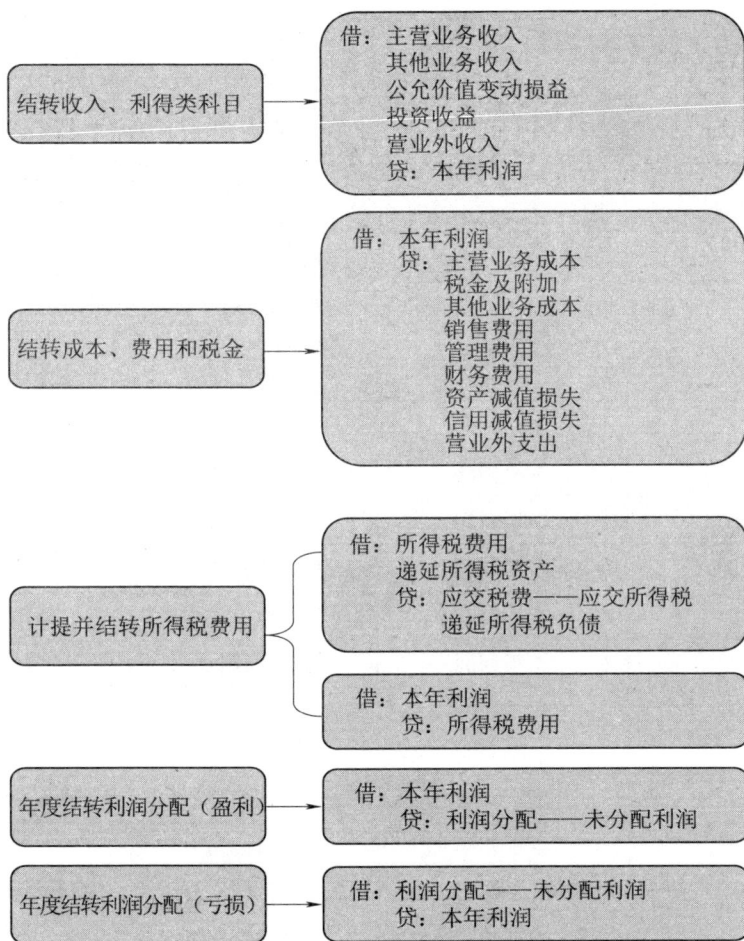

图 12-1　期末本年利润结转的会计处理

12.1.2　利润分配

利润分配是企业根据国家有关规定和企业章程、投资者协议等，对企业当年可供分配的利润所进行的分配。

可供分配的利润＝企业当年实现的净利润（或净亏损）＋年初未分配利润（或—年初未弥补亏损）＋其他转入

可供分配的利润，按下列顺序分配：①提取法定盈余公积；②提取任意盈余公积；③向投资者分配利润，如图 12-2 所示。

结转实现净利润时 → 借：本年利润
贷：利润分配——未分配利润（亏损做相反的分录）

提取法定盈余公积、宣告发放现金股利时 → 借：利润分配——提取法定盈余公积
——应付现金股利
贷：盈余公积
应付股利

结转至"未分配利润"科目 → 借：利润分配——未分配利润
贷：利润分配——提取法定盈余公积
——应付现金股利

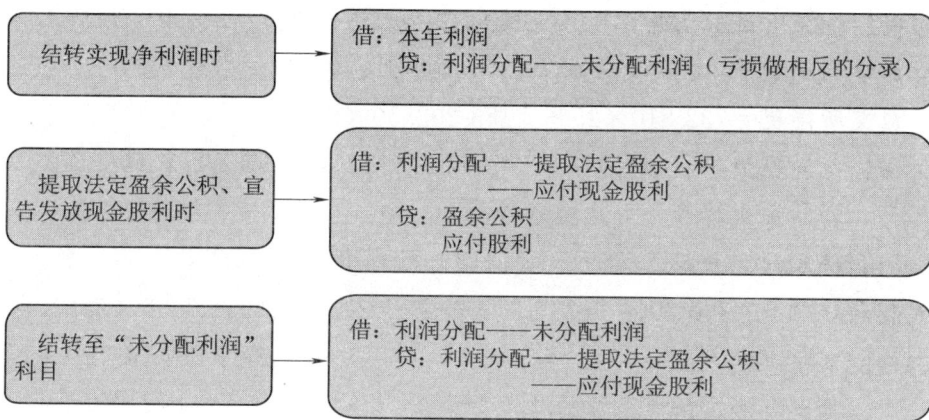

图 12-2　利润分配的账务处理

【例 12-1】2024 年 1 月 31 日，各损益类账户余额见表 12-2。

表 12-2　损益类账户余额表　　　　　　　　　　单位：元

科目名称	余额方向	期末余额
主营业务收入	贷	1 760 000
主营业务成本	借	924 500
税金及附加	借	23 450
销售费用	借	28 620
管理费用	借	37 890
财务费用	借	12 730

（1）结转收入。

借：主营业务收入　　　　　　　　　　　　　1 760 000
　　贷：本年利润　　　　　　　　　　　　　　1 760 000

（2）结转成本费用。

借：本年利润　　　　　　　　　　　　　　　1 027 190
　　贷：主营业务成本　　　　　　　　　　　　　924 500
　　　　税金及附加　　　　　　　　　　　　　　23 450
　　　　销售费用　　　　　　　　　　　　　　　28 620
　　　　管理费用　　　　　　　　　　　　　　　37 890
　　　　财务费用　　　　　　　　　　　　　　　12 730

（3）计提所得税费用，假设无其他会计调整事项。

会计利润＝1 760 000－1 027 190＝732 810（元）

应交所得税＝732 810×25％＝183 202.50（元）

借：所得税费用　　　　　　　　　　　　　183 202.50

　　贷：应交税费——应交所得税　　　　　　　　183 202.50

（4）转入利润分配。

利润分配＝1 760 000－1 027 190－183 202.50＝549 607.50（元）

借：本年利润　　　　　　　　　　　　　　549 607.50

　　贷：利润分配——未分配利润　　　　　　　　549 607.50

（5）按10％提取法定盈余公积。

借：利润分配——提取法定盈余公积　　　　54 960.75

　　贷：盈余公积——法定盈余公积　　　　　　　54 960.75

（6）向投资者分配现金股利150 000元。

借：利润分配——应付现金股利　　　　　　150 000

　　贷：应付现金股利　　　　　　　　　　　　　150 000

（7）结转"未分配利润"账户。

借：利润分配——未分配利润　　　　　　　204 960.75

　　贷：利润分配——提取法定盈余公积　　　　　54 960.75

　　　　　　　　——应付股利　　　　　　　　　150 000

12.2　实收资本

实收资本是企业按照章程规定或合同、协议约定，接受投资者投入企业的资本。实收资本的构成比例或股东的股权比例，是确定所有者在企业所有者权益中份额的基础，也是企业进行利润或股利分配的主要依据。

12.2.1　实收资本的科目设置

一般企业应设置"实收资本"科目，核算投资者投入资本的增减变动情况。股份有限公司应设置"股本"科目核算公司实际发行股票的面值总额。该科目的贷方登记实收资本的增加数额，借方登记实收资本的减少数额，期末贷方余额反映企业期末实收资本实有数额。

实际投入企业的资本明细科目应按照出资人名称设置，实收资本科目代码为 4001，见表 12-3。

表 12-3　实收资本会计科目编码的设置

科目代码	总分类科目（一级科目）	明细分类科目	
		二级明细科目	三级明细科目
4001	实收资本	—	—
400101	实收资本	国家资本	按股东名称设置
400102	实收资本	法人资本	按股东名称设置
400103	实收资本	集体资本	按股东名称设置
400104	实收资本	个人资本	按股东名称设置

12.2.2　实收资本的账务处理

1. 接受现金资产投资

接受现金资产投资的账务处理，如图 12-3 所示。

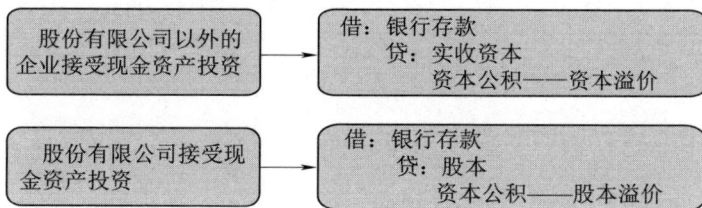

图 12-3　接受现金资产投资的账务处理

2. 接受非现金资产投资

企业接受固定资产、无形资产等非现金资产投资时，应按投资合同或协议约定的价值（不公允的除外）作为固定资产、无形资产的入账价值，按投资合同或协议约定的投资者在企业注册资本或股本中所占份额的部分作为实收资本或股本入账，投资合同或协议约定的价值（不公允的除外）超过投资者在企业注册资本或股本中所占份额的部分，计入资本公积，如图 12-4 所示。

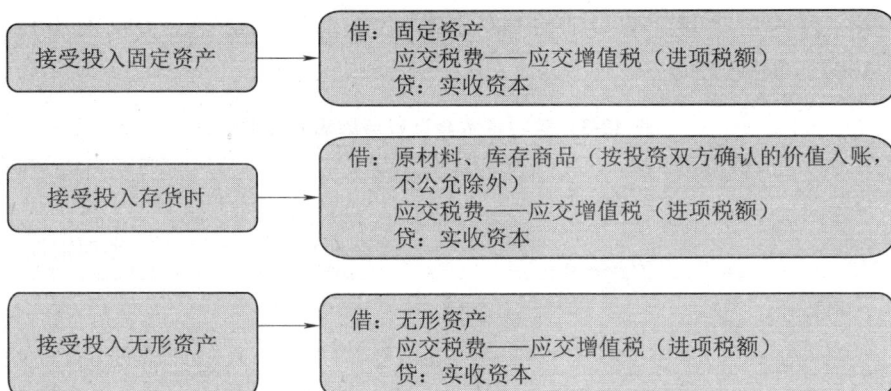

图 12-4　接受非现金资产投资账务处理

【例 12-2】维达制药有限公司注册资本为 2 000 000 元，为了扩大经营，先后接受中信瑞合有限公司的货币投资 560 000 元。相关单据如图 12-5、图 12-6 所示。

（1）收到中信瑞合有限公司 560 000 元。

图 12-5　银行进账单

借：银行存款　　　　　　　　　　　　　　　　　　　　560 000
　　贷：实收资本——中信瑞合有限公司　　　　　　　　　　　　560 000

（2）收到伟业医疗器械有限公司作为联营投资资金 100 000 美元，存入银行，联营双方合同约定的折合比例为 1∶6.98。

投资单位：伟业医疗器械有限公司（德国）

被投资单位：维达制药有限公司

经双方协商，维达制药有限公司接受伟业医疗器械有限公司以货币资金投资，投资额为 100 000 美元，享有维达制药有限公司 10％的股权，每年可分配维达制药有限公司的净利润

投资人：马克维尔　　　　　　　　　　　　　　被投资人：解振刚

2024 年 3 月 20 日　　　　　　　　　　　　2024 年 3 月 20 日

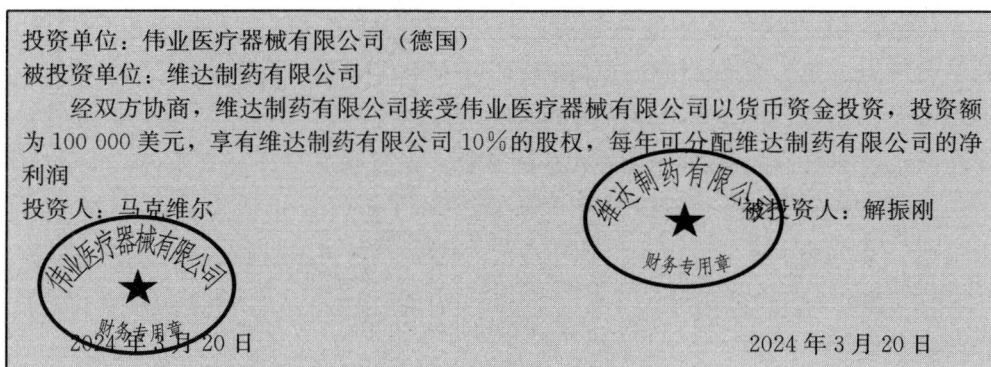

图 12-6　投资协议书（摘要）

　　借：银行存款——美元户（100 000×6.98）　　　　698 000

　　　　贷：实收资本——伟业医疗器械有限公司　　　　　　698 000

3. 实收资本（或股本）变动

一般企业增加投资主要有三个途径，接受投资者追加投资、资本公积转增资本和盈余公积转增资本。

（1）实收资本或股本增加时，如图 12-7 所示。

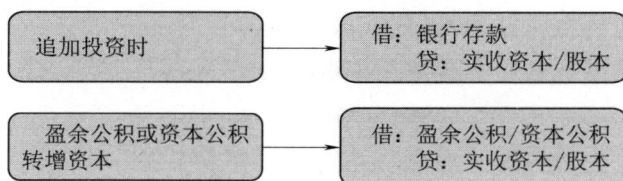

图 12-7　实收资本或股本增加的账务处理

（2）实收资本或股本减少，如图 12-8 所示。

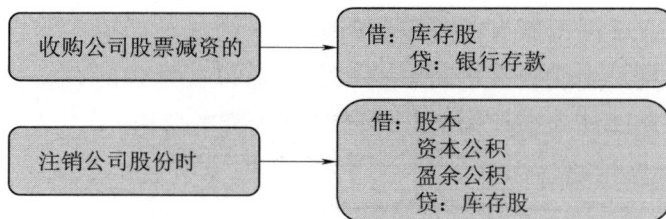

图 12-8　实收资本或股本减少的账务处理

如果购回股票支付的价款低于面值总额的，应按股票面值总额，借记"股本"科目，按所注销的库存股账面余额，贷记"库存股"科目，按其差额，贷记"资本公积——股本溢价"科目。

【例 12-3】A股份有限公司截至2024年12月31日共发行股票4 000 000股，股票面值为1元，资本公积（股本溢价）2 000 000元，盈余公积2 000 000元。经股东大会批准，A公司以现金回购本公司股票4 000 000股并注销。假定A公司按照每股2元回购股票，不考虑其他因素。编制相关会计分录为：

库存股的成本＝4 000 000×2＝8 000 000（元）

借：库存股　　　　　　　　　　　　　　　　　8 000 000

　　贷：银行存款　　　　　　　　　　　　　　　　8 000 000

借：股本　　　　　　　　　　　　　　　　　4 000 000

　　资本公积——股本溢价　　　　　　　　　2 000 000

　　　　盈余公积　　　　　　　　　　　　　2 000 000

　　贷：库存股　　　　　　　　　　　　　　　　8 000 000

12.3　资本公积

1. 资本公积的来源

资本公积是企业收到投资者出资额超出其在注册资本（或股本）中所占份额的部分，以及其他资本公积。

形成资本溢价（或股本溢价）的原因有溢价发行股票、投资者超额缴入资本等。

其他资本公积是指除净损益、其他综合收益和利润分配以外所有者权益的其他变动。如企业的长期股权投资采用权益法核算时，因被投资单位除净损益、其他综合收益和利润分配以外所有者权益的其他变动，投资企业按应享有份额而增加或减少的资本公积。

此外，企业根据国家有关规定实行股权激励的，如果在等待期内取消了授予的权益工具，企业应在进行权益工具加速行权处理时，将剩余等待期内应确认的金额立即计入当期损益，并同时确认资本公积。

2. 资本公积的账务处理

企业应通过"资本公积"科目核算资本公积的增减变动情况，分别在"资本溢价（股本溢价）""其他资本公积"两个二级科目进行明细核算。

股份公司设置的两个二级科目为"股本溢价""其他资本公积"；除股份公司外的其他公司设"资本溢价""其他资本公积"两个二级科目。

资本公积科目代码为4002，见表12-4。

表 12-4　资本公积会计科目编码的设置

科目代码	总分类科目（一级科目）	明细分类科目	
		二级明细科目	三级明细科目
4002	资本公积	—	—
400201	资本公积	资本溢价	—
400202	资本公积	股本溢价	—
400203	资本公积	其他资本公积	接受捐赠
400204	资本公积	资产评估增值	

（1）资本溢价。

除股份公司外的其他类型的企业，投资者缴付的出资额大于注册资本产生的差额计入资本公积，如图 12-9 所示。

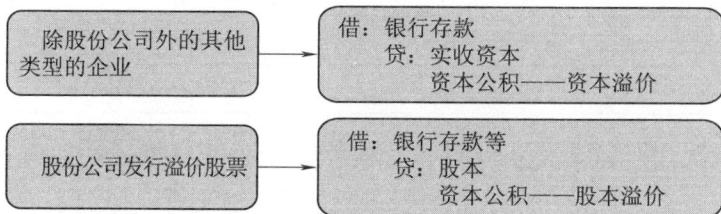

图 12-9　资本溢价的账务处理

（2）其他资本公积。

以因被投资单位除净损益、其他综合收益和利润分配以外的所有者权益的其他变动相关的资本公积核算，如图 12-10 所示。

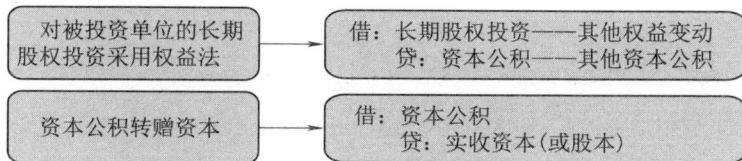

图 12-10　其他资本公积的账务处理

【例 12-4】某一般纳税人企业向 A 公司投资转出一套防盗设备，账面原值 88 000 元，累计折旧 22 000 元，重新评估确认的价值 74 000 元。企业转出固定资产时应编制会计分录如下。

借：长期股权投资——其他投资　　　　　　　　　74 000

累计折旧　　　　　　　　　　　　　　　　22 000

贷：固定资产——防盗设备　　　　　　　　　　　　　88 000

　　　　资本公积——法定资产重估增值　　　　　　　　　8 000

12.4　盈余公积

　　盈余公积科目的设置，见表 12-5。

表 12-5　盈余公积会计科目编码的设置

科目代码	总分类科目（一级科目）	明细分类科目	
		二级明细科目	三级明细科目
4101	盈余公积	—	—
410101	盈余公积	法定公积金	—
410102	盈余公积	任意公积金	—
410103	盈余公积	任意公积金	—
410104	盈余公积	任意公积金	—

　　企业应通过"盈余公积"科目，核算盈余公积提取、使用等情况，并分别在"法定盈余公积""任意盈余公积"进行明细核算，如图 12-11 所示。

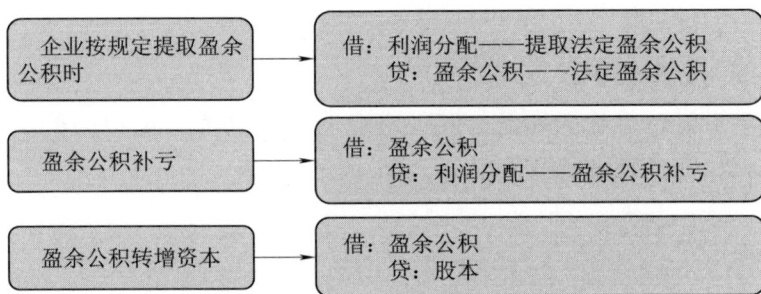

图 12-11　盈余公积的账务处理

　　【例 12-5】某一般纳税人企业 2023 年度的税后利润为 6 000 000 元，按规定 10% 的比率提取盈余公积金，按 5% 的比率提取法定公益金，并根据股东大会决议按 2% 的比率提取任意公积金。会计分录如下：

　　借：利润分配——提取法定盈余公积　　　　　　　　600 000

　　　　　　　　——提取任意盈余公积金　　　　　　　120 000

　　　贷：盈余公积——法定盈余公积　　　　　　　　　600 000

　　　　　　　　——任意盈余公积　　　　　　　　　　120 000

第 13 章
企业财务报告的编制

　　财务报告是企业对外提供的反映企业某一特定日期的财务状况和某一会计期间的经营成果、现金流量等会计信息的文件。财务报告包括财务报表和其他应当在财务报告中披露的相关信息和资料。

　　一套完整的财务报表至少应当包括资产负债表、利润表、现金流量表、所有者权益（或股东权益）变动表以及附注。

13.1　资产负债表

　　资产负债表利用会计平衡原则，将资产、负债、股东权益等交易科目分为"资产"和"负债及股东权益"，在经过分录、转账、分类账、试算、调整等等会计程序后，以特定日期的静态企业情况为基准，编制的报表。

13.1.1　资产负债表的编制方法

　　资产负债表的各项目均需填列"期末余额"和"上年年末余额"两栏。

资产负债表"上年年末余额"栏内各项数字，应根据上年年末资产负债表的"期末余额"栏内所列数字填列。如果上年度资产负债表规定的各个项目的名称和内容与本年度不一致，应对上年年末资产负债表各项目的名称和数字按照本年度的规定进行调整，填入本表"上年年末余额"栏内。

资产负债表的"期末余额"栏内各项数字，其填列方法如下。

（1）根据总账科目的余额填列。资产负债表中的有些项目，可直接根据有关总账科目的余额填列，如"交易性金融资产""短期借款""资本公积"等项目；有些项目，则需根据几个总账科目的余额计算填列，如"货币资金"项目，需根据"库存现金""银行存款""其他货币资金"三个总账科目余额合计填列。

（2）根据有关明细科目的余额计算填列。资产负债表中的有些项目，需要根据明细科目余额填列，如"应付职工薪酬"项目，需要根据"应付职工薪酬"科目的明细科目期末余额计算填列。

（3）根据总账科目和明细账科目的余额分析计算填列。

资产负债表的有些项目，需要依据总账科目和明细科目两者的余额分析填列。①"长期借款"项目，应根据"长期借款"总账科目余额扣除"长期借款"科目所属的明细科目中将在资产负债表日起一年内到期，且企业不能自主地将清偿义务展期的长期借款后的金额填列。②"长期待摊费用"项目需要根据"长期待摊费用"总账科目余额扣除将在一年内摊销完毕的长期待摊费用后的金额计算填列。②关于"未分配利润"项目，如果是在年末应该根据"利润分配——未分配利润"科目余额填列；如果是非年末，则要根据"利润分配——未分配利润"和"本年利润"科目余额计算填列。

（4）根据有关科目余额减去其备抵科目余额后的净额填列。

如资产负债表中的"应收账款""长期股权投资"等项目，应根据"应收账款""长期股权投资"等科目的期末余额减去"坏账准备""长期股权投资减值准备"等科目余额后的净额填列；"固定资产"项目，应根据"固定资产"科目期末余额减去"累计折旧""固定资产减值准备"科目余额后的净额填列；"无形资产"项目，应根据"无形资产"科目期末余额减去"累计摊销""无形资产减值准备"科目余额后的净额填列。

（5）综合运用上述填列方法分析填列。

资产负债表中的"存货"项目，需根据"原材料""库存商品""委托加工物资""周转材料""材料采购""在途物资""发出商品""材料成本差异"等总账科目期末余额的分析汇总数，再减去"存货跌价准备"备抵科目余额后的金额填列。

13.1.2 资产负债表的填列说明

▎**1. 资产项目的填列说明，见表 13-1。**

表 13-1 资产项目的填列说明

项　目	填列说明
货币资金	本项目应根据"库存现金""银行存款""其他货币资金"科目期末余额的合计数填列
交易性金融资产	本项目应当根据"交易性金融资产"科目相关明细科目期末余额分析填列
应收票据	本项目应根据"应收票据"科目的期末余额，减去"坏账准备"科目中有关应收票据计提的坏账准备期末余额后的净额填列
应收账款	本项目应根据"应收账款"科目期末余额，减去"坏账准备"科目相关坏账准备期末余额后的金额填列
合同资产	应根据"合同资产"科目的相关明细科目期末余额分析填列，同一合同下的合同资产和合同负债应当以净额列示，其中净额为借方余额的，应当根据其流动性在"合同资产"或"其他非流动资产"项目中填列，已计提减值准备的，还应减去"合同资产减值准备"科目中相关的期末余额后的金额填列
其他应收款	本项目应根据"应收利息""应收股利""其他应收款"科目的期末余额合计数，减去"坏账准备"期末余额后的净额填列
存货	本项目应根据"材料采购""原材料""低值易耗品""库存商品""周转材料""委托加工物资""生产成本"，以及不超过一年的"合同履约成本"等科目的期末余额合计，减去"存货跌价准备"科目期末余额后的净额填列。材料采用计划成本核算，以及库存商品采用计划成本核算或售价核算的企业，还应按加上或减去材料成本差异、商品进销差价后的金额填列
一年内到期的非流动资产	本项目应根据有关科目的期末余额分析填列

263

项　目	填列说明
长期股权投资	本项目应根据"长期股权投资"科目的期末余额，减去"长期股权投资减值准备"科目的期末余额后的净额填列
债权投资	根据"债权投资"科目的相关明细科目期末余额，减去"债权投资减值准备"科目中相关减值准备的期末余额后的金额分析填列。自资产负债表日起一年内到期的长期债权投资的期末账面价值，在"一年内到期的非流动资产"行项目反映。企业购入的以摊余成本计量的一年内到期的债权投资的期末账面价值，在"其他流动资产"行项目反映
其他债权投资	根据"其他债权投资"科目的相关明细科目期末余额分析填列。自资产负债表日起一年内到期的长期债权投资的期末账面价值，在"一年内到期的非流动资产"行项目反映。企业购入的以公允价值计量且其变动计入其他综合收益的一年内到期的债权投资的期末账面价值，在"其他流动资产"行项目反映
其他权益工具投资	根据"其他权益工具投资"科目的期末余额填列
固定资产	本项目应根据"固定资产"科目的期末余额，减去"累计折旧"和"固定资产减值准备"科目期末余额后的金额，加上"固定资产清理"科目的期末借方余额再减去贷方余额填列
在建工程	本项目应根据"在建工程"科目的期末余额，减去"在建工程减值准备"科目期末余额后的金额，加上"工程物资"科目的期末余额减去"工程物资减值准备"科目期末余额填列
使用权资产	本项目应根据"使用权资产"科目的期末余额，减去"使用权资产累计折旧"和"使用权资产减值准备"科目的期末余额填列
无形资产	本项目应根据"无形资产"的期末余额，减去"累计摊销"和"无形资产减值准备"科目期末余额后的金额填列
开发支出	本项目应当根据"研发支出"科目中所属的"资本化支出"明细科目期末余额填列
长期待摊费用	本项目应根据"长期待摊费用"科目的期末余额减去将于一年内（含一年）摊销的数额后的金额分析填列
其他非流动资产	本项目应根据有关科目的期末余额填列

2. 负债项目的填列说明

（1）"短期借款"项目，反映企业向银行或其他金融机构等借入的期限在1年以下（含1年）的各种借款。本项目应根据"短期借款"科目的期末余额填列。

（2）"应付票据"项目，本项目应根据"应付票据"科目的期末余额填列。

（3）"应付账款"项目，本项目应根据"应付账款"和"预付账款"科目所属各明细科目的期末贷方余额合计数填列。

（4）"合同负债"项目，应根据"合同负债"科目的相关明细科目期末余额分析填列，同一合同下的合同资产和合同负债应当以净额列示。其中净额为贷方余额的，应当根据其流动性在"合同负债"或"其他非流动负债"项目中填列。

（5）"应付职工薪酬"项目，本项目应根据"应付职工薪酬"科目所属各明细科目的期末贷方余额分析填列。

（6）"应交税费"项目，本项目应根据"应交税费"科目的期末贷方余额填列；如"应交税费"科目期末为借方余额，应以"－"号填列。需要说明的是，"应交税费"科目下的"应交增值税""未交增值税""待抵扣进项税额""待认证进项税额""增值税留抵税额"等明细科目期末借方余额应根据情况，在资产负债表中的"其他流动资产"或"其他非流动资产"项目列示；"应交税费——待转销项税额"等科目期末贷方余额应根据情况，在资产负债表中的"其他流动负债"或"其他非流动负债"项目列示；"应交税费"科目下的"未交增值税""简易计税""转让金融商品应交增值税""代扣代交增值税"等科目期末贷方余额应在资产负债表中的"应交税费"项目列示。

（7）"其他应付款"项目，本项目应根据"其他应付款""应付利息""应付股利"科目的期末余额填列。

（8）"一年内到期的非流动负债"项目，本项目应根据有关科目的期末余额分析填列。

（9）"长期借款"项目，本项目应根据"长期借款"科目的期末余额填列。

（10）"应付债券"项目，本项目应根据"应付债券"科目的期末余额填列。

（11）"长期应付款"行项目，反映资产负债表日企业除长期借款和应付债券以外的其他各种长期应付款项的期末账面价值。该项目应根据"长期应付款"科目的期末余额，减去相关的"未确认融资费用"科目的期末余额后的金额，以及"专项应付款"科目的期末余额填列。

（12）"其他非流动负债"项目，本项目应根据有关科目的期末余额填列。其他非流动负债项目应根据有关科目期末余额减去将于1年内（含1年）到期偿还数后的余额分析填列。非流动负债各项目中将于1年内（含1年）到期的非流动负债，应在"一年内到期的非流动负债"项目内反映。

"租赁负债"项目，本项目应根据"租赁负债"科目的期末余额填列。睡在资产负债表日起一年内到期应应予以清偿的租赁负债的期末账面价值，在"一提内到期的非流动负债"项目反映。

3. 所有者权益项目的填列说明

（1）"实收资本（或股本）"项目，反映企业各投资者实际投入的资本（或股本）总额。本项目应根据"实收资本"（或"股本"）科目的期末余额填列。

（2）"资本公积"项目，反映企业资本公积的期末余额。本项目应根据"资本公积"科目的期末余额填列。

（3）"盈余公积"项目，反映企业盈余公积的期末余额。本项目应根据"盈余公积"科目的期末余额填列。

（4）"未分配利润"项目，反映企业尚未分配的利润。本项目应根据"本年利润"科目和"利润分配"科目的余额计算填列。未弥补的亏损在本项目内以"一"号填列。

（5）"其他综合收益"项目，本项目应根据"其他综合收益"科目的期末余额填列。

【例 13-1】2024 年 1 月 31 日，维达制药有限公司总账及明细余额，见表 13-2。

表 13-2　总账及明细账期末余额表

单位：元

资产账户	总账及明细账期末余额		负债及权益账户	总账及明细账期末余额	
	借方余额	贷方余额		借方余额	贷方余额
库存现金	6 400	—	短期借款	—	3 400 000
银行存款	4 736 000	—	应付票据	—	1 580 000
工商银行	3 450 000	—	应付账款	—	789 000
中国银行	1 286 000	—	兰城玉米收购公司	—	789 000
其他货币资金	1 790 000	—	合同负债	—	920 000
银行汇票	540 000	—	卓美食品添加剂公司	—	740 000
信用证存款	1 250 000	—	康捷第一医院	—	180 000
应收票据	340 000	—	应付职工薪酬	—	2 185 000
应收账款	4 700 000	—	应交税费	—	1 849 000
春城药店	1 200 000	—	其他应付款	—	11 800
达成医药公司	3 500 000	—	应付利息	—	39 000

资产账户	总账及明细账期末余额		负债及权益账户	总账及明细账期末余额	
	借方余额	贷方余额		借方余额	贷方余额
合同资产	1 226 000	—	长期借款	—	3 260 000
大宇机械设备公司	580 000	—	长期应付款	—	840 000
沈星农贸公司	436 000	—	工程结算	—	9 865 300
辽西玉米加工厂	210 000	—	实收资本	—	10 000 000
应收账款（坏账准备）	—	32 000	盈余公积	—	2 984 500
其他应收款	23 800	—	利润分配	—	8 329 700
（坏账准备）	—	12 000	—	—	—
合同履约成本	12 342 500	—	—	—	—
原材料	942 300	—	—	—	—
库存商品	—	—	—	—	—
周转材料	245 800	—	—	—	—
长期应收款	584 500	—	—	—	—
固定资产	9 246 190	—	—	—	—
累计折旧	—	3 295 000	—	—	—
在建工程	5 963 222	—	—	—	—
工资物资	1 792 389	—	—	—	—
无形资产	486 532	—	—	—	—
累计摊销	—	217 800	—	—	—
开发支出	3 686 078	—	—	—	—
商誉	1 498 389	—	—	—	—

（1）分析计算填列的项目如下：

"货币资金"项目期末金额＝6 400＋4 736 000＋1 790 000＝6 532 400（元）

"存货"项目期末金额＝942 300＋245 800＋（12 342 500－9 865 300）＝3 665 300（元）

"固定资产"项目期末金额＝9 246 190－3 295 000＝5 951 190（元）

"无形资产"项目期末金额＝486 532－217 800＝268 732（元）

"应收账款"项目金额＝1 200 000＋3 500 000－32 000＝4 668 000（元）

"合同负债"项目金额＝740 000＋180 000＝920 000（元）

"合同资产"项目金额＝580 000＋436 000＋210 000＝1 226 000（元）

"应付账款"项目金额＝789 000（元）

"其他应收款"项目期末金额＝23 800－12 000＝11 800（元）

"在建工程"项目期末金额＝5 963 222＋1 792 389＝7 755 611（元）

"其他应付款"项目期末金额＝11 800＋39 000＝50 800（元）

（2）其他项目根据总账余额直接填列。

根据上述资料，编制资产负债表。见表13-3。

表13-3 资产负债表

编制单位：维达制药有限公司   2024年1月31日   单位：元

资　产	期末余额	上年年末余额	负债和所有者权益（或股东权益）	期末余额	上年年末余额
流动资产：			流动负债：		
货币资金	6 532 400	543 000	短期借款	3 400 000	4 000 000
交易性金融资产	—	—	交易性金融负债	—	—
应收票据	340 000	280 000	应付票据	1 580 000	1 386 000
应收账款	4 668 000	5 320 000	应付账款	789 000	942 300
其他应收款	11 800	123 000	合同负债	920 000	1 020 000
合同资产	1 226 000	1 172 000	应付职工薪酬	2 185 000	3 126 000
存货	3 665 300	4 237 900	应交税费	1 849 000	1 235 890
一年内到期的非流动资产	—	—	其他应付款	50 800	80 500
其他流动资产	—	—	一年内到期的非流动负债	—	—
流动资产合计	16 443 500	11 675 900	其他流动负债	—	—
非流动资产：			流动负债合计	10 773 800	11 790 690
债权投资	—	—	非流动负债：		
其他债权投资	—	—	长期借款	3 260 000	2 430 000
长期应收款	584 500	320 000	应付债券	—	—

资　产	期末余额	上年年末余额	负债和所有者权益（或股东权益）	期末余额	上年年末余额
长期股权投资	—	—	长期应付款	840 000	562 800
其他权益工具投资	—	—	预计负债	—	—
其他非流动金融资产	—	—	递延收益	—	—
投资性房地产			递延所得税负债	—	—
固定资产	5 951 190	6 240 000	其他非流动负债	—	—
在建工程	7 755 611	10 844 201	非流动负债合计	4 100 000	2 992 800
生产性生物资产	—	—	负债合计	14 873 800	
油气资产	—	—	所有者权益（或股东权益）：		
无形资产	268 732	324 500	实收资本（或股本）	10 000 000	10 000 000
开发支出	3 686 078	784 500	资本公积	—	—
商誉	1 498 389	1 498 389	减：库存股	—	—
长期待摊费用	—	—	其他综合收益	—	—
递延所得税资产	—	—	盈余公积	2 984 500	1 250 000
其他非流动资产	—	—	未分配利润	8 329 700	5 654 000
非流动资产合计	19 744 500	20 011 590	所有者权益（或股东权益）合计	21 314 200	16 904 000
资产总计	36 188 000	31 687 490	负债和所有者权益（或股东权益）总计	36 188 000	31 687 490

13.2　利润表

利润表至少应当单独列示反映下列信息的项目：营业收入、营业成本、营业税金、管理费用、销售费用、财务费用、投资收益、公允价值变动损益、资产减值损失、非流动资产处置损益、所得税费用、净利润。金融企业可以根据其特殊性列示利润表项目。

13.2.1 利润表原理

1. 利润表的计算

我国企业的利润表采用多步式格式，分以下几个步骤编制。

第一步，以营业收入为基础，减去营业成本、税金及附加、销售费用、管理费用、财务费用、资产减值损失，加上公允价值变动收益（减去公允价值变动损失）和投资收益（减去投资损失），计算出营业利润。

第二步，以营业利润为基础，加上营业外收入，减去营业外支出，计算出利润总额。

第三步，以利润总额为基础，减去所得税费用，计算出净利润（或净亏损）。

2. 利润表的编制

利润表各项目均需填列"本期金额"和"上期金额"两栏。利润表"本期金额""上期金额"栏内各项数字，应当按照相关科目的发生额分析填列。

利润表项目的填列说明，见表 13-4。

表 13-4　利润表项目填列说明

项　　目	填列说明
营业收入	本项目应根据"主营业务收入"和"其他业务收入"科目的发生额分析填列
营业成本	本项目应根据"主营业务成本"和"其他业务成本"科目的发生额分析填列
税金及附加	本项目应根据"税金及附加"科目的发生额分析填列
销售费用	本项目应根据"销售费用"科目的发生额分析填列
管理费用	本项目应根据"管理费用"科目的发生额分析填列
财务费用	本项目应根据"财务费用"科目的发生额分析填列
资产减值损失	本项目应根据"资产减值损失"科目发生额分析填列
公允价值变动收益	本项目应根据"公允价值变动损益"科目的发生额分析填列，如为净损失，本项目以"－"号填列
投资收益	本项目应根据"投资收益"科目的发生额分析填列。如为投资损失，本项目用"－"号填列

项　　目	填列说明
营业利润	反映企业实现的营业利润。如为亏损，本项目以"－"号填列
营业外收入	本项目应根据"营业外收入"科目的发生额分析填列
营业外支出	本项目应根据"营业外支出"科目的发生额分析填列
利润总额	反映企业实现的利润。如为亏损，本项目以"－"号填列
所得税费用	本项目应根据"所得税费用"科目的发生额分析填列
净利润	反映企业实现的净利润。如为亏损，本项目以"－"号填列
每股收益	包括基本每股收益和稀释每股收益两项指标，反映普通股或潜在普通股已公开交易的企业，以及正在公开发行普通股或潜在普通股过程中的企业的每股收益信息
其他综合收益	反映企业根据"企业会计准则"规定，未在损益中确认的各项利得和损失扣除所得税影响后的净额
综合收益总额	反映企业净利润与其他综合收益的合计金额
研发费用	本项目应根据"管理费用"科目下的"研发费用"明细科目的发生额分析填列
利息费用	本项目应根据"财务费用"科目的相关明细科目的发生额分析填列
利息收入	本项目应根据"财务费用"科目的相关明细科目的发生额分析填列
资产处置收益	本项目应根据"资产处置损益"科目的发生额分析填列；如为处置损失，以"－"号填列
信用减值损失	根据"信用减值损失"科目的发生额分析填列
净敞口套期收益	根据"净敞口套期损益"科目的发生额分析填列；如为套期损失，以"－"号填列
其他权益工具投资公允价值变动	根据"其他综合收益"科目的相关明细科目的发生额分析填列
企业自身信用风险公允价值变动	根据"其他综合收益"科目的相关明细科目的发生额分析填列
其他债权投资公允价值变动	根据"其他综合收益"科目下的相关明细科目的发生额分析填列
金融资产重分类计入其他综合收益的金额	根据"其他综合收益"科目下的相关明细科目的发生额分析填列

项　目	填列说明
其他债权投资信用减值准备	根据"其他综合收益"科目下的"信用减值准备"明细科目的发生额分析填列
现金流量套期储备	根据"其他综合收益"科目下的"套期储备"明细科目的发生额分析填列
其他收益	根据"其他收益"科目的发生额分析填列
"（一）持续经营净利润"和"（二）终止经营净利润"行项目	反映净利润中与持续经营相关的净利润和与终止经营相关的净利润；如为净亏损，以"－"号填列。该两个项目应按照《企业会计准则第42号——持有待售的非流动资产、处置组和终止经营》的相关规定分别列报

13.2.2　利润表编制案例

【例 13-2】维达制药有限公司 2024 年 1 月 31 日损益类账户发生额，见表 13-5。

表 13-5　账户发生额

账户名称	借方发生额（元）	贷方发生额（元）
主营业务收入	—	74 500 000
主营业务成本	41 280 000	—
其他业务收入	—	2 540 000
其他业务成本	1 260 000	—
税金及附加	74 580	—
销售费用	—	—
管理费用	869 320	—
财务费用	125 600	—
投资收益	—	—
营业外收入	—	32 800
营业外支出	26 540	—
资产减值损失	44 000	—
所得税费用	8 028 212.50	—

根据上述资料，编制 2024 年 1 月利润表，见表 13-6。

表 13-6　利润表

编制单位：维达制药有限公司　　　　2024 年 1 月　　　　　　　　　　单位：元

项　目	本期金额	上期金额（略）
一、营业收入	77 040 000	—
减：营业成本	42 540 000	—
税金及附加	74 580	—
销售费用	—	—
管理费用	869 320	—
研发费用	—	—
财务费用	125 600	—
其中：利息费用	—	—
利息收入	—	—
加：其他收益	—	—
投资收益（损失以"—"号填列）	—	—
其中：对联营企业和合营企业的投资收益	—	—
公允价值变动收益（损失以"—"号填列）	—	—
信用减值损失	—	—
资产减值损失	44 000	—
资产处置收益	—	—
二、营业利润（亏损以"—"号填列）	33 386 500	—
加：营业外收入	32 800	—
减：营业外支出	26 540	—
三、利润总额（亏损总额以"—"号填列）	33 392 760	—
减：所得税费用	8 028 212.50	—
四、净利润（净亏损以"—"号填列）	25 364 547.50	—
（一）持续经营净利润（净亏损以"—"号填列）	—	—
（二）终止经营净利润（净亏损以"—"号填列）	—	—
五、其他综合收益的税后净额	—	—
（一）不能重分类进损益的其他综合收益	—	—
1. 重新计量设定受益计划变动额	—	—

项　　目	本期金额	上期金额（略）
2. 权益法下不能转损益的其他综合收益	—	—
3. 其他权益工具投资公允价值变动	—	—
4. 企业自身信用风险公允价值变动	—	—
……		
（二）将重分类进损益的其他综合收益	—	—
1. 权益法下可转损益的其他综合收益	—	—
2. 其他债权投资公允价值变动	—	—
3. 资产重分类计入其他综合收益的金额	—	—
4. 其他债权投资信用减值准备	—	—
5. 现金流量套期储备	—	—
6. 外币财务报表折算差额	—	—
……	—	—
六、综合收益总额	—	—
七、每股收益	—	—
（一）基本每股收益	—	—
（二）稀释每股收益	—	—

13.3　现金流量表

现金流量表是反映企业在一定会计期间现金和现金等价物流入和流出的报表。

13.3.1　现金流量表概述

1. 现金流量含义

现金流量是一定会计期间内企业现金和现金等价物的流入和流出。企业从银行提取现金、用现金购买短期到期的国库券等现金和现金等价物之间的转换不属于现金流量。

现金是企业库存现金以及可以随时用于支付的存款，包括库存现金、银行存款和其他货币资金（如外埠存款、银行汇票存款、银行本票存款）等。不能随时用于支付的存款不属于现金。

现金等价物是企业持有的期限短、流动性强、易于转换为已知金额现金、价值变动风险很小的投资。期限短，一般是指从购买日起三个月内到期。现金等价物通常包括三个月内到期的债券投资等。权益性投资变现的金额通常不确定，因而不属于现金等价物。企业应当根据具体情况，确定现金等价物的范围，一经确定不得随意变更。

企业产生的现金流量分为三类，主要内容见表 13-7。

表 13-7　企业产生的三类现金流量

类　　型	内　　容
经营活动产生的现金流量	经营活动是企业投资活动和筹资活动以外的所有交易和事项。经营活动主要包括销售商品或提供劳务、购买商品、接受劳务、支付工资和交纳税款等流入和流出现金及现金等价物的活动或事项
投资活动产生的现金流量	投资活动是企业长期资产的购建和不包括在现金等价物范围内的投资及其处置活动。投资活动主要包括购建固定资产、处置子公司及其他营业单位等流入和流出现金及现金等价物的活动或事项
筹资活动产生的现金流量	筹资活动是导致企业资本及债务规模和构成发生变化的活动。筹资活动主要包括吸收投资、发行股票、分配利润、发行债券、偿还债务等流入和流出现金及现金等价物的活动或事项。偿付应付账款、应付票据等商业应付款等属于经营活动，不属于筹资活动

2. 现金流量表的结构

我国企业现金流量表采用报告式结构，分类反映经营活动产生的现金流量、投资活动产生的现金流量和筹资活动产生的现金流量，最后汇总反映企业某一期间现金及现金等价物的净增加额。

13.3.2　现金流量各项目计算方法

1. 经营活动产生的现金流量项目计算

经营活动产生的现金流量净额计算。经营活动产生的现金流量净额的各个子项目计算方法具体见表 13-8。

表 13-8　经营活动产生的现金流量净额计算

项　　目	计算公式
销售商品、提供劳务收到的现金	利润表中主营业务收入×（1＋适用税率）＋利润表中其他业务收入＋（应收票据期初余额－应收票据期末余额）＋（应收账款期初余额－应收账款期末余额）＋（预收账款期末余额－预收账款期初余额）－计提的应收账款坏账准备期末余额
收到的税费返还	（应收补贴款期初余额－应收补贴款期末余额）＋补贴收入＋所得税本期贷方发生额累计数
收到的其他与经营活动有关的现金	营业外收入相关明细本期贷方发生额＋其他业务收入相关明细本期贷方发生额＋其他应收账款相关明细本期贷方发生额＋其他应付账款相关明细本期贷方发生额＋银行存款利息收入
购买商品、接受劳务支付的现金	［利润表中主营业务成本＋（存货期末余额－存货期初余额）］×（1＋适用税率）＋其他业务成本（剔除税金）＋（应付票据期初余额－应付票据期末余额）＋（应付账款期初余额－应付账款期末余额）＋（预付账款期末余额－预付账款期初余额）
支付给职工以及为职工支付的现金	"应付职工薪酬"科目本期借方发生额累计数
支付的各项税费	"应交税款"各明细账户本期借方发生额累计数
支付的其他与经营活动有关的现金	营业外支出（剔除固定资产处置损失）＋管理费用（剔除工资、福利费、劳动保险金、待业保险金、住房公积金、养老保险、医疗保险、折旧、坏账准备或坏账损失、列入的各项税金等）＋销售费用、成本及制造费用（剔除工资、福利费、劳动保险金、待业保险金、住房公积金、养老保险、医疗保险等）＋其他应收款本期借方发生额＋其他应付款本期借方发生额＋银行手续费

（1）销售商品、提供劳务收到的现金。

"销售商品、提供劳务收到的现金"项目，反映企业销售商品、提供劳务实际收到的现金（含销售收入和应向购买者收取的增值税额），包括本期销售商品、提供劳务收到的现金，以及前期销售和前期提供劳务本期收到的现金和本期预收的账款，扣除本期退回本期销售的商品和前期销售本期退回的商品支付的现金。企业销售材料和代购代销业务收到的现金，也在本项目反映。

【例 13-3】2024 年 1 月，维达制药有限公司增值税专用发票上注明的含税金额为 1 180 000 元，劳务收入 240 000 元，应收票据期初余额为 320 000 元，期末余额为 210 000 元；应收账款期初余额为 8 950 000 元，期末余额为 4 359 000 元；本月核销坏账损失为 32 000 元。

本期销售商品提供劳务收到的现金	1 420 000（1 180 000＋240 000）
加：本期收到前期的应收票据 本期收到前期的应收账款	110 000（320 000－210 000） 4 559 000（8 950 000－4 359 000－32 000）
本期销售商品、提供劳务收到的现金	6 089 000

（2）收到的税费返回。

"收到的税费返还"项目，反映企业收到返还的各种税费，如收到的增值税、所得税、消费税、关税和教育费附加返还款等。本项目可以根据有关科目的记录分析填列。

【例 13-4】2024 年 1 月，维达制药有限公司扣缴所得税 8 028 212.5 元，本月应交所得税款 6 324 390 元，月末收到所得税返还款 1 703 822.5 元，已存入银行。

本期收到的税费返还为 1 703 822.50 元。

（3）收到的其他与经营有关的现金。

"收到的其他与经营活动有关的现金"项目，反映企业除上述各项目外，收到的其他与经营活动有关的现金，如罚款收入、经营租赁固定资产收到的现金、投资性房地产收到的租金收入、流动资产损失中由个人赔偿的现金收入、除税费返还外的其他政府补助收入等。其他现金流入如价值较大的，应单列项目反映。

本项目可以根据"库存现金""银行存款""营业外收入""管理费用""销售费用"等科目的记录分析填列。

【例 13-5】维达制药有限公司收到出租设备收入 53 400 元。

收到的其他与经营活动有关的现金为 53 400 元。

（4）购买商品、接受劳务支付的现金。

"购买商品、接受劳务支付的现金"项目，反映企业购买材料、商品、接受劳务实际支付的现金，包括支付的货款以及与货款同时支付的增值税进项税额，具体包括本期购买商品、接受劳务支付的现金，以及本期支付前期购买商品、接受劳务的未付款项和本期预付款项，减去本期发生的购货退回收到的现金。为购置存货而发生的借款利息资本化部分，应在"分配股利、利润或偿付利息支付的现金"项目中反映。企业购买材料和代购代销业务支付的现金，也在本项目反映。

本项目可以根据"库存现金""银行存款""应付票据""应付账款""预付账款""主营业务成本""其他业务成本"等科目的记录分析填列。

【例 13-6】维达制药有限公司本期购买原料玉米，收到的专用发票上注明含税价款为 1 250 000 元；应付账款月初余额为 640 000 元，月末余额为 780 000元；应付票据月初余额为 380 000 元，月末余额为 450 000 元；预付账款期初余额为 269 000 元，期末余额为 378 000 元；购买工程用物资 230 000 元，货款已通过银行转账支付。

本期购买商品、接受劳务支付的现金计算如下：

本期购买玉米支付的价款	1 250 000
加：本期支付的前期应付账款 本期支付的前期应付票据 本期预付货款	-140 000 （640 000-780 000） -70 000 （380 000-450 000） 109 000 （378 000-269 000）
本期购买商品、接受劳务支付的现金	1 149 000

注：购买工程物资 230 000 元作为投资活动现金流出。

（5）支付给职工以及为职工支付的现金。

"支付给职工以及为职工支付的现金"项目，反映企业实际支付给职工的现金以及为职工支付的现金，包括企业为获得职工提供的服务，本期实际给予各种形式的报酬以及其他相关支出，如支付给职工的工资、奖金、各种津贴和补贴，为职工支付的医疗、养老、失业、工伤、生育等社会保险基金、补充养老保险、住房公积金，为职工交纳的商业保险金，因解除与职工劳动关系给予的补偿，现金结算的股份支付，以及支付给职工或为职工支付的其他福利费用等，不包括支付给在建工程人员的工资。支付的在建工程人员的工资，在"购建固定资产、无形资产和其他长期资产所支付的现金"项目中反映。应根据职工的工作性质和服务对象，分别在"购建固定资产、无形资产和其他长期资产所支付的现金"和"支付给职工以及为职工支付的现金"项目中反映。

本项目可以根据"库存现金""银行存款""应付职工薪酬"等科目的记录分析填列。

【例 13-7】维达制药有限公司本期实际支付工资 840 000 元，其中制药车间工人工资 350 000 元，管理人员工资 450 000 元。本公司职工宿舍楼施工人员工资 40 000 元；按工资总额的 10% 缴纳保险费；按照工资总额 1% 支付误餐费。

支付给职工的工资	800 000（350 000＋450 000）
加：支付的保险费 支付的误餐费用	（800 000×10％）　　80 000 （800 000×1％）　　 8 000
支付给职工以及为职工支付的现金	888 000

（6）支付的各项税费

"支付的各项税费"项目，反映企业按规定支付的各项税费，包括本期发生并支付的税费，以及本期支付以前各期发生的税费和预交的税金，如支付的增值税、消费税、所得税、教育费附加、印花税、房产税、土地增值税、车船使用税等，不包括本期退回的增值税、所得税。本期退回的增值税、所得税等，在"收到的税费返还"项目中反映。本项目可以根据"应交税费""库存现金""银行存款"等科目的记录分析填列。

【例 13-8】1 月，维达制药有限公司支付的增值税、城建税、教育费附加、所得税、印花税、车船税等税款共计 423 400 元，本期向税务机关缴纳上月补缴所得税 76 000 元。

本期支付的各项税费计算如下：

本期发生并缴纳的税款	423 400
前期发生本期补缴的所得税额	76 000
本期支付的各项税费	499 400

2. 投资活动产生的现金流量项目计算

投资活动产生的现金流量净额计算。投资活动产生的现金流量净额各个子项目计算方法具体见表 13-9。

表 13-9　投资活动产生的现金流量净额计算

项　　目	计算公式
收回投资所收到的现金	（短期投资期初数－短期投资期末数）＋（长期股权投资期初数－长期股权投资期末数）＋（长期债权投资期初数－长期债权投资期末数）
取得投资收益所收到的现金	利润表投资收益－（应收利息期末数－应收利息期初数）－（应收股利期末数－应收股利期初数）

项　　目	计算公式
处置固定资产、无形资产和其他长期资产所收回的现金净额	"固定资产清理"的贷方余额＋（无形资产期末数－无形资产期初数）＋（其他长期资产期末数－其他长期资产期初数）
收到的其他与投资活动有关的现金	如收回融资租赁设备本金等
购建固定资产、无形资产和其他长期资产所支付的现金	（在建工程期末数－在建工程期初数）（剔除利息）＋（固定资产期末数－固定资产期初数）＋（无形资产期末数－无形资产期初数）＋（其他长期资产期末数－其他长期资产期初数）
投资所支付的现金	（短期投资期末数－短期投资期初数）＋（长期股权投资期末数－长期股权投资期初数）（剔除投资收益或损失）＋（长期债权投资期末数－长期债权投资期初数）（剔除投资收益或损失）
支付的其他与投资活动有关的现金	如投资未按期到位罚款

（1）"收回投资收到的现金"项目，反映企业出售、转让或到期收回除现金等价物以外的交易性金融资产、持有至到期投资、可供出售金融资产、长期股权投资等而收到的现金。不包括债权性投资收回的利息、收回的非现金资产，以及处置子公司及其他营业单位收到的现金净额。债权性投资收回的本金，在本项目反映，债权性投资收回的利息，不在本项目中反映，而在"取得投资收益所收到的现金"项目中反映。处置子公司及其他营业单位收到的现金净额单设项目反映。

本项目可以根据"交易性金融资产""持有至到期投资""可供出售金融资产""长期股权投资""库存现金""银行存款"等科目的记录分析填列。

【例 13-9】维达制药有限公司出售明珠公司的股票，收到的金额为126 800元；出售用过的过滤设备，收到价款 43 200 元。

本期收回投资所收到的现金　　　126 800

（2）"取得投资收益收到的现金"项目，反映企业因股权性投资而分得的现金股利，因债权性投资而取得的现金利息收入。

本项目可以根据"应收股利""应收利息""投资收益""库存现金""银行存款"等科目的记录分析填列。

（3）"处置固定资产、无形资产和其他长期资产收回的现金净额"项目，反映企业出售固定资产、无形资产和其他长期资产（如投资性房地产）所取得的现金，减去为处置这些资产而支付的有关税后的净额。

本项目可以根据"固定资产清理""库存现金""银行存款"等科目的记录分析填列。

（4）"购建固定资产、无形资产和其他长期资产支付的现金"项目，反映企业购买、建造固定资产，取得无形资产和其他长期资产（如投资性房地产）支付的现金（含增值税款），以及用现金支付的应由在建工程和无形资产负担的职工薪酬。

本项目可以根据"固定资产""在建工程""工程物资""无形资产""库存现金""银行存款"等科目的记录分析填列。

【例 13-10】2024 年 1 月，购入五台运输车，价款共计 1 500 000 元，货款已付。购买工程物资 450 000 元；在建工程工人工资 53 400 元。

本期购建固定资产、无形资产和其他长期资产支付的现金计算如下：

购买挖掘机支付的现金	1 500 000
加：为在建工程购买材料支付的现金 　　在建工程人员工资及费用	450 000 53 400
本期购建固定资产、无形资产和其他长期资产支付的现金	2 003 400

（5）"投资支付的现金"项目，反映企业进行权益性投资和债权性投资所支付的现金，包括企业取得的除现金等价物以外的交易性金融资产、持有至到期投资、可供出售金融资产而支付的现金，以及支付的佣金、手续费等交易费用。

本项目可根据"交易性金融资产""债权投资""其他债权投资""投资性房地产""长期股权投资""库存现金""银行存款"等科目的记录分析填列。

（6）"支付的其他与投资活动有关的现金"项目，反映企业除上述各项目外，支付的其他与投资活动有关的现金流出。其他与投资活动有关的现金，如果价值较大的，应单列项目反映。

3. 融资活动产生的现金流量有关项目的计算

融资活动产生的现金流量净额计算。融资活动产生的现金流量净额各个子项目计算方法具体见表 13-10。

表 13-10　融资活动产生的现金流量净额计算

项　　目	计算公式
吸收投资所收到的现金	（实收资本或股本期末数－实收资本或股本期初数）＋（应付债券期末数－应付债券期初数）
借款收到的现金	（短期借款期末数－短期借款期初数）＋（长期借款期末数－长期借款期初数）
收到的其他与融资活动有关的现金	如投资人未按期缴纳股权的罚款现金收入等
偿还债务所支付的现金	（短期借款期初数－短期借款期末数）＋（长期借款期初数－长期借款期末数）（剔除利息）＋（应付债券期初数－应付债券期末数）（剔除利息）
分配股利、利润或偿付利息所支付的现金	应付股利借方发生额＋利息支出＋长期借款利息＋在建工程利息＋应付债券利息－票据贴现利息支出
支付的其他与融资活动有关的现金	如发生融资费用所支付的现金、融资租赁所支付的现金、减少注册资本所支付的现金（收购本公司股票，退还联营单位的联营投资等）、企业以分期付款方式购建固定资产，除首期付款支付的现金以外的其他各期所支付的现金等

（1）"吸收投资收到的现金"项目，反映企业以发行股票、债券等方式筹集资金实际收到的款项净额（发行收入减去支付的佣金等发行费用后的净额）。

本项目可以根据"实收资本（或股本）""资本公积""库存现金""银行存款"等科目的记录分析填列。

（2）"取得借款收到的现金"项目，反映企业举借各种短期、长期借款而收到的现金。

本项目可以根据"短期借款""长期借款""交易性金融资产""应付债券""库存现金""银行存款"等科目的记录分析填列。

【例 13-11】本期借入长期借款 1 580 000 元，短期借款 320 000 元。

借款收到的现金　　　1 900 000

（3）"收到的其他与筹资活动有关的现金"项目，反映企业除上述各项目外，收到的其他与筹资活动有关的现金流入，如接受现金捐赠等。其他与筹资活动有关的现金，如果价值较大的，应单列项目反映。本项目可以根据有关科目的记录分析填列。

（4）"偿还债务所支付的现金"项目，反映企业以现金偿还债务的本金。

本项目可以根据"短期借款""长期借款""交易性金融资产""应付债

券""库存现金""银行存款"等科目的记录分析填列。

【例 13-12】本期偿还短期借款 350 000 元，长期借款 1 280 000 元。

偿还债务所支付的现金　　1 630 000

（5）"分配股利、利润或偿付利息所支付的现金"项目，反映企业实际支付的现金股利，支付给其他投资单位的利润或用现金支付的借款利息，债券利息。

本项目可根据"应付股利""应付利息""利润分配""财务费用""在建工程""制造费用""研发支出""库存现金""银行存款"等科目的记录分析填列。

【例 13-13】本月向投资者支付利润 689 000 元，支付利息 210 000 元，

本期分配股利、利润或偿付利息所支付的现金计算如下：

支付投资者利润	689 000
加：支付贷款利息	210 000
分配股利、利润或偿付利息所支付的现金	899 000

4. 汇率变动对现金及现金等价物的影响

企业外币现金流量折算成记账本位币时，所采用的是现金流量发生日的汇率或即期汇率的近似汇率，而现金流量表"现金及现金等价物净增加额"项目中外币现金净增加额是按资产负债表日的即期汇率折算。这两者的差额即为汇率变动对现金的影响。

【例 13-14】根据上述资料，编制 2024 年 1 月维达制药有限公司现金流量表。其中：期初现金及现金等价物余额为 1 234 960 元，见表 13-11。

表 13-11　现金流量表

编制单位：维达制药有限公司　　　　2024 年 1 月　　　　　　　单位：元

项　　目	本期金额	上期金额（略）
一、经营活动产生的现金流量	—	—
销售商品、提供劳务收到的现金	6 089 000	—
收到的税费返还	1 703 822.50	—
收到其他与经营活动有关的现金	53 400	—
经营活动现金流入小计	7 846 222.50	—
购买商品、接受劳务支付的现金	1 149 000	—
支付给职工以及为职工支付的现金	888 000	—
支付的各项税费	499 400	—

项　　目	本期金额	上期金额（略）
支付其他与经营活动有关的现金	—	—
经营活动现金流出小计	2 536 400	—
经营活动产生的现金流量净额	5 309 822.50	—
二、投资活动产生的现金流量		
收回投资收到的现金	126 800	—
取得投资收益收到的现金	—	—
处置固定资产、无形资产和其他长期资产收回的现金净额	—	—
处置子公司及其他营业单位收到的现金净额	—	—
收到其他与投资活动有关的现金	—	—
投资活动现金流入小计	126 800	—
购建固定资产、无形资产和其他长期资产支付的现金	2 003 400	—
投资支付的现金	—	—
取得子公司及其他营业单位支付的现金净额	—	—
支付其他与投资活动有关的现金	—	—
投资活动现金流出小计	2 003 400	—
投资活动产生的现金流量净额	−1 876 600	—
三、筹资活动产生的现金流量		
吸收投资收到的现金	—	—
取得借款收到的现金	1 900 000	—
收到其他与筹资活动有关的现金	—	—
筹资活动现金流入小计	1 900 000	—
偿还债务支付的现金	1 630 000	—
分配股利、利润或偿付利息支付的现金	899 000	—
支付其他与筹资活动有关的现金	—	—
筹资活动现金流出小计	2 529 000	—
筹资活动产生的现金流量净额	−629 000	—
四、汇率变动对现金及现金等价物的影响	—	—
五、现金及现金等价物净增加额	2 804 222.50	—
加：期初现金及现金等价物余额	1 234 960	—
六、期末现金及现金等价物余额	4 039 182.50	—

13.4 所有者权益变动表

所有者权益变动表是指反映构成所有者权益各组成部分当期增减变动情况的报表。

13.4.1 所有者权益变动表的含义及结构

1. 所有者权益变动表的含义

通过所有者权益变动表，既可以为报表使用者提供所有者权益总量增减变动的信息，也能为其提供所有者权益增减变动的结构性信息，特别是能够让报表使用者理解所有者权益增减变动的根源。

所有者权益变动表在一定程度上体现企业的综合收益。

综合收益＝净利润＋直接计入当期所有者权益的利得和损失

净利润＝收入－费用＋直接计入当期损益的利得和损失

2. 所有者权益变动表的结构

在所有者权益变动表上，企业至少应当单独列示反映下列信息的项目：①综合收益总额；②会计政策变更和差错更正的累积影响金额；③所有者投入资本和向所有者分配利润等；④提取的盈余公积；⑤实收资本或资本公积、盈余公积、未分配利润的期初和期末余额及其调节情况。

所有者权益变动表以矩阵的形式列示：一方面，列示导致所有者权益变动的交易或事项，即所有者权益变动的来源对一定时期所有者权益的变动情况进行全面反映；另一方面，按照所有者权益各组成部分（即实收资本、资本公积、盈余公积、未分配利润和库存股）列示交易或事项对所有者权益各部分的影响。

我国企业所有者权益变动表的格式，见表 13-12。

表 13-12　所有者权益变动表（简表）

编制单位：　　　　　　　　　　　年度　　　　　　　　　　　单位：元

项　　目	本年金额							上年金额						
	实收资本或股本	资本公积	减：库存股	其他综合收益	盈余公积	未分配利润	所有者权益合计	实收资本或股本	资本公积	减：库存股	其他综合收益	盈余公积	未分配利润	所有者权益合计
一、上年年末余额														
加：会计政策变更														
前期差错更正														

项　目	本年金额							上年金额						
	实收资本或股本	资本公积	减：库存股	其他综合收益	盈余公积	未分配利润	所有者权益合计	实收资本或股本	资本公积	减：库存股	其他综合收益	盈余公积	未分配利润	所有者权益合计
二、本年年初余额														
三、本年增减变动金额（减少以"－"号填列）														
（一）综合收益总额														
（二）所有者投入和减少资本														
1. 所有者投入普通股														
2. 其他权益工具持有者投入资本														
3. 股份支付计入所有者权益的金额														
4. 其他														
（三）利润分配														
1. 提取盈余公积														
2. 对所有者（或股东）的分配														
3. 其他														
（四）所有者权益内部结转														
1. 资本公积转增资本（或股本）														
2. 盈余公积转增资本（或股本）														
3. 盈余公积弥补亏损														
4. 设定受益计划变动额结转留存收益														
5. 其他综合收益结转留存收益														
6. 其他														
四、本年年末余额														

13.4.2 所有者权益变动表的填列说明

所有者权益变动表各项目均需填列"本年金额"和"上年金额"两栏。

所有者权益变动表各项目的列报说明如下。

1. "上年年末余额"项目

反映企业上年资产负债表中实收资本（或股本）、资本公积、盈余公积、未分配利润的年末余额。

2. "会计政策变更"和"前期差错更正"项目

分别反映企业采用追溯调整法处理会计政策重要的累计影响金额和采用追溯重述法处理会计差错更正的累积影响金额。

3. "本年增减变动额"项目

（1）"综合收益总额"项目，反映净利润和其他综合收益扣除所得税影响后的净额相加后的金额。

（2）"所有者投入和减少资本"项目，反映企业接受投资者投入形成的实收资本（或股本）和资本溢价（或股本溢价）。

（3）"利润分配"项目，反映企业当年的利润分配金额。

（4）"所有者权益内部结转"下各项目，反映企业构成所有者权益各组成部分之间的增减变动情况。

其中：

① "资本公积转增资本（或股本）"项目，反映企业以资本公积转增资本或股本的金额。

② "盈余公积转增资本（或股本）"项目，反映企业以盈余公积转增资本或股本的金额。

③ "盈余公积弥补亏损"项目，反映企业以盈余公积弥补亏损的金额。

参 考 文 献

[1] 企业会计准则编审委员会. 企业会计准则原文、应用指南案例详解：准则原文＋应用指南＋典型案例［M］. 北京：人民邮电出版社，2023.

[2] 中国注册会计师协会. 会计［M］. 北京：中国财政经济出版社，2023.

[3] 中华人民共和国财政部. 企业会计准则 2023 版.［M］. 上海：立信会计出版社，2022.

[4] 刘海涛. 会计原来这么有趣.［M］. 北京：机械工业出版社，2022.

[5] 李洪. 企业会计准则会计科目设置与会计核算实务［M］. 上海：立信会计出版社，2022.

[6] 法律出版社法规中心. 中华人民共和国企业所得税法注释本［M］. 北京：法律出版社，2022.

[7] 王长余，李娟，黎春华，雷迎春. 金税四期管控下企业纳税筹划实务指南［M］. 北京：人民邮电出版社，2022.

[8] 屠建清. 新税法下企业财税风险防控与纳税筹划［M］. 北京：人民邮电出版社，2020.

[9] 财政部会计司. 企业会计准则第 14 号：收入应用指南 2018［M］. 北京：中国财政经济出版社，2018.